単身高齢者の
見守りと医療をつなぐ
地域包括ケア
先進事例からみる支援とネットワーク

杉崎千洋・小野達也・金子　努＝編著

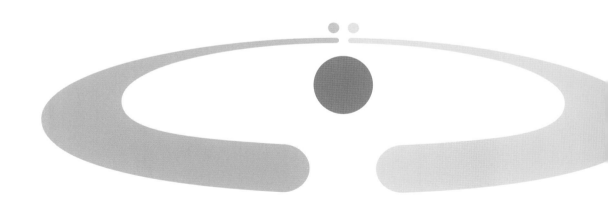

中央法規

はしがき

見守りと医療とをつなぐ

　本書の大きな関心は地域包括ケアであるが、焦点を当てるのは見守りである。格差の拡大、単身者の急増を背景として、社会的孤立、孤立死が増加し、見守りの必要性はより高くなっている。また、地域住民と専門機関・専門職との連携・協働により、地域包括ケアを推進する仕掛けとしても注目されている。

　地域包括ケア、その一環である見守りは、第1章で説明するように、それを中核的に推進する機関・組織の違いにより、福祉主導と保健・医療主導の2つに分類できる（**図1**）。しかし、これまで、福祉主導の地域包括ケアと保健・医療主導の地域包括ケアの交流はほとんどなく、研究も別々にされる傾向にあった（二木立『地域包括ケアと福祉改革』勁草書房、20頁、2017年）。

　そのためもあり、福祉主導の地域包括ケアと、保健・医療主導の地域包括ケアの構成要素間には、種々の「隙間」があるのが実情である。例えば、福祉主導の地域包括ケアの典型的な取り組みである見守り、あるいは見守りネットワークからみると、日常の見守りをしている住民組織（地域住民）が、単身者の急病・異変など、緊急時対応を必要とする事態を発見しても、早期に救急医療につながらないことがある。保健・医療主導の地域包括ケアの重要な構成要素である病院・診療所では、単身患者が、日常の見守りを担当していた住民組織が知らない間に退院し、その後の見守りが途切れることもある。福祉主導の地域包括ケアであるか、保健・医療主導の地域包括ケアであるかにかかわりなく、日常の見守りと緊急時の見守り・対応の連動がポイントとなる。機関・組織でいえば社会福祉協議会、地域包括支援センター、住民組織と病院・診療所などとの連携・協働、換言すると見守りと医療とのつながりの構築・強化が求められているのである。

図1　本書における地域包括ケアの分類、主な構成要素

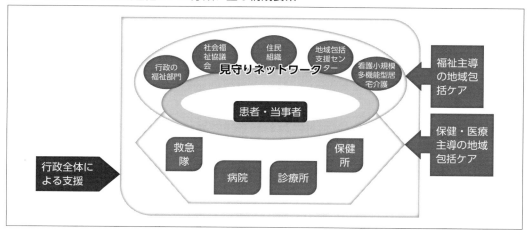

本書の特徴と3つの目的

　本書の特徴は、福祉主導、保健・医療主導の地域包括ケア、見守りの先進事例、好事例をいくつか取り上げ、**図1**に示した地域包括ケアの主な構成要素の立場から、見守りと医療とのつながりを描き、分析・考察するところにある。本書の目的は、次の3つである。

①地域包括ケア、見守りの現状把握・評価

　　福祉主導、保健・医療主導の先進事例、好事例をそれぞれ取り上げ、単身者・患者などの日常の支えとなる見守り、見守りネットワークと、急病・異変発生時などの緊急時対応、その後の緊急事態の再発・再燃の回避、あるいは減少のための支援やその仕組みを紹介する。また、貧困・生活困窮や社会的孤立などの課題を抱える人への見守りや支援の記述もする。そして、居宅生活の限界点を高め、住み慣れた地域で暮らす期間をできる限り延ばすという観点などからみたそれらの成果や課題を明らかにする。

②地域包括ケア、見守りを促進させるための考え方の提示

　　①の日常・緊急時の見守り、見守りネットワークの維持・発展、および見守り、見守りネットワークと医療、特に救急医療とのつながりの促進・阻害要因を明らかにする。その際、地域住民の自助・互助を可能にする内発的側面、それを支える（地域）福祉、（救急）医療などの専門機関・専門職の役割、それらの連携・協働の側面、さらには基礎自治体による支援政策や地域マネジメントの側面などを重要視する。

③福祉主導、保健・医療主導の見守りの特徴の記述・整理

　　福祉主導、保健・医療主導の見守り、見守りネットワークの目的、対象、方法などを記述・整理する。

本書は5部構成

　各章では、3つの目的のいずれか1つ、あるいはそれ以上に即して、内容を掘り下げている。それぞれの章の冒頭に要旨、キーワードを記載してあるので、ここでは各部の紹介をする。第Ⅰ部は、理念・政策編であり、全体の導入である。2つの論文（第1・2章）で構成されている。

　第Ⅱ部から第Ⅳ部は事例紹介、分析である。以下、それらの説明では、**図1**の地域包括ケアの主な構成要素のなかの、どの立場から事例紹介、検討をするのかも記す。なお、地域包括ケア、見守りは多様であるため、保健・医療主導、福祉主導に分類しきれない事例もある。その場合は、近似のいずれかに分類する。

　第Ⅱ部は、6地域の保健・医療主導の地域包括ケア事例を取り上げている。救急隊（第3章）、病院（第4・6・8章）、病院母体の保健・医療・福祉複合体（第5章）、行政

（第7章）による単身者などの医療、支援や見守りの紹介・分析をする。第7章は、行政の福祉・介護部門主導（主管）であるが、在宅療養推進の取り組みであるため、第Ⅱ部に含める。

　第Ⅲ部は2つ目の事例編であり、4地域の福祉主導の地域包括ケア、見守り事例について述べている。それぞれ、社会福祉協議会（第9章）、地域包括支援センター併設の高齢者みまもり相談室（第10章）、看護小規模多機能型居宅介護（第11章）、行政ほか（第12章）の立場から記している。第11章は看護系企業主導であるが、サービスの主軸は地域密着型サービスであるため、第12章はシステム的には医療主導であるが、それを支えているのは行政、地域共同体のため、ここに組み入れる。

　第Ⅳ部は、3つ目の事例編である。住民参加による地域福祉実践の先進地域である島根県松江市を取り上げ、住民組織（第13・15章）、行政の福祉部門（第14章）、病院（第16章）、診療所（第17章）の立場から、単身者などへの見守りネットワーク、急病時の医療・看護、退院後の見守りや支援の実際を描く。第13章は、第Ⅳ部の総論的論考でもある。

　第Ⅴ部は考察編であり、本書のまとめとなる5つの論文（第18章〜第22章）で構成されている。これまでほとんどされてこなかった地域包括ケアの重要な構成要素間の関連（つながり）に関する分析・考察を、単身者などの見守り、支援を中心に行う。

多様な執筆陣と用語の使用法

　執筆者は、研究者だけでなく、医師、看護師、医療ソーシャルワーカーといった保健・医療分野の専門職、行政の福祉部門や社会福祉協議会の職員、住民組織代表など、多様な方たちである。各自の専門を活かし、それぞれの視点から、地域包括ケア、見守りを論じている。反面、用語に関しては、基本的用語も含め統一していない。なかでも地域包括ケアに関しては、地域包括ケアシステムと呼称する執筆者と、地域包括ケアを使用する執筆者がある。法律、政策文書などでは地域包括ケアシステムが使用されている。一方、地域包括ケアは全国一律ではなく、地域の実情により異なるため、地域包括ケアとするのが適切であるとの見解がある（第1章参照）。それぞれの執筆者の使用法を尊重したことを、あらかじめご了解いただければ幸いである。

　ICTに関しては、その実情の一端を取り上げてはいるが、人による見守りや支援、医療に重点を置いている。ICTは、さまざまな分野で積極的に活用されており、地域包括ケア、見守りにおいても不可欠なツールである。これらの動向は、他書を参照されたい。

2019年11月

編者

目次

第 III 部　福祉主導の見守りネットワークと緊急時対応

第 **Ⅳ** 部 **住民参加による見守りネットワークと医療・支援**

第 **I** 部

単身者の急増と
地域包括ケアの課題

第 1 章

地域包括ケアの理念と展開

要旨

　近年、地域福祉が主流化・政策化し、福祉・医療を含むさまざまな生活問題の出現に対して、地域社会での取り組みに期待が寄せられている。単身で暮らす高齢者をはじめ、社会的に配慮を要する人たちが増加し、そうした人たちが最期までその人らしく暮らすことができる地域社会が求められている。しかし、その一方で地域社会の弱体化が指摘されており、新たな社会的なつながりを生み出し、一人ひとりの主体性を尊重する地域包括ケアや見守りの構築が求められている。地域包括ケア、その一環である見守りには、福祉主導と保健・医療主導の2つがある。比較的安定した人の日常の見守りは、住民組織や社会福祉協議会による福祉主導の見守りとして行われることが多い。しかし、急病・異変などの緊急時は、外来受診・入院が必要となる。住民組織・社会福祉協議会、病院・診療所などの「連続的で切れ目のない機能の統合」により、見守りの対象となる人の急病・異変の早期発見・早期対応、再発・再燃の減少が課題となる。

🔑 **キーワード**

　地域福祉の主流化・政策化　配慮を要する人たち　地域社会の弱体化
　福祉主導の地域包括ケア　保健・医療主導の地域包括ケア　日常・緊急時の見守り

1 ｜ 地域包括ケアの背景、理念と政策

1 地域福祉の主流化・政策化

　日本社会では現在、少子高齢化や人口減少が進み、また、社会的格差の進行によりさまざまな課題が生まれている。地域福祉では、高齢者や子どもに対する介護・ケアと社

会的排除という重要な問題への対応を併行的に進めていくことが求められている。このことは本書のキーワードである地域包括ケアや見守りの必要性を呼び起こすことにつながっている。

　このような状況を背景にして、2000（平成12）年以降、地域福祉が本格的に展開してきている。2000（平成12）年に社会福祉法が施行され、その第4条に地域福祉の推進が掲げられた。これにより社会福祉における地域福祉の位置づけが明確となった。同法は、地方自治体に地域福祉計画の策定を求め、地域福祉は民間と自治体行政がともに取り組むものとなった。社会の高齢化や成熟化に伴い福祉が地域社会の主要課題になってきたことと合わせて、2000（平成12）年をもって地域福祉が主流化したとされている[1]。

　その後、厚生労働省等の中央省庁からは地域で生じる生活問題に対して、地域で解決していくことへの期待が寄せられていく。問題を解決するために住民と行政による協働が目指され[2]、弱体化しつつある地域組織の再編が課題となった[3]。地域包括ケアへの取り組みが進められる一方で、生活困窮者自立支援法も施行された（2015（平成27）年）。地域で活動するケアワーカーや地域福祉のコーディネーター、生活支援コーディネーターなど地域福祉に関わる機関や専門職の配置が進められている。

　2015（平成27）年には、厚生労働省「新たな福祉サービスのシステム等のあり方検討プロジェクトチーム」から「誰もが支え合う地域の構築に向けた福祉サービスの実現」が出され、分野を問わない包括的な相談支援や高齢・障害・子育てなど複数分野の支援を総合的に行うサービス提供の方向が目指されている[4]。2016（平成28）年に閣議決定された「ニッポン一億総活躍プラン」に地域共生社会の実現が盛り込まれた[5]。地域力強化検討会の設置、社会福祉法の改正などを行い地域共生社会の実現に向けた地域福祉を厚生労働省の主導のもと進めようとしている。改正された社会福祉法では、地域住民も地域の課題を把握し、関係機関との連携によりその解決を図る役割があることが言及されている（第4条第2項）。

　地域福祉で、従来指摘されてきた「コミュニティでのケア」（care in the community）と「コミュニティによるケア」（care by the community）の対比でいえば、2000年代当初の「地域での福祉」から、現在では「地域（住民）による福祉」が目指されている。これは地域福祉の主流化から地域福祉の政策化という段階に展開してきていることを示している。

❷ 配慮を要する人たちが多数となる時代

①福祉の「対象者」の脱マイノリティ化

　地域包括ケアや見守りに関してまず留意すべきは、地域で生活する人たちの変化であ

る。これまで、福祉の対象者は社会の少数者とみなされてきた。しかし、少子高齢化、社会的格差が進行するなかで、近年ではそれが変化してきている[6]。

　わが国の高齢化率は、1994（平成6）年に14％を超えたが、2018（平成30）年には、ほぼ倍増の28.1％に達している[7]。高齢化の進行に伴い、後期高齢者（1798万人、2018（平成30）年）、認知症を抱える人（462万人、2012（平成24）年）[8]、単身で暮らす高齢者（592万人、2015（平成27）年）、要介護・要支援の認定を受けた高齢者（618万人、2016（平成28）年）も増えてきている[9]。

　身体的・精神的・知的な障害を抱える人の数は963.5万人で、国民の7.6％が何らかの障害を抱えている[10]。母子や父子などの単親家庭は140万世帯に上り（2011（平成23）年）[11]、子どもの貧困も7人に1人の割合となっており（2016（平成28）年）[12]、保育所の入所を中心に子育ての問題も大きい。生活保護受給者は210万人を超えており（2017（平成29）年）[13]、生活困窮者自立支援の新規相談も年間20万件に及ぶ（2015（平成27）年）[14]。

　近年、注目が高まっているダブルケアを担う人は20万人を超えている（2016（平成28）年）[15]。在留外国人も273万人と増加している（2018（平成30）年）[16]。引きこもりの人びとは、若者（15〜39歳）で54万人（2015（平成27）年）、中高年（40〜64歳）で61万人（2018（平成30）年）を数える[17]。性同一性障害など性的マイノリティ、刑余者への支援なども注目を集めている。

　こうした人たちの総体を考えれば、もはや社会の少数者とはいえない。人口の減少が進む状況を鑑みれば、人口に占める割合の増加を看過するわけにはいかない。こうした人たちは、顕在的、潜在的に社会生活を送るうえで配慮を要する人たちといえる。

②とりわけ家族の変化・単身化

　家族形態の変化で、注目されるのは単身世帯である[18]。藤森克彦によれば、日本で、単身で暮らす人は1985（昭和60）年には16人に1人（7％）、789万人であった。これが2015（平成27）年には1842万人で7人に1人（15％）になっている。さらに2030（令和12）年には単身世帯は2000万世帯を超えると指摘されている。単身世帯の割合が最も多い年齢階層は20代の男性である（20代男性のうち31％が単身世帯）。これは進学や就職などによるものであり、その後割合は下がっていく（60代男性で17％）。女性の場合も20代で単身世帯が多いが（22％）、男性と同様に、その後その割合は下がっていく。しかし女性の場合は、60代以降になると割合が上昇していき、70代では各年齢階層のなかで単身世帯数が最も多くなる（22％）。男性とは割合の変化の形状が異なる。

　単身世帯化を進める要因は、中年層では未婚化の進展であり、50歳まで結婚したこ

とのない人の割合である生涯未婚率は2015（平成27）年で男性が23％、女性が14％となっている。また、高齢者の場合は、高齢者人口の増加と、子どもが同居しなくなったことがある。2015（平成27）年から2030（令和12）年にかけては、50代の男女、70代の男性、80代以上の男女の単身世帯が増加していくと予想されている。80代以上の増加は世代の人口割合が大きいことが要因であるが、それ以外では、未婚化の影響が大きい。

　もちろん単身世帯の増加自体が問題なのではない。それは多様なライフスタイルの反映といえる。しかし、単身世帯は生活上のリスクが高まる。一般的には日常のコミュニケーションが少なくなり、失業や病気に対して、同居家族がいないため、1人で対応することになる。要介護となった場合にも同居家族に支えを求められない。さらに認知症になった場合には、何らかの社会的な支援がないと地域生活の継続が難しい。社会的孤立や孤立死の問題は近年の大きな課題となっている。

❸ さまざまな社会制度の「地域シフト」

①地域という社会資源への関心の拡大

　地域福祉の主流化や政策化、地域完結型医療や地域包括ケア、地域医療構想などにみられる地域という場での展開、地域を重視する動きは、今や他の生活関連の社会制度でもみることができる。コミュニティスクールや地域運営協議会などが進められている教育の分野、刑余者の地域の受け入れや地域防犯が課題となっている司法・警察分野、災害への対応などの消防・災害分野、さらには公園や街路の住民参加型の管理を含む環境やコミュニティ経済の分野なども挙げることができる。

　こうした諸制度においても単に「地域での展開」ということではなく、担い手としての住民や資源供給先としての地域社会を想定する「地域による〜」という段階となってきている。社会制度はそれぞれの目的をもっており、他の社会制度と調整して地域での展開を進めているわけではない。それぞれの社会制度の都合が優先される。そのために地域の側からすれば、多数の社会制度がそれぞれに地域で展開されている状態になっている。

　社会制度の地域シフトの理由の1つには、それぞれの制度がもつ資源だけでは政策の展開には不十分であり、その不足を地域社会という資源によって補うという面があると考えられる。特に公的な資源が減少するなかで、各社会制度がその制度目標を達成するには、資源の調達が重要課題となる。それを地域社会に求めるという選択はありうる。その際、重要なことは地域社会をどのように位置づけているかである。地域が社会制度のための対象や手段、あるいは下請けという位置づけになれば地域社会は疲弊していく。地域社会はそれ自体、主体と位置づけられなければならない。そのために、社会制

度と地域社会の間における連携体制の構築や、その前提となる互いの了解、合意が肝要となる。

　さまざまな社会制度がそれぞれに地域で展開している状態を地域の側で調整していくことが求められている。地域社会が複数の社会制度との関係の調整に主体性を発揮できるようにエンパワメントしていくことは重要である（コミュニティ・エンパワメント）。社会制度との関係をうまく調整できないと社会制度と地域社会の間の関係に不調和が生じる。

②地域社会の弱体化

　地域社会はそうした期待に応えることができるのか。もとより、産業化や都市化・過疎化が進むなかで、地域社会のつながりが弱くなってきた。かつての共同体的関係は弛緩し、地域の連帯感が希薄化している。地縁型のコミュニティは、人口の流動化という課題を抱え、多くの地域では住民が高齢化しつつある。地域活動の担い手については、商店街などの衰退が進んで主要な担い手の自営層が減少し、もう一方の担い手である主婦層も女性の社会進出に伴い、今では専業主婦の世帯の割合は3割台となっている（2016（平成28）年）[19]。

　プライバシーを尊重する意識のもとに住民の価値観も変化し、近所づきあいを避ける傾向が強くなっている。日本の町内会や自治会の数や加入率といった、その組織化状況は世界的にも類をみない規模である。しかし近年は、都市部を中心に参加率の減少が目立ち、さらに実際に活動している人が減っているなど弱体化が懸念されている[20]。地域の子ども会、女性会、老人会、またPTAなどについても参加者の減少などの課題を抱えている。

　ただしその一方で、NPOなどテーマ型の団体数についてはこれまで拡大傾向が認められ、目的の明確な活動が志向されている。例えば、従来地域で組織されていた消防団員の数は減少しているが、地域の自主防災組織については、組織数が増加傾向にあり、新たな地域組織のあり方が模索されている[21]。

４ 地域福祉からみた地域包括ケアの理念と方向性

　地域包括ケアは病院や福祉施設そのものを地域に拡張するのではない。つまり地域の病院化や地域の福祉施設化ではない。むしろ個人の生活を起点にしてその人らしい生き方を可能にするために医療や福祉・介護という機能が地域に備わっていくことである。そこには、住民や利用者の主体性が発揮されなければならない。

　地域福祉では、住民主体や利用者主体を重視してきた。地域に住む住民や福祉サービスの利用者を主体としてとらえるという価値である。住民にとって地域は生活の場であ

り、それぞれの人のホームグラウンドである。地域でその人らしい生き方を実現することが目指されている。

　近年注目されている aging in place の考え方[22] は、住み慣れたまちで年を重ねていくことである。ただし、これも単に生活するのではなく、その人らしい生き方の実現が重要となる。超高齢期の人たちも、その人らしく地域で生きていくには、それを可能とする地域づくりが求められる。

　配慮が必要な人が増える社会では、そうした人たちが暮らしやすくなるような社会にシフトしていくことが求められている。従来の自立した個人を前提としてきた社会のありようを変えていくことになる。地域包括ケアを含む、生活関連のさまざまな社会制度は、配慮を要する人びとにとって使いやすいものとならなければならない。特に医療や福祉・介護へのアクセスのしやすさや予防的な早期発見、早期対応は肝要になる。いかに適切に支援につながるかが重要となる。それが、地域での見守りが注目される理由である。

2 ｜ 地域包括ケアと見守り

1 地域包括ケアの源流と展開

① 2つの源流

　地域包括ケアシステムを最初に提唱したのは、広島県の公立みつぎ総合病院院長（当時）の山口昇医師であり、「みつぎ方式」として広く知られている。地域包括ケアの先行事例、源流は、大別すると保健・医療主導または医療系と、福祉主導または福祉系の2つに分けられる。

　小林甲一らは、「福祉重視・行政主導」の愛知県高浜市、「医療重視・医師会主導」である広島県尾道市の「尾道方式ケアカンファレンス」の分析をしている[23]。やはり小林らは、「医療重視・医療機関先導（主導）型」の地域包括ケアの事例として、先の「みつぎ方式」「尾道方式ケアカンファレンス」などを取り上げている[24]。

　二木立は、地域包括ケアの源流は大きく分けて、「福祉系」と「保健・医療系」の2つがあり、「福祉系」の例として、社会福祉協議会、主に特別養護老人ホームを開設する社会福祉法人による地域福祉活動を挙げている。「保健・医療系」は、先の広島県尾道市の「みつぎ方式」と「尾道方式」の2つ、他には民間病院中心の「保健・医療・福祉複合体」などを挙げている。「みつぎ方式」は1970年代からはじまったが、他の源流は1990年代にはじまっている[25]。

　このように、地域包括ケアは、それぞれの地域社会、保健・医療や福祉の発展の経緯などを反映し、当初から主導・推進する機関・組織はさまざまであり、重点の置き方も

それぞれに特徴があった。

②福祉主導の地域包括ケア、保健・医療主導の地域包括ケア

　後述する近年の展開を踏まえ、ここでは地域包括ケアを2つに分類する。福祉関連の機関・組織が中核となり推進する地域包括ケアを福祉主導の地域包括ケア、保健・医療機関や組織がやはり中核となり推進する地域包括ケアを保健・医療主導の地域包括ケアとする。前者の推進主体には、行政の福祉・介護部門、特別養護老人ホーム（介護老人福祉施設）などを運営する社会福祉法人、社会福祉協議会・地域包括支援センターなどの機関、福祉・介護系NPO、住民組織などがある。後者には、病院・診療所、保健所・市町村保健センター、医師会、病院・診療所母体の保健・医療・福祉複合体などがある。

　地域包括ケアを中核的に推進する機関・組織は、より多様になっている。消防署・警察署主導、他の行政機関主導、企業主導などもあり、福祉主導、保健・医療主導という2つの分類に納まらない事例もある。

　地域包括ケアは全国共通の「システム」ではなく、その実態は各地域で自主的に取り組むことが求められている「ネットワーク」である[26]。地域ごとに特色のある中核的推進主体が、さまざまな機関・組織や個人とネットワークを結びながら、地域包括ケアを構築・発展させていく必要がある。本章で、地域包括ケアシステムではなく、地域包括ケアと表記するのはこの理由からである。

　福祉主導、保健・医療主導の地域包括ケア先進事例研究の紹介をする。はじめに、福祉主導の地域包括ケアについて述べる。白澤政和は、事業助成を受けた全国17の社会福祉法人等による実践事例を、助成を受けた後も含め分析している。そして、それらを地域包括ケアの視点から次の4つに分類している。①入所者だけでなく、地域の高齢者・住民に焦点を当て、地域包括ケアに貢献している法人、②地域の団体・機関と協議し、新たな支え合いの仕組みづくりに重点を置いて地域包括ケアに貢献している法人、③地域のニーズに合わせ、地域住民と一緒に配食サービス・移送サービス・サロン活動などの新たな生活支援サービスの創設に重点がある法人、④認知症高齢者に焦点を当て、地域包括ケアの推進に重点がある法人である。これらの共通点は、それぞれの法人の利用者だけでなく、地域住民全体のニーズに目配りし、地域の団体・機関と調整しながら、新しい社会資源を創出していることである[27]。

　保健・医療主導による地域づくり、地域包括ケアの先進3事例を取り上げた報告書では、医療・福祉・介護サービスの一体的提供だけでなく、地域の団体と連携しつつ、文化・教育活動、住宅、商店街再生まで、多岐にわたる活動の紹介・分析をしている[28]。さらに、少子高齢化、地域経済の衰退に直面した地域では、医療機関が中心となり、新

たな地域づくりに取り組む事例もみられる。その多くは、医療機関の自主的な取り組みである。「病院を中心に地域包括ケアをデザインする」という視点をもつことが社会保障政策、住宅政策だけでなく、産業政策など種々の領域で重要になってきている[29]。なお、福祉主導で、広範な地域づくり、地域包括ケアを実践している事例も多くある[30]。

2 地域包括ケアの一環としての見守り

①見守りは変化

社会福祉協議会や住民組織による単身高齢者などの見守りは、以前から小地域福祉活動として実践されてきた。農山村や地方都市などでは、自然発生的な見守りが行われていたが、現在も継続されている地域もある。

見守りが大きく注目されるようになった直接の契機は、阪神・淡路大震災（1995（平成7）年）により被災し、仮設住宅、災害復興住宅に入居した人たちの孤立死である。2000年代に入り、高度成長期に建設された都市部の大規模団地で孤立死が発生し、町内会・自治会などが見守りネットワークを構築し、見守りを実施することが多くなった。また、子どもや高齢者の虐待を早期に発見するための見守りネットワークにも関心が集まるようになった。

社会的格差の拡大、単身化などの家族形態の変化を背景に、見守りの対象は、単身高齢者中心から、配慮を要する多様な人たちに変化・拡大した。前述の孤立死、虐待だけでなく、セルフネグレクト（自己放任）、介護や貧困・生活困窮による孤立など、見守りを必要とする人が増加している。重い疾患や要介護など、医療依存度が高い状態の単身世帯、患者と高齢の親だけの世帯、あるいは患者と子どものみの世帯も増えている。そのなかには、社会的孤立や貧困・生活困窮など、複合的な生活問題を抱える人や世帯も少なからず存在し、これらの人への見守りも重要となっている。

見守りの目的、方法も変化した。東日本大震災（2011（平成23）年）により、災害時の見守りにも再び関心が向けられるようになった。企業などによるICTを活用した見守りも広がっている。

②地域包括ケアと見守りとの関係

地域包括ケアを理論的・政策的にリードしてきたのは、高齢者介護研究会（2003（平成15）年）、地域包括ケア研究会（2008（平成20）年～）である。地域包括ケア研究会は、当初から地域包括ケアと見守りとの関係を示してきた。このことが、見守りを地域包括ケアの一環としてとらえることを後押しした。

最初の「地域包括ケア研究会報告書」（2009年）では、地域包括ケアシステムを支える3つのサービスの1つである「地域住民によるサービス」に、「地域住民による見守

り等」を位置づけた[31]。2013 年報告書では、地域包括ケアの5つの構成要素を立体的に表す「植木鉢」図を提示した。見守りは5つのなかの「生活支援・福祉サービス」、さらにそのなかの「生活支援」の1つとされた[32]。2016 年報告書では、5つの構成要素が再構成され、「すまいとすまい方」「介護予防・生活支援」「医療・看護」「介護・リハビリテーション」「保健・福祉」に整理された。見守りは、引き続き「生活支援」に位置づけられていると考えられる[33]。

　地域包括ケアの概念や構成要素の進化に伴い、地域包括ケアにおける見守りの位置も明確になった。見守りは、住民組織や地域住民、NPO などによる生活支援の1つという位置づけが定着したと考えられる。同時に、他の構成要素である医療や福祉などの専門職・専門機関との関連、協働が重視されるようになったといえる。そして、見守りは、インフォーマルな社会資源とフォーマルな社会資源のネットワークにより構築されるという理解が、より一層進んだといえる。

③見守りの定義と原則

　ここでは、小林良二[34]、神崎由紀[35] を参照し、見守りを次のように定義する。住民やさまざまな機関などが、日常生活に支障がある虚弱な人や世帯に対し、その状況に配慮しつつ安否の確認、現状の把握を行い、異変・変化を発見したときに専門機関などに相談・通報し、対応や支援を行うことである。

　見守りの主な原則は、対象となる人と世帯の尊厳の保持、プライバシーの尊重、対象となる人の意思の尊重である。見守りが、対象となる人や世帯の監視になってはならない。これらの原則は、セルフネグレクトなど、支援拒否の人の場合も重要となる。一方、生命・生活の危機の回避と、意思の尊重やプライバシー保護との両立も必要であり、救命、生命の危機回避が最優先となる場合もあると考えられる。

④見守りも2つに分類

　地域包括ケア全般と同様、見守りも主に福祉主導、保健・医療主導に分類できる。前述の地域包括ケア研究会による、地域包括ケアにおける見守りの位置づけ（「生活支援」の1つ）は、ここでいう福祉主導の見守りに近いと考えられる。

　福祉主導では、社会福祉協議会、地域包括支援センター、住民組織、民間事業所などがそれぞれに、あるいはネットワークを構築して、高齢者だけでなく、単身中年者、障害者、子どもなどを見守る事例が多くみられる。保健・医療主導では、病院・診療所、訪問看護ステーションなどによる外来・訪問患者の見守りがされている。診療圏の地域住民を対象とした見守りネットワークを形成している病院・診療所母体の保健・医療・福祉複合体もある。ただし、例えば、保健・医療主導の見守りだからといって、病院・

診療所だけが関わるのではなく、住民組織が参加することもある。また、地域包括ケア全般と同様、福祉主導、保健・医療主導という分類に納まらないものも多くある。

❸ 日常、緊急時、災害時の見守り

① 3つは相対的に独立

　地域の支えあいは、日常（通常時）、緊急時、災害時の3つに区分される。緊急時は、個人レベルの緊急時を指し、災害時は地域住民全体に影響が及ぶ事態となる[36]。見守りは地域の支えあいの1つであるため、やはり日常（通常時）、緊急時、災害時の3つに分類できる。これらは不可分の関係にあり、日常の見守り・支援がないところでは、緊急時の対応や支援の実施も、災害時に見守りが機能し、救助・保護につなげていくことも困難である。

　見守りの対象が比較的安定した人や世帯であれば、日常の見守りは、福祉主導の見守りの枠内で可能である。しかし、急病・異変などの緊急時の場合は、病院・診療所との連携は欠かせなくなる。保健・医療主導の見守りでは、そうした場合の対応は十分可能となる。しかし、病院・診療所や訪問看護ステーションの通常の業務では、見守りの優先順位はそれほど高くないため、見守りの対象となる人は限られてくる。病院・診療所母体の保健・医療・福祉複合体などによる地域住民を対象とした見守りネットワークには、福祉主導、保健・医療主導の見守りのそれぞれの制約を縮小できるという強みがある。しかし、そうした事例はそれほど多くはないと思われる。

②日常と緊急時の見守りにおける「連続的で切れ目のない機能の統合」

　これらの状況のなかでは、地域包括ケアのコア部分である「連続的で切れ目のない機能の統合」[37]は、福祉主導であるか、保健・医療主導であるかを問わず、見守りにおける共通の重要事項となる。日常の見守りと緊急時の見守りの関係を、この視点から具体的にみると、以下に記す地域住民や地域包括支援センターなどと、病院・診療所などとの連携が鍵になる。

　図1は、居宅で生活する単身者・単身患者への日常、急病・異変を例とした緊急時の見守り、その後の支援・対応を、時間軸に従い整理したものである。上段は、比較的安定した日常生活を送る単身者、下段は見守り・医療の必要な疾患をもつ単身患者に対して、地域住民や住民組織、地域包括支援センター、病院・診療所がどのような対応・支援をするのかをモデル的にまとめている。

　疾患・障害があったとしても比較的安定した日常生活を送る単身者は、見守りを受けながら日常の生活をしている場合もあるし、見守りの対象となっていない場合もある。それらの人に急病・異変が発生した場合は、地域住民により発見され、緊急時対応を受

図1 居宅で生活する単身者・単身患者への日常・緊急時の見守りと対応の例

	単身者の状態		日常の生活	急病・異変などの発生	緊急時対応を受ける	医療機関受診	日常の生活に戻る
比較的安定した日常生活を送る単身者	対応・見守り・支援	地域住民 地域包括支援センター 病院・診療所	見守り	発見	救急車要請、地域包括支援センターに支援要請など 発生場所、医療機関などに出向く	支援 診療・支援	見守り 通院
	単身患者の状態		**日常の生活**	**急病・異変などの発生**	**緊急時対応を受ける**	**医療機関受診**	**日常の生活に戻る**
見守りや医療を要する単身患者	対応・見守り・支援	地域住民 地域包括支援センター 病院・診療所	見守り 見守り 通院・訪問見守り	発見 発見	救急車要請、地域包括支援センターに支援要請など 発生場所、医療機関などに出向く 救急車要請、病院・診療所への搬送など	支援 診療・支援	見守り 見守り 通院・訪問見守り

※地域住民＝民生委員、町内会・自治会などの住民組織を含む

け、救急外来などを受診後、入院となることが多い。死亡を除いてはいずれ退院となる。軽症であれば、救急外来などを受診後、帰宅となる。

　見守りや医療を要する単身患者は、居宅で日常の生活を送っている間、地域住民による見守りだけでなく、病院・診療所専門職による診療、見守り・支援を受けることもある。急病・異変があった場合は、地域住民や専門職による発見の後は、上段の比較的安定した日常生活を送る単身者とほぼ同様のプロセスを経ることになる。

　比較的安定した日常生活を送る単身者であっても、見守り・医療の必要な疾患をもつ単身患者であっても、居宅に戻れる場合、見守りや支援の目標の1つは、急病・異変の再発・再燃をできる限り回避すること、再発・再燃が避けられない場合は可能な限り少なくすることである。そして、単身者・単身患者が望めば、住み慣れた地域・居宅で暮らせる期間をできる限り延ばすことである。そのために、多職種連携による急病・異変の個人要因、環境要因のアセスメントや、それに基づく支援計画の立案・実施をすることになる。そして、見守りや支援を受けながら、日常の生活を再開し、継続していくことになる。

　ここでは、見守りの対象の例として、比較的安定した日常生活を送る単身者、見守り・医療の必要な疾患をもつ単身患者を取り上げた。地域包括ケア、見守りを構成する機関・組織や個人のどこ（誰）が、どの程度関わるのか、それらをどうつなぐかは、実

際にはそれぞれの地域社会やその地域社会における福祉、保健・医療などの現状、見守りの対象となる人たちの特性により異なるであろう。

❹ 見守りの３つの課題

　見守りの課題は多岐にわたる。これまで（あまり）触れていないことを３点記す。

　第１は、見守りに参加する民生委員、町内会・自治会などの地域住民、住民組織の負担軽減である。前述のように、配慮を要する人は増加している。見守りの目的も健康維持や生活支援、減災だけでなく、防犯・治安維持、消費者保護などにも拡大している。一方、見守りネットワーク活動のメンバーである地域住民は、見守りを実施するうえでの困難として自身の多忙を挙げている[38]。地域社会の弱体化などにより、見守りに参加する地域住民は容易には増加せず、一部の地域住民に負担が集中することは稀ではない。NPO や専門職・専門機関などの一層の参加と協働による、地域住民、住民組織の支援が課題となっている。

　第２は、日常の見守りと緊急時の見守り・支援との連続性に関する課題である。地域住民が緊急時対応を要する事態を発見した場合、その後、専門職・専門機関に通報することが多い。しかし、地域住民には、緊急時対応が必要であるかどうかの判断が困難であったり、判断できる場合でも通報・相談をためらうことがある。また、再発・再燃をできる限り防止し、減少させるためのアセスメント、支援計画の立案・実施に、地域住民が必要に応じて参加する必要があるが、実現できていない地域もある。こうした課題を緩和・解決するには、地域住民、住民組織と専門職・専門機関との、緊急時を想定した連携強化が課題となる。

　第３は、見守りの全国的な広がりが求められている点である。さまざまな機関や専門職などによる高齢者見守りネットワークの整備状況を尋ねた経済社会総合研究所調査によると、各基礎自治体内の「全地域で実施済み」は 26.4％、「一部地域で実施」7.9％、「モデル事業を実施中」2.5％、３つを合わせても 36.8％に過ぎなかった。「現在検討・準備中」は 39.5％[39] であったため、その後拡大した可能性もある。全基礎自治体での、高齢者以外も含めた見守りネットワークの整備が大きな課題となる。

　３点の課題の緩和・解決に向けて共通して必要であるのは、政府、都道府県、特に基礎自治体の役割の拡大である。財政支援、人材育成と研修など、行政の果たす役割は、これまで以上に大きいと考えられる。基礎自治体、都道府県が、それぞれの地域包括ケアに関連する行政計画（地域福祉計画、介護保険事業計画、医療計画など）のなかに日常、緊急時の見守りを位置づけること、そのうえで地域マネジメントを展開していくことが不可欠となる。

文献

1) 武川正吾『地域福祉の主流化』法律文化社，2 頁，2006.

2) 厚生労働省「これからの地域福祉のあり方に関する研究会報告書」2008.

3) 総務省「新しいコミュニティのあり方に関する研究会報告書」2009.

4) 厚生労働省「誰もが支え合う地域の構築に向けた福祉サービスの実現——新たな時代に対応した福祉の提供ビジョン」2015.

5) 首相官邸「ニッポン一億総活躍プラン（概要）」2016.

6) 配慮を要する人たちの増加については，次の論考を参照のこと．小野達也「社会貢献は排除や孤独・孤立に立ち向かえるのか」『地域福祉研究』第 47 巻，2 ～ 5 頁，2019.

7) 内閣府「令和元年度版 高齢社会白書」2019.

8) 内閣府「平成 29 年度版 高齢社会白書」2017.

9) 前掲 7)

10) 内閣府「令和元年度版 障害者白書」2019.

11) 内閣府男女共同参画局「平成 28 年度版 男女共同参画白書」2016.

12) 厚生労働省「平成 28 年 国民生活基礎調査」2016.

13) 厚生労働省「被保護者調査」2017.

14) 厚生労働省「生活困窮者自立支援制度支援状況調査の結果について」2015.

15) 内閣府男女共同参画局「育児と介護のダブルケアの実態に関する調査報告書」2016.

16) 法務省「平成 30 年末現在における在留外国人数について」2019.

17) 内閣府「生活状況に関する調査」2019.

18) 以下の部分は，藤森克彦の分析によっている．藤森克彦『単身急増社会の希望——支えあう社会を構築するために』日本経済新聞社，27 頁，2017.

19) 厚生労働省「平成 29 年版 厚生労働白書」2017.

20) 総務省「今後の都市部におけるコミュニティのあり方に関する研究会報告書（概要版）」2014.

21) 内閣府「平成 29 年版 防災白書」自主防災組織の推移，2017.

22) 松岡洋子『エイジング・イン・プレイス（地域居住）と高齢者住宅』新評論，2011.

23) 小林甲一・市川勝『『高齢者保健福祉』から『地域包括ケア』への展開——医療・介護の連携をめぐって」『名古屋学院大学論集 社会科学編』第 50 巻第 1 号，1 ～ 20 頁，2013.

24) 小林甲一・市川勝「医療主導による地域包括ケアシステムの形成と展開——広島県尾道市におけるモデル構築を事例に」『名古屋学院大学論集 社会科学編』第 51 巻第 3 号，1 ～ 18 頁，2015.

25) 二木立『地域包括ケアと地域医療連携』勁草書房，3 ～ 4 頁，2015.

26) 前掲 25)，6 ～ 7 頁

27) 白澤政和「終章 地域包括ケアの今後の展開に向けて」大橋謙策・白澤政和編『地域包括ケアの実践と展望——先進的地域の取り組みから学ぶ』中央法規出版，281 ～ 291 頁，2014.

28) 坂口一樹・森宏一郎・日本医師会総合政策研究機構「日医総研ワーキングペーパー 医療による地域活性化——仮説構築に向けたケーススタディ」48 頁，2018.

29) 松田普哉「病院を中心に地域包括ケアをデザインする——病院機能の社会化への期待」『病院』第 76 巻第 9 号，677 ～ 680 頁，2017.

30) 例えば，全国社会福祉法人経営者協議会「社会福祉法人における地域貢献に向けた『1 法人（施設）1 実践』活動事例集第 9 集」2015.

31) 地域包括ケア研究会「地域包括ケア研究会報告書——今後の検討のための論点整理」17 頁，2009.

32) 地域包括ケア研究会「〈地域包括ケア研究会〉地域包括ケアシステムの構築における今後の検討のための論点」2 ～ 3 頁，2013.

33) 地域包括ケア研究会「〈地域包括ケア研究会〉地域包括ケアシステムと地域マネジメント」15 ～ 16 頁，2016.

34） 小林良二「8章　地域の見守りネットワーク」藤村正之編『シリーズ福祉社会学③　協働性の福祉社会学
　　 ——個人化社会の連帯』東京大学出版会，159 ～ 181 頁，2013.

35） 神崎由紀「地域で暮らす高齢者の見守りの概念分析」『日本看護科学会誌』第 44 巻第 1 号，34 ～ 41 頁，
　　 2013.

36） 山口麻衣・森川美絵・山井理恵「災害時，緊急時，日常における地域の支えあいの可能性と課題——大都
　　 市の団地居住高齢者の支えあい意識の分析」『日本の地域福祉』第 26 巻，53 ～ 63 頁，2013.

37） 田中滋「多世代共生社会に地域包括ケアシステムを役立てる」齋藤英彦編『医の希望』岩波新書，155 ～
　　 178 頁，2019.

38） 桝田聖子・大井美紀・川井太加子・臼井キミカ・津村智恵子「A 市における地域住民を主体とした地域見
　　 守りネットワーク活動の現状——地域別比較を通して」『甲南女子大学研究紀要　看護学・リハビリテー
　　 ション学編』第 3 号，111 ～ 120 頁，2009.

39） 内閣府経済社会総合研究所「セルフネグレクト状態にある高齢者に関する調査——幸福度の視点から　報
　　 告書」5 頁，2011.

付記

　本章の「1　地域包括ケアの背景、理念と政策」は小野達也が、「2　地域包括ケアと見守り」は杉崎千洋が
執筆した。

第 2 章

地域包括ケアの深化・拡大と
地域共生社会の実現に向けた
具体の動きと今後の課題

要旨

　厚生労働省の意図する地域包括ケアシステムの構築は、医療制度改革を主眼としたものであり、看取りも含め地域で対応することを求めている。しかし、現状は人材不足を要因としてその対応が進んでいない。こうした事態を受け、政府・厚生労働省は、限られた資源を有効活用する観点から、事業者の再編を進めると共に、「我が事・丸ごと、地域共生社会の実現」を掲げた全世代対応型地域包括ケアシステムの構想を打ち出し、従来の縦割り組織を廃し、相互乗り入れによる対応を求めている。

　一方、政府・厚生労働省は、「人生 100 年時代」となったことで、地域包括ケアシステム構築のゴールを 2025（令和 7）年から 2040（令和 22）年へと改め、多死社会へ対応するべく、看取りを進めるアドバンス・ケア・プランニング（以下、ACP とする）の本格導入に踏み切った。限られた資源の有効活用と利用者本人の望む生活を多職種協働で図る場として地域ケア会議を位置づけ、その具体化を強力に求めてきている。

🔑 **キーワード**

地域包括ケアシステム　「人生 100 年時代」
アドバンス・ケア・プランニング（ACP）　地域ケア会議

1 ｜ 本章の目的

　本章の目的は、この間の厚生労働省が推進してきた地域包括ケアシステム構築の施策の動向を事業者の再編と現場の実践課題の 2 つの視点で概観し、今後の課題を提示することである。

　厚生労働省が推進する地域包括ケアシステム構築の理論的支柱となっているのが、地域包括ケア研究会の報告書である。地域包括ケア研究会は、2008（平成20）年に、厚生労働省老人保健健康増進等事業の一環として、田中滋慶應義塾大学大学院教授（当時）を座長に、高齢者政策の専門家等によって設立された。同研究会は、その後数回にわたりその研究成果を報告書としてまとめ、地域包括ケアシステムの基礎的な考え方や政策の方向性について提案し、その提案が実際に具体化されてきた経緯がある。

　地域包括ケアシステムの概念については、同研究会平成21年老人保健健康増進等事業による研究報告書「地域包括ケア研究会報告書」（2010年）で述べられている。同報告書では、地域住民は住居の種別にかかわらず、おおむね30分以内（日常生活圏域）に生活上の安全・安心・健康を確保するための多様なサービスを24時間、365日を通じて利用しながら、病院等に依存せずに住み慣れた地域での生活を継続することが可能になっていると述べている[1]。

　ここで注目すべき点の1つ目は、「住居の種別にかかわらず」と述べた部分で、これは従来の施設、有料老人ホーム、グループホーム、高齢者住宅、そして自宅を意味している。つまり、自宅以外の多様な住まいを提案しており、これは住み替えを含めた選択肢を意味するものと考えられる。そして、注目すべき点の2つ目は、「病院等に依存せずに」という部分である。これは、不必要な入院や施設への入所を防止し、看取りも含め地域での生活を全うすることを意味していると考えられる。

　もともと政府・厚生労働省が考えた地域包括ケアシステム構築の意図は、地域医療構想の具体化を含む医療制度改革を貫徹するためである（**図1**参照）。

　この**図1**で向かって左側が医療制度改革の基本となる在院日数短縮化を描いたものである。かかりつけ医から紹介され急性期病院に入院した患者が、円滑に次のステージへ移り、元の自宅もしくは地域へ戻るためには、医学的管理や医療的ケアが必要な状態の人であっても適切に対応できる条件の整った地域包括ケア（**図1**の向かって右側）が必要となる。

　先述の「地域包括ケア研究会報告書」（2010年）公表後の診療報酬・介護報酬改定、介護保険法等の見直しでは、地域包括ケアシステムを各地域で構築し具体化すべく、そのための報酬設定やサービスの整備が進められていったのである。2011（平成23）年介護保険法等改正では、定期巡回・随時対応型訪問介護看護や複合型サービス（看護小規模多機能型居宅介護）を創設したが、看護職の確保が困難などの理由からその整備が遅々として進んでいない。各市町村の介護保険事業計画でサービス整備の数値目標を掲げ、事業者を募集しても応募がない事態も生じている。

　そして、社会福祉士及び介護福祉士法の改正により一定の研修を受けた介護職員が喀痰吸引などの医療的ケアを提供できるようにすることで介護老人福祉施設などでの看取

図 1 2025（令和 7）年地域包括ケアシステムのイメージ図

出典：厚生労働省社会保障制度審議会会議資料（中央付近の点線は筆者が加筆）

りを推進している。

　2014（平成 26）年 6 月に公布された「地域における医療及び介護の総合的な確保を推進するための関係法律の整備等に関する法律」（医療介護総合確保推進法）により、「地域における公的介護施設等の計画的な整備等の促進に関する法律」の題名が「地域における医療及び介護の総合的な確保の促進に関する法律」（医療介護総合確保法）に改められるとともに、その第 2 条に「地域包括ケアシステム」の定義が規定されることとなった。医療介護総合確保推進法は、効率的かつ質の高い医療提供体制を構築するとともに、地域包括ケアシステムを構築することを目的に、新たな基金の創設と医療・介護の連携強化を図り、都道府県ごとに医療機関の病床数をその機能別に再編する地域医療構想策定とその具体化を義務づけたのである。

　このように高齢者を対象とした地域包括ケアシステムの構想はその具体化が強力に進められてきたが、2017（平成 29）年度新たな段階へと移った。それは、地域で暮らすあらゆる世代を対象とした地域包括ケアシステムへのバージョンアップであった。そして、医療保険制度や介護保険制度によって提供されるフォーマルな社会資源でできることには限りがあるとして、インフォーマルな社会資源、具体的には地域住民による自

助・互助・共助の強化とその活用が打ち出された。それが、「我が事・丸ごと」地域共生社会実現本部による「「地域共生社会」の実現に向けて（当面の改革工程）」である。それは既存の枠組み、特に縦割り組織を廃し、相互乗り入れをするとともに、必要に応じて組織間連携や法人組織の統合も視野に入れたものと考えられる。

2 「地域包括ケア研究会報告書——2040年に向けた挑戦」（2017年）にみるその意図とねらい

1 「2025年から2040年へ」目標年変更が意味するもの

従来の地域包括ケアシステム構築は、2025（令和7）年をゴールとしていた。それは、2025（令和7）年が団塊の世代の人たちが後期高齢者になる年であり、要介護状態等になる人が大量に現れ、その対応を迫られるためであった。しかしながら、平成28年度報告書[2]はそのタイトル名を「2040年に向けた挑戦」とし、ゴールを改めたのである。その理由は、「人生100年時代」の到来（ライフシフト）である。2040（令和22）年には、団塊ジュニア世代が65歳以上の高齢者となることに加え、団塊世代の人たちが90歳代、100歳を迎え、多死社会が訪れるというのである。そのため、医療費や介護給付費など社会保障費が膨らみ、現行制度の安定的な維持が困難になる。同報告書では、死亡者数のピークが2040（令和22）年頃であり、2040（令和22）年に向けた課題は、「いかにして団塊の世代を看取るか」に集約されるとしているのである。今後さらに進むであろう少子高齢社会を背景に人的・財政的制約を踏まえつつ、いかなる方法で困難な課題に取り組んでいくのか、同報告書では、発想を転換する絶好の機会ととらえ、前向きな視点で挑戦することを提案している。

2 看取りのガイドライン見直しの意味するもの

こうした課題認識を背景に、2018（平成30）年看取りのガイドラインが見直された。厚生労働省は、2018（平成30）年3月14日、「人生の最終段階における医療の決定プロセスに関するガイドライン」の改訂について公表した[3]。従来の病院における延命治療への対応を想定した内容だけではなく、在宅医療・介護の現場で活用できるよう、次のような見直しを行った点が特徴である。

まず、ガイドラインの名称を「人生の最終段階における医療・ケアの決定プロセスに関するガイドライン」と変更した。そして、医療・ケアチームに介護従事者が含まれることを明記したのである。

そして、新たなガイドラインでは、ACPの取り組み、すなわち、心身の状態の変化等に応じて、本人の意思は変化しうるものであり、医療・ケアの方針や、どのような生

き方を望むか等を、日頃から繰り返し話し合う取り組みの導入と普及を掲げた[4]。

　また、看取りを円滑に進めていくために、本人が自らの意思を伝えられない状態になる前に、本人の意思を推定する者について、家族等の信頼できる者を前もって定めておくことの重要性について述べている。ただ、今後、単身世帯が増えることを踏まえ、信頼できる者の対象を、「家族」から「家族等」（親しい友人等）に拡大した点がこれまでにない大きな変化と言える。

　いずれにしろ、現場のケアマネジャーなりが、クライエントと繰り返し話し合った内容をその都度文書にまとめておき、本人、家族等と医療・ケアチームで共有することの重要性について指摘している。

　このように看取りのガイドラインの活用範囲を病院から在宅医療・介護の現場に広げ、それぞれの場所で延命措置の選択を含めたその人なりの最期を実現していくことで、本人が望まない場合の延命措置を中止し、医療費の抑制を図ろうとするものである。

❸ 多職種連携（チームアプローチ）の普及と発想の転換

　さて、前掲の報告書では、看取りの他にも多職種連携が必要となる場面として、①退院し在宅に戻る際と（急変時以外での）入院の際、②在宅での日常的な生活（急変時対応を含む）を挙げ、2040（令和22）年までに多職種連携によるチームケアを一般的な理解として普及させるべきとしている[5]。

　そして、いまが発想を転換する絶好の機会ととらえ、「いかにして需要増加のスピードを減速させられるか」「現在の人材でどこまで生産性を高め、効率的に効果の高いケアシステムを作れるか」という視点で、従来の手法や体制の見直しが不可欠である。「量的な対応」以上に「質的な変化」が求められるとしている。

　人材に対する考え方については、専門職不足が深刻な状況になることを踏まえ、医療介護人材の機能整理を進めるべきと指摘している。「技術の向上」「生産性の向上」の観点から、より良い職場環境の形成、チームケアに必要な高い専門性をもつ職員の役割、機能の明確化により、専門職が能力向上を続け、仕事を続ける動機づけになる取り組みを進めるべきとしたうえで、地域活動への積極的支援やセルフマネジメントの推進、セルフマネジメントに必要な知識・情報の提供を担う専門職の関与が求められる。専門職によるサービス提供は、「一対一」が基本だったが、「一対多」も目指すべきであるとしている。

　さらに、介護サービス現場で「支え手側」「受け手側」と認識されていた関係性の変化や、地域での生活をサービスだけで支える発想自体からの脱却も求められるとして、従来の思考枠組みにとらわれない発想と柔軟な取り組みの必要性を強調している。

4 地域マネジメントと自治体の役割

　前掲の報告書では、地域マネジメントとは、「保険者・市町村が、地域包括ケアシステムの構築を目的とした工程管理に用いる手法」としたうえで、次のように述べている[6]。

　地域の実態把握・課題分析を通じて、地域における共通の目標を設定し、関係者間で共有するとともに、その達成に向けた具体的な計画を作成・実行し、評価と計画の見直しを繰り返し実施することで、目標達成に向けた活動を継続的に改善する取組

　この地域マネジメントは、PDCAサイクルを基本としたものであり、計画（目標の設定）、実施、評価、改善の繰り返しにより、取り組みの進捗を把握し、よりよい仕組みへと組み上げるプロセスを意味する。

　地域で共通の課題となってきている人材確保については、各医療機関、事業者に任せるだけでは解決が困難な段階を迎えている。人材確保の目途が立たない法人では、事業を休止、廃止するなどの縮小計画を打ち出してきているところもあり、介護保険事業計画で掲げていたサービスの整備目標が達成できない自治体も出てきている。こうした状況を踏まえ、人材確保については地域全体でマネジメントしていく体制整備を自治体の責任で行う必要が出てきている。

3 | 2018年度、社会保障・税一体改革は新たな段階へ移行した

1 全世代対応型地域包括ケアシステムへの転換とそのねらい

　従来の地域包括ケアシステム構築は、要介護高齢者等の地域生活支援を主たる課題として取り組まれ、ある程度進んできた。これを他分野へも大きく広げたのが2017（平成29）年6月の社会福祉法の改正である。介護保険法と併せて行われた社会福祉法の改正では、地域福祉の推進の理念として、支援を必要とする住民（世帯）が抱える多様で複合的な地域生活課題について、住民や福祉関係者による、①把握及び②関係機関との連携等による解決が図られることを目指す旨を明記した。これが「我が事・丸ごと、地域共生社会の実現」を法に規定したものである。この理念を実現するため、市町村が包括的な支援体制づくりに努める旨を規定し、地域福祉計画の見直しを求めた。

　一方で、精神保健福祉領域においても新たな動きがあった。2017（平成29）年2月に「これからの精神保健医療福祉のあり方に関する検討会報告書」が公表され[7]、精神障害にも対応した地域包括ケアシステム構築を求めてきたのである。報告書では、「長

期入院精神障害者の地域移行を進めるにあたっては、精神科病院や地域援助事業者による努力だけでは限界があり、自治体を中心とした地域精神保健医療福祉の一体的な取組の推進に加えて、地域住民の協力を得ながら、差別や偏見のない、あらゆる人が共生できる包摂的（インクルーシブ）な社会を構築していく必要がある」。このため、精神障害者が、地域の一員として安心して自分らしい暮らしをすることができるよう、「精神障害にも対応した地域包括ケアシステム」の構築を進めることを、新たな政策理念として明確にした。

　この報告書を受けるかたちで2017（平成29）年4月には、厚生労働省から「精神障害者にも対応した地域包括ケアシステムの構築推進事業実施要綱」が、通知文と共に各都道府県等へ発出（2017（平成29）年4月18日付け）されたのである。

② 保険者機能強化推進交付金事業の導入と地域ケア会議

　現在進められている地域包括ケアシステムの構築は、社会保障・税一体改革の一環である。政府・厚生労働省は、工程表に基づきその改革を進めているが、前倒しできる事業は前倒しするなど改革の速度を速めるとともに、その実効性を高める方策も導入して

図2　2018（平成30）年度・制度改革の動向の俯瞰図

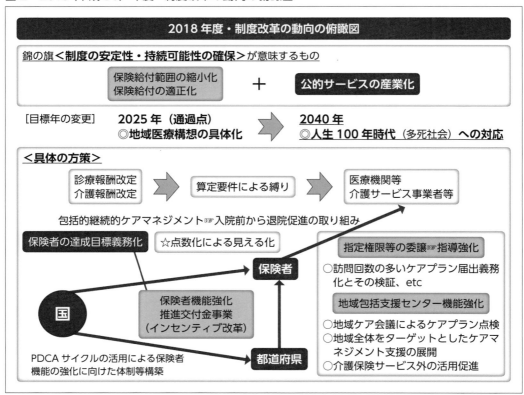

筆者作成

22

いる。

　2018（平成30）年度から新たに導入されたのが保険者機能強化推進交付金事業である。**図２**は、2018（平成30）年度の報酬改定等を含む施策の動向を示したものである。従来は、診療報酬・介護報酬の改定や医療法等の関係法令の改正によって改革を推進してきた。2017（平成29）年の介護保険法改正に伴い、導入された保険者機能強化推進交付金事業は、保険者である市町村、そしてその支援を行う都道府県の改革における取り組みを評価・採点し、その結果を点数で示すことで取り組みの見える化を図る事業である。国は、その成績（点数結果）に応じて交付金を配分する。したがって、各市町村、各都道府県は、交付金を得るために成績をあげるべく取り組まざるをえない状況に追い込まれることになる。その評価指標には、地域包括ケアシステム構築や地域医療構想具体化にかかる事業項目が複数含まれている。例えば、地域包括ケアシステム構築にかかるものとして次のものが挙げられている。

　評価指標の１つである「生活援助の訪問回数の多いケアプラン（生活援助ケアプラン）の地域ケア会議等での検証について、実施体制を確保しているか。」は、居宅介護支援事業者が利用者の自立に資するケアマネジメント、介護保険外の多様な社会資源の活用を行っているかを、点検するものとなっている。これは、2018（平成30）年４月の介護報酬改定により義務づけられた「訪問介護における生活援助の訪問回数が基準よりも多いケアプランの保険者への提出」を受けたものとなっている。

　その他、地域ケア会議を通じてケアプランの適正化を図ることで、自立支援や要介護状態の維持改善が図られ、その結果として①要介護認定等基準時間の変化率、②認定の変化率にそれぞれ効果が見られたかを評価する指標などがある。

　市町村は改革の取り組みの成果を求められることから、居宅介護支援事業者に対する指定権限等が都道府県から保険者である市町村へ委譲されたこともあり、市町村が直接、居宅介護支援事業者に対して指導するなどの関与を強めることが考えられる。

❸ 和光方式による地域ケア会議の展開

　地域ケア会議を活用した取り組みのモデルとして厚生労働省が推奨しているのが、保険者では和光市（埼玉県）、都道府県では大分県である。和光市の取り組みは、いわゆる「和光方式」と呼ばれ、多くの保険者でそれをモデルにした取り組みが行われている。

　和光市は介護保険制度施行直後から、高齢者の自立支援と介護予防、そして多様な社会資源の活用を図るべく独自の取り組みを展開し、成果を挙げてきた。全国的な状況を見ると、この間、要介護認定率については、介護保険制度施行後上昇を続け、介護保険給付費も膨らんできた。そのなかで和光市は、全国平均と比べ、その上昇を抑制し、給

付費も抑制する成果を挙げている。こうした取り組みの要の1つとなっているのが地域ケア会議だ。地域ケア会議を通じて、個別のケアプランを検証し、必要に応じケアプランの見直しを行う。大分県は、この和光方式による地域ケア会議を全県的に取り組んで成果を挙げてきた。大分県が和光方式による地域ケア会議を導入するきっかけとなったのが、各市町村の介護保険事業が第4期から第5期へうつる際の介護保険料の引き上げ額であった（**表1**参照）。伸び率は28.8%で、このとき大分県は介護保険料の引き上げ額が全国で最も高い県（ワースト1位）となったのである。さらには、豊後大野市が、一般会計からの繰り入れと財政安定化基金からの借り入れを行って介護保険料を6250円としたが、これは大分県内で最高額、全国では8番目に高い結果となった。そもそも厚生労働省は介護保険財政については、特別会計で処理し対応することとしており、一般会計からの繰り入れを認めていない。こうした事態に対し、大分県は危機感をもち、和光方式による地域ケア会議の導入と展開に踏み切ったものと考えられる。大分県はその後3年間の取り組みで介護保険料の上昇を抑制する成果も出してきた（**表2**参照）。第6期を迎えた際の介護保険料の伸び率は4.6%と全国最低で、複数の保険者が介護保険料の金額を据え置いたり、引き下げを行ったのである。

　大分県では、その後もこうした取り組みを継続したことで、和光市と同様に要介護認定率の上昇を抑制する成果を挙げている。

表1　大分県市町村の介護保険料の推移（第4期から第5期）
第5期の第1号被保険者保険料（基準額）

単位：円

市町村名	第4期	第5期	高齢化率
大分市	4270	5452	21.6%
別府市	3895	5567	29.0%
中津市	3301	4900	26.2%
日田市	3524	4885	29.7%
佐伯市	4200	5300	33.6%
臼杵市	4210	4780	34.0%
津久見市	4389	5407	35.3%
竹田市	3900	5500	41.4%
豊後高田市	4180	5240	34.9%
杵築市	4600	5500	32.6%
宇佐市	4043	4990	3.13%
豊後大野市	5095	6250	38.1%
由布市	4727	6067	29.7%
国東市	3850	4750	37.3%
姫島村	3450	3500	39.6%
日出町	4692	5767	25.6%
九重町	5000	5200	37.9%
玖珠町	4700	5450	31.8%

大分県内18市町村の平均額は、
　　　　　5351円（第4期：4155円）。
<u>引き上げ額では、全国1位（28.8%）</u>。
県平均額は、高い方から全国11番目。
市町村間の差は、最大で2750円。

<u>豊後大野市は、一般会計からの繰り入れと財政安定化基金からの借り入れを行っても県内で最高額6250円</u>（全国8位、全国で1番は関川村（新潟県））。
最も金額が上がったのは別府市。

保険料額と高齢化率との、直接の相関はない。
保険給付サービスの利用状況、特に施設への入所割合が影響。

出典：厚生労働省老健局「第4期の介護保険料について」全保険者一覧，2009，「第5期計画期間における介護保険の第1号保険料について」全保険者一覧，2012．をもとに筆者作成

表2 大分県市町村の介護保険料の推移（第5期から第6期）

第6期の第1号被保険者保険料（基準額）

単位：円

市町村名	第5期	第6期	伸び率
大分市	5452	5994	9.9%
別府市	5567	5739	3.1%
中津市	4900	5000	2.0%
日田市	4885	5018	2.7%
佐伯市	5300	5300	0.0%
臼杵市	4780	4780	0.0%
津久見市	5407	5998	10.9%
竹田市	5500	5500	0.0%
豊後高田市	5240	5100	−2.7%
杵築市	5500	5500	0.0%
宇佐市	4990	5190	4.0%
豊後大野市	6250	6250	0.0%
由布市	6067	5990	−1.3%
国東市	4750	4750	0.0%
姫島村	3500	4300	22.9%
日出町	5767	5699	−1.3%
九重町	5200	5930	14.0%
玖珠町	5450	5950	9.2%

大分県内18市町村の平均額は、

5599円（第5期：5351円）。

今回の伸び率は4.6％と、全国で最も低い結果となった。

前回の伸び率が28.8％と全国1位だったのに対し、この間の取り組みの抑制効果が表れた結果になった。

市町村間の格差
　1950円（第6期）
　2750円（第5期）

出典：厚生労働省老健局「第5期計画期間における介護保険の第1号保険料について」全保険者一覧, 2012,「第6期計画期間・平成37年度等における介護保険の第1号保険料及びサービス見込み量等について」保険者別保険料一覧, 2015. をもとに筆者作成

　こうした和光市や大分県の取り組みを全国的に展開させるものが、2018（平成30）年4月の介護報酬改定であり、新たな保険者機能強化推進交付金事業の導入なのである。

4 　医療制度改革と地域包括ケア構築の一体的推進は必要なこと

　1990年代以降、医療法等の改正と診療報酬等の改定による医療機関の類型化が進められ、在院日数の短縮化が進められてきた一方で再入院率が上昇するという状況が明らかになった。そうした状況を踏まえ、地域包括ケアシステム構築では、医療的なケアが必要な状態であっても、地域での生活支援を可能とする仕組みの構築を進めてきた。

　診療報酬改定では、急性期病床における出来高払い方式から包括払い方式（DPC）への転換を進め、在院日数の短縮化を推進してきた。その結果、在院日数の短縮化が図られたが、その一方で6週間以内の再入院率が上昇したのである（**表3**参照）。再入院率が上昇したのでは医療費の抑制にはならない。そこで政府・厚生労働省が打ち出したのが地域包括ケアシステムの構築であった。すなわち、退院した患者の受け皿となる地域が、医学的管理や医療的なケアを継続して必要としている患者を受け止め、適切な対

表3 2006（平成18）年度DPC導入の影響評価に関する調査結果より

在院日数は減少、再入院率は上昇

平均在院日数の年次推移 2003年度DPC対象82病院… 　2002年の21.22日 　→2006年に17.35日 2004年度DPC対象62病院… 　2003年の16.53日 　→14.74日 2006年度DPC対象216病院… 　2004年の15.48日 　→14.52日	6週間以内の再入院率（同一疾患） 2003年度DPC対象病院… 2002年3.94% →2005年7.09% ※2004年度DPC対象病院、2005年度 　DPC対象病院で同様の結果

在院日数の短縮化が、医療費の削減には直接には結びつかない!!

出典：「2006年度DPC導入の影響評価に関する調査結果」をもとに筆者作成

応をするべく地域包括ケアシステムの構築を進めることを求めたのである。

　本来、医療機関は治療を行う場であることから、早期に退院し元の生活に戻るのが望ましいことはいうまでもない。不必要な入院の継続は、患者の闘病意欲を減退させたり、廃用症候群に陥るなどの問題を引き起こす。この間の強力な退院促進は、退院後の療養条件を適切に確保したうえで行われるものでは必ずしもなかったことから、再入院率の上昇など、さまざまな問題を患者・家族にもたらすこととなった。そこで住み慣れた地域で看取りも含めた対応をできるようになることを、地域包括ケアシステムに期待したのである。

　可能な限り早期に元の生活に戻れるようにすることが望ましい。早期の退院と地域での生活の再開のためには、医療と介護の適切な連携が欠かせない。しかし現実は、医療機関と退院後の生活を支える機関や人との連携が十分図られているとはいえない状況がある。

　地域包括ケアシステム構築において、重要な課題の1つが医療と介護の適切な連携である。医療と介護の適切な連携を図ることが要介護状態等になることの予防や要介護状態等の維持改善に結びつき、結果として再入院率の改善に結びつくと考えられる。

　2011（平成23）年、政府・厚生労働省は、介護保険法等を改正し、新たなサービスとして定期巡回・随時対応型訪問介護看護等を創設した。しかしながら、実際のサービスの整備は看護師等の人材確保が困難であることなどからほとんど進んでいない。介護保険施設等においては、社会福祉士及び介護福祉士法等の改正により医療的なケアを一定の研修を受けた介護職等が実施できるようにすることで看取りも含めた対応を行えるよう環境整備を図ったところである。

　今後、地域や介護保険施設等で看取りも含めて利用者が望む地域での生活を継続できるようにすることが期待される。

5 「その人らしい生活」「自立した生活」の実現が意図することとケアマネジメントの課題

1 多死社会の到来と ACP 導入

　人生 100 年時代において団塊の世代の人たちがそれぞれの望む生活を全うできるようにするため、看取りにおけるガイドラインが見直されたことは先に見たとおりである。そこでは、日本における ACP の本格的導入を掲げ、早い段階からの利用者本人の意思確認の重要性を挙げている。この点について、ガイドラインでは次のように述べている[8]。

・心身の状態の変化等に応じて、本人の意思は変化しうるものであり、医療・ケアの方針や、どのような生き方を望むか等を、日頃から繰り返し話し合うこと（＝ ACP の取組）

・本人が自らの意思を伝えられない状態になる前に、本人の意思を推定する者について、家族等の信頼できる者を前もって定めておくこと

・今後、単身世帯が増えることを踏まえ、信頼できる者の対象を、家族から家族等（親しい友人等）に拡大する

・繰り返し話し合った内容をその都度文書にまとめておき、本人、家族等と医療・ケアチームで共有すること

　このように本人との話し合いを重ね、本人が望む最期を実現することを推奨しているが、そこで重要となるのが延命措置に対する利用者本人の意思確認である。本人が延命措置を望まない選択をし、本人の望む最期の生活を介護職等の人たちで実現できれば、結果として医療費の抑制に結びつくのである。

2 「多職種による自立に向けたケアプランに係る議論の手引き」と ACP の共通点と課題

　一方で、介護保険分野では 2018（平成 30）年 4 月の介護報酬改定等により自立に資するケアマネジメントの実施が強調されることになった。自立に資するケアマネジメントを推進するうえで重要な役割を担うのが地域ケア会議である。地域ケア会議の実施については、2018（平成 30）年 10 月 9 日付けで「多職種による自立に向けたケアプランに係る議論の手引き」が発出され[9]、その趣旨が次のように述べられている。

　　利用者は様々な事情を抱えていることを踏まえ、利用者の自立支援・重度化防止にとってより良いサービスを提供することを目的とするものであり、介護支援専門員の視点だけではなく、多職種協働による検討を行い、必要に応じて、ケアプランの内容

の再検討を促すものです。生活援助中心型サービスが一定回数以上となったことを
もってサービスの利用制限を行うものではありません。

　また、ケアプランを変更するためには、利用者の同意を得ることが必要であること
から、市町村は介護支援専門員や本人に丁寧かつ十分に説明をする必要があります。

　同手引きと先の看取りに関するガイドラインに共通していることは、利用者本人の看
取りも含めた生活ないしは人生に関する意思確認である。援助者側が利用者本人にとっ
て良かれと思った提案であっても本人が同意しなければ実際には具体化することができ
ない。援助者が利用者本人との援助関係を築くとともに利用者の意思確認とその意思に
基づく生活の実現を協働作業で進めていくことが求められるのである。

　ケアマネジメントの本質は、いうまでもなく利用者本人との援助関係の構築であり、そ
の援助関係の構築に基づく相談援助である。ケアマネジャーが利用者本人に対し意図的
に関わり、援助関係を形成することで円滑なケアマネジメントを実践することができる。
換言すれば、単に利用者のニーズへ社会資源を結びつけること、ましてや介護保険給付
サービスのみでパッケージをつくることがケアマネジメントの本質ではないのである。

　図3に示すように、A「本人が望む暮らしの実現」、B「その人らしい生活の実現」、
C「自立した生活の実現」を擦り合わせる取り組みは、ケアマネジメントの原点に立ち
戻ることでもある。

図3　本人が望む暮らしとの擦り合わせがケアマネジメントの課題

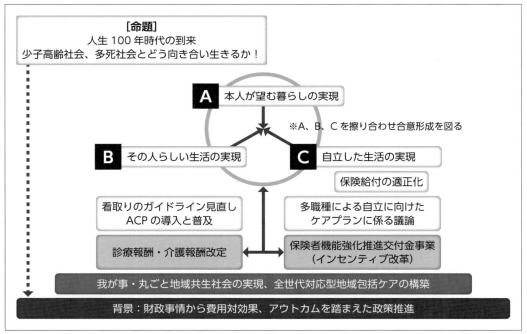

筆者作成

6 | 全世代対応型地域包括ケアシステム構築と事業者の再編

　「地域包括ケア研究会報告書——2040 年に向けた挑戦」（2017 年）[10] では、今後のサービス提供事業者が生き残るための選択肢として、4 つ（選択肢①「現状維持」、選択肢②「法人規模の拡大」、選択肢③「他事業者・法人との連携」、選択肢④「経営統合」）を示している。選択肢①を除く選択肢②～④は事業者の規模の大小にかかわらず、地域ニーズ、地域で暮らすすべての世代の人の課題に応えるうえで、必要な選択肢であると考える。また、特に中小の事業者にとっては、事業者の経営持続性の観点からその選択が重要となってくる。なぜなら、2015（平成 27）年 4 月以降の介護報酬等の改定の特徴として、基本報酬だけでは黒字化が難しく、加算を算定することで黒字化が図れるようになっているからである。**図 4** は、老人福祉・介護事業の倒産の状況を示したグラフである。倒産件数が右肩上がりで増えている一方で、2016（平成 28）年の負債総額が 2008（平成 20）年の半分程度にとどまっているのは、中小の事業者が多く倒産していることを意味している。中小の事業者は、介護報酬改定による影響を直接受け減益になったこと、さらにそこへ人材確保が困難であることが加わり経営悪化を招いていると考えられる。

　同報告書は、こうした事態を踏まえ、介護・福祉版の連携推進法人の創設を提言している。すでに医療分野では、医療法改正により「地域医療連携推進法人」が創設可能と

図 4　介護報酬改定が与えた現場への影響

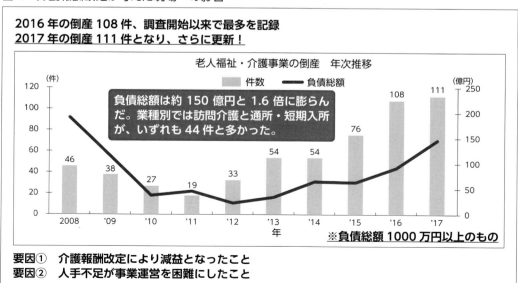

出典：東京商工リサーチのデータをもとに筆者作成

なっている。厚生労働省では、「社会福祉法人の事業展開等に関する検討会」で社会福祉法人等の再編を進める検討を重ねている[11]。

　そして、深刻でかつ喫緊の課題となっている人材確保の問題については、各事業者、各法人で解決できる問題ではなく自治体レベル、さらには国レベルで解決すべき問題となってきている。この点について、同報告書は、地域単位で人員配置を考える段階を迎えているとし、保険者である市町村が、地域包括ケアシステム構築を目的とした工程管理に用いる手法として地域マネジメントを採用することの必要性を指摘している。

　日本社会は、2040（令和22）年を迎えるに当たり、これまで経験したことのない事態を迎えている。地域包括ケアシステムの構築は、さまざまな課題を解決するうえで不可欠なものとなってきている。しかし、地域包括ケアシステムには、なにか1つのモデルがあるわけではなく、それぞれの地域でその地域の実情に即した取り組みを試行錯誤しながら積み上げているのが実情である。今後、地域包括ケアシステムの構築については、自治体を中心とした官民協働の取り組みを、既成の取り組みにとらわれず進めていくことが重要だ。

文献

1）　地域包括ケア研究会「地域包括ケア研究会報告書」27頁，2010.
2）　地域包括ケア研究会「地域包括ケア研究会報告書——2040年に向けた挑戦」2017.
3）　厚生労働省「人生の最終段階における医療・ケアの決定プロセスに関するガイドライン」2018.
4）　厚生労働省では，2018年「これからの治療・ケアに関する話し合い〜アドバンス・ケア・プランニング〜」（パンフレット），「〜人生の最終段階における医療・ケアについて話し合ってみませんか〜」（ACP普及・啓発リーフレット）を作成した.
5）　前掲2）
6）　前掲2）
7）　厚生労働省「これからの精神保健医療福祉のあり方に関する検討会報告書」2017.
8）　前掲3）
9）　「多職種による自立に向けたケアプランに係る議論の手引き」は，平成30年10月9日事務連絡「『多職種による自立に向けたケアプランに係る議論の手引き』について」として，2018年10月9日付けで発出されている.
10）　前掲2）
11）　厚生労働省「第3回社会福祉法人の事業展開等に関する検討会　資料」（2019年6月17日開催）

保健・医療主導の
急病時の医療と
見守り・支援

地域生活の継続を支える 救急医療と地域の見守りの 連携と課題

～東京都八王子市の取り組みから～

要旨

東京都八王子市では医療・福祉機関、消防署、町会・自治会連や自治体などで組織された八王子市高齢者救急医療体制広域連絡会（八高連）の活動を軸に、住み慣れた地域でのその人らしい生活の継続を目指す地域包括ケアシステムの構築に取り組んできた。本稿では八王子市の取り組みを概観し、地域生活の継続を支える救急医療と地域の見守りの連携と課題について検討する。

🔑 キーワード

医師会　救急医療情報シート　病院救急車　療養病院の活用　ICT

基本情報

■東京都八王子市

2017（平成 29）年 9 月現在の総人口は約 56 万人で、高齢化率は 26％。人口は全体で減少傾向であるが、高齢者人口のみ上昇している。2025（令和 7）年の高齢者数は 15.5 万人で、高齢化率は 27.6％となると予想されている[注1]。2015（平成 27）年度の国勢調査時、高齢者の約 16％が単身世帯である。

■八王子市高齢者救急医療体制広域連絡会（以下、八高連）

急性期医療機関への早期受け入れ態勢の確立、救急搬送における病院選定困難事案の減少を目的とし、八王子市救急業務連絡協議会の専門分科会として 2011（平成 23）年に設立された[2]。構成機関には八王子市救急業務連絡協議会会員の他に、救命救急センター・救急センター（大学病院）、介護及び医療療養型病院、八王子施設長会、社会福祉法人代表、特定施設、精神科病院、介護支援専門員事業所連絡協議会、介護保険サービス事業者連絡協議

会、地域包括支援センター、八王子市医師会、町会・自治会連合会、八王子市、八王子消防署であり、事務局は八王子消防署が担っている（2018（平成30）年現在）。

1 地域生活の継続を支える救急医療と地域におけるケアの課題

　高齢化に伴い消防救急出動件数は年々増加している反面、救急車の主な受け入れ先である二次救急病院は特に都市部においては減少傾向である[注2, 4) 5)]。そのため、搬送先の選定には時間を要する[注3]。搬送時間の増大は治療の開始が遅れ、さらには入院期間の長期化につながる。また地域で受け入れ先が見つからず、他地域への搬送となった場合、元の地域に戻れる可能性は、地域内に搬送された場合に比べると低くなる[7)]。地域でのスムーズな救急搬送は「住み慣れた地域での生活の継続」に深く関わる課題である。特に単身高齢者は救急車要請の遅れや、本人の状態や意思の確認に時間を要することもあり、スムーズな救急搬送のハードルは高い。

　八王子市も単身者を含む高齢者の増加と救急告示病院の減少[注4]により、搬送時間の増大と遠方への搬送事案が増加しており、大きな課題となっていた。そこで、地域の医療機関と八王子消防署が中心となり八高連が創設され[注5]、各関係機関間での課題の共有と連携強化による積極的な取り組みが始まった。

　八王子市では、①搬送時間の短縮、②地域内完結の搬送態勢の確立、③入院医療機関とつながる地域の支援システム構築等の取り組みを通じ、住み慣れた地域での生活継続のための支援に取り組んできた。本稿ではこれらの八王子市における、住み慣れた地域での生活継続を支える救急医療と地域の支援システムについて概観する。最後にこれらの取り組みと地域の見守り支援のつながりのあり方について検討する。

2 救急医療における住み慣れた地域での生活継続支援のための取り組み

1 搬送時間短縮のための取り組み

　八高連では、搬送時間の短縮を、住み慣れた地域における生活の継続のための医療機関、福祉機関、自治体、消防、そして地域住民の共通の課題として定め、協働による課題解決を目指してきた。

　八高連では具体的対策として、「救急医療情報シート」を作成し、2011（平成23）年より運用を開始した。これは、本人の情報をスムーズに医療従事者や救急隊が理解でき

るためのシートで、2012（平成24）年には市内の高齢者世帯へ28万枚配布し、その後も継続している。表面には氏名、住所、緊急連絡先などの基本情報の他「現在治療中の病気」「過去に医師から言われた病気」「服用している薬」「かかりつけの病院」などの項目があり、救急隊等が迅速に本人の状況を確認し、病院選定の作業に移れるようになっている。

　中村らは高次医療機関に搬送された高齢患者の治療内容の希望が必ずしも高次医療機関での治療内容と合致しないケースの存在を指摘しているが[10]、このシートの「もしもの時に医師に伝えたいこと」の欄には「できるだけ救命、延命してほしい」「苦痛を和らげる処置なら希望する」「なるべく自然な状態で見守ってほしい」などの選択肢があり、緊急時も本人の意思を確認できるように配慮されている。これは本人の意思に反した高次医療機関への搬送を減らし、適切な医療機関で早期に治療を開始するための工夫でもある。

　また、このシートは定期的に情報更新を必要とする。家族や関係機関も更新のタイミングで本人とコミュニケーションをとることができ、単身高齢者等に対する定期的な訪問による見守り機能も果たしている。

　「救急医療情報」シートの導入により救急搬送にかかる時間が短縮された。現場活動時間は1分14秒、収容時間は2分13秒、計3分27秒短縮されており[注6]、その有効性は証明されている[12]。しかし、このシートの活用は、シートに記入する地域住民にかかっている。「救急医療情報シート」の内容が優れていても、住民がその必要性を理解し、記入しなければ、システムは機能しない。八高連には自治会組織も加入しており、地域住民への広報、啓蒙や日ごろの見守りにおける自治会の役割も大きい[注7]。

② 地域内完結の搬送体制の確立

　搬送時間短縮の取り組みには迅速な情報収集、意思確認が求められる。しかし、それだけでは解決しない。搬送先の救急告示機関の数は減少傾向にあり、増え続ける高齢者の救急車による搬送要請に応えることは困難である。

　高齢者による救急車要請件数は増加しており、受け入れ医療機関確保の課題は依然存在している[14]。一方で救急車要請の理由としては肺炎や大腿骨頸部骨折なども多く[注8]、二次医療機関等以外の生活圏域の医療機関等でも治療可能なものもある[16]。八王子市には療養病院、精神科病院が数多くあったが、これらの医療機関が救急医療のなかで活用されることはなかった。市外への搬送を極力減らし、住み慣れた地域での生活の継続を支援することと、地域の救急医療体制の維持のために、八高連では療養病院と精神科病院の活用を検討した。まず「慢性期医療機関受入可能疾患一覧表」を作成し、在宅療養中の患者や施設入所者などの慢性期医療機関での受け入れを開始した。消防救急は主と

して救急告示病院等への搬送を担うため、慢性期医療機関への搬送には消防救急ではなく、医療機関が所有する病院救急車の活用が試験的に始まった。現在は南多摩病院の救急車を活用した患者搬送を行っている[注9]。病院救急車による療養病院等を含む地域の医療機関への搬送決定までは以下の手順で行われる。

①かかりつけ医[注10]が入院の必要性を判断し、受け入れ先医療機関に連絡
②かかりつけ医が南多摩病院の病院救急車担当の救急救命士等に出動依頼をする（ここで病院救急車の担当救急救命士等は搬送概要、要請までの経過、患者状態の聴取を確認する）
③南多摩病院の救急救命士より南多摩病院の救急科部長（医師）に出動許可要請を行う
④病院救急車担当スタッフは出動準備、ミーティングなどを行い出動する[注11]

療養病院等の空所ベッドの有効活用には、患者が必要としている医療と、療養病院等で提供できる医療のマッチングが必要となる。そのため普段からかかりつけ医は、患者の身体のことだけではなく、受け入れ先医療機関の理解も必要となる。「慢性期医療機関受入可能疾患一覧表」はその理解の一助となる。

かかりつけ医が受け入れ先の医療機関と直接話をすることで、受け入れ先の医療機関も安心して患者の受け入れができる。さらに病院救急車の出動に際しても、病院救急車を保持している南多摩病院の医師が出動に関して判断する。ここでは患者の病状と病院救急車という移動手段の適切性の判断も行われる。

また在宅療養患者の搬送では、本人の状態を理解しているスタッフの立会いが条件になっている。専門職不在の場合は、家族でも可能であるが、基本は専門職の立会いが必要となる。病院救急車のスタッフは、単身高齢者の搬送時など、必要に応じて入院準備などを本人等と一緒に行う。

療養病院等のベッドの活用、病院救急車の搬送事業により八王子市では療養病院等への搬送ケースが増加し[注12]、限りある地域の医療資源を有効に活用することが可能となった。

病院救急車の活用、療養病院等への搬送等においても地域住民の理解は不可欠である。消防救急車で搬送された人のなかには救急病院での対応が必要な人ばかりではない。通常具合が悪くなることを「急変」と呼ぶが、医療関係者と、地域住民や福祉職が考える「急変」の状態は異なる。「急変」の認識が変わらない限り、消防救急の出動要請は減らず、救急病院への搬送、さらには市外への搬送は減らない。救急車で救急病院に搬送することを当たり前としている状態では、療養病院への搬送を理解することは難

表1　病院救急車搬送出動件数の推移

件数
2014 年 12 月〜 2019 年 3 月　　n＝1447

年度	件数
2014 年度	31
2015 年度	164
2016 年度	315
2017 年度	452
2018 年度	485

出典：南多摩病院提供資料より筆者作成

しい。八高連では地域住民や福祉職などに対する「急変」の啓発から始めており[17]、病院救急車による搬送件数は年々増加している（**表1**）。

3 | 医療機関とつながる地域の支援システム

これまで確認してきた取り組みにより、住み慣れた地域での生活の継続が可能となる。しかし退院後の病状変化等による再搬送、入院に備え、病状変化の早期発見、入院等の必要性判断の適切な実施体制が必要となる。

八王子市医師会では「まごころネット八王子」[注13]（以下、「まごころネット」）というICT による患者の情報共有システムを導入している。「まごころネット」は患者に関係する医療・福祉関係者によるクラウド上の情報共有システムで、関係者相互に患者に関してチームメンバーと共有したいことや、質問、アドバイスの書き込み、返信ができる[注14]。「まごころネット」の利用は以下の手順で行われる。

①在宅療養の主治医より患者に対する「まごころネット」の説明
②利用についての患者の同意と契約[注15]
③患者情報の登録
④ IC カードの発行
⑤主治医が関係者を患者ページに招待（ケアマネジャー、訪問看護、在宅介護サービス、MSW など）

⑥患者情報の共有と更新

このシステムは在宅療養中の患者の病状変化の早期発見と、入院等の必要性の判断を可能にし、在宅療養・ケアチームと医療機関の連携機能を強化する。緊急時発生等を減少させるためのシステムとしても機能する。実践例としては以下のようなケースがある。

神経難病治療中の患者の病状変化について、在宅療養・ケアチームが「まごころネット」上で治療・支援方針について意見交換を行っていたところ、通院中の大学病院の専門医がそのやり取りを確認。専門医は新たな疾患の可能性を「まごころネット」上で指摘し、在宅療養・ケアチームの早急な対応につながった。

このように「まごころネット」は在宅療養・ケアチームと、直接的なやり取りの機会が少ない医療機関のスタッフとの連携を強化する。

また、「まごころネット」は単身高齢者等の救急搬送時にも有効である。このシステムの登録患者にはICカードが配布されており、八王子市内の各医療機関の救急室などに設置されている端末で、登録メンバー以外のスタッフも情報を閲覧することができる。通常は閉じられたネットワークであるが、ICカードにより開かれたネットワークになる。「まごころネット」は本人の病名等だけではなく、支援経過などが記載されている他、「救急医療情報シート」の内容も反映されている。そのため、主治医や在宅医療スタッフからの情報収集が難しいような救急搬送時でも「まごころネット」の情報を治療に役立てることができる。「まごころネット」の活用により、単身高齢者の支援においても、在宅療養の担当者と急性期医療の担当者の情報共有が容易になり、急性期医療での治療・支援等の質を向上することができる。また「まごころネット」は前述の病院救急車による搬送とも連動しており、病院救急車搬送のスタッフも「まごころネット」の情報を参考にしながら搬送業務を行う。

「まごころネット」は写真も共有できるため、本人の普段の生活の様子をメンバーが理解することが容易になる。例としては、ケアマネジャーが本人の散歩など普段の様子を写真で発信したことが、チームメンバーの本人の生活に対する理解を促進し、結果として支援の幅の広がりにつながったケースなどがある。

「まごころネット」は専門職のコミュニケーションツールであり、本人、家族や地域住民等は入らない。しかし、本人や地域住民、家族との接触頻度が高い地域包括支援センター、ケアマネジャー、在宅介護スタッフが「まごころネット」のメンバーになり、本人と地域住民等との関わりなどの情報を発信することで地域と医療機関、医療スタッフをつなぐことができる。本人との接触頻度が高く、地域を活動フィールドとしている地域の在宅介護スタッフは、入所施設や医療機関のスタッフにない地域の情報等をもっ

ているが、それを施設や医療機関のスタッフと共有する機会は少ない。しかしこのツールを使用することで、在宅療養に関わるスタッフの発信力を増すことができる。「まごころネット」は在宅療養・ケアチーム内、さらには入院医療機関、さらには地域の見守りネットワークとの連携を促進し、住み慣れた地域での生活の継続に大きく寄与することができる大きな可能性を秘めている[注16]。

4│救急医療と地域の見守りの連携と課題

　住み慣れた地域での生活の継続を支えるための課題を、八王子市では①搬送時間の短縮、②地域内完結の搬送体制の確立に絞り、取り組みを進めてきた。「救急医療情報シート」は単身高齢者など、他者からの情報提供が困難な場合に有効であり、実際にこの取り組みにより搬送時間も短縮されている。ただ、このシートは地域住民一人ひとりによるシートの意義の理解、必要事項の記入を必要とする。八王子市では自治会や民生委員、消防などもシートの配布と啓発に力を入れており、シートの有効活用に不可欠な取り組みである。さらに、シートを配布し、記入するだけではなく、緊急事態に気づくための見守りも必要となる。

　「まごころネット」は救急医療情報シートの内容も反映されている他、「まごころネット」を通じた関係者等による気づきの情報交換が常時可能である。さらに地域包括支援センターやケアマネジャーなど、地域住民と交流のある専門職が「まごころネット」を通じ、見守り状況について情報発信することで、地域の見守りと在宅ケアに携わるスタッフ、さらには救急医療機関のスタッフも地域の情報を共有できる。シートと併せて「まごころネット」を使用することで地域の見守りと在宅療養に携わる専門職の連携による支援が強化される。「まごころネット」はかかりつけ医をもち、在宅療養を行っている人に利用が限定されるが、状態変化のリスクがあり、スタッフ間の頻繁な情報共有を必要とする対象者には効果的なツールである[注17]。

　また、「まごころネット」は病院救急車による搬送や、療養病院等での受け入れとも連動しており、地域での生活の継続を支えるシステムとして神経難病などにより在宅療養している患者の支援にも活用されている。これらの取り組みが効果を上げているのは八高連、八王子市医師会のリーダーシップによるところが大きい。そのため、かかりつけ医をもち、定期的に診療を受けている住民には機能しやすいシステムである。特に救急搬送され、医療機関で治療を受け、その後かかりつけ医の診療を受けながら居宅生活を送る場合には大きな効果を発揮すると考えられる。

　今後の課題としては医療機関を受診しない住民に対するアプローチである。何らかの事情で自ら支援（受診）を求めない（求めることができない）人が地域には存在する。

救急医療情報シートが配布されても、急変時に気づく人が身近にいない場合の気づきをいかに地域でつくっていくかが大きな課題となる。

2017（平成29）年八王子市医師会が中心となり「特定非営利活動法人八王子市民のための医療と介護連携協議会」（以下、八王子医介連）が発足した。八王子医介連は医師、薬剤師、理学療法士、ケアマネジャー、社会福祉士などの関係団体の他、介護福祉施設、社会福祉法人などがメンバーである。

八王子医介連は活動の趣旨に、①保健、医療又は福祉の増進を図る活動、②情報化社会の発展を図る活動、③災害救援活動、④子どもの健全育成を図る活動、⑤まちづくりの推進を図る活動を掲げている[18]。注目すべきは地域づくり等を視野に入れた内容になっていることである。八高連では、救急搬送に関わることに焦点を当てて地域包括ケアシステムづくりの課題を解決する活動が展開されてきたが、その活動は医療・福祉と地域づくりの一体的な取り組みにシフトしてきたと考えられる。自ら支援（受診）を求めない（求めることができない）人は、医療機関での治療を終え地域に戻った後も、他者とのつながりをもちにくく、再び病状を悪化させる可能性もある。特に高齢期の疾病の多くは慢性疾患であり、医療機関に入院、治療すれば完治するわけではなく、疾患を抱えながら地域で生活していくことになる。そのため、治療という側面からも地域がもつ意味は重要性を増しており、地域づくりの視点が不可欠である。

5 ┃ おわりに

八王子市の取り組みは医療を中心としたネットワークの好事例であるが、随所に地域とのつながりを確認することができる。新しく創設された八王子医介連の取り組みを中心に、今後はこのつながりがより一層強化されることが期待される。そのためには、医療と地域を結ぶツールとなる可能性を秘めている「まごころネット」の普及率の向上や、地域で受診を含めた支援につながらない人へのアプローチなどが課題となる。

八王子市にはすでに急変時等に地域で受け止める体制が整えられている。見守りなどの地域ネットワークとの連携により、これまでの八高連の取り組みも強化されることになる。

注

注1　八王子市「八王子市高齢者計画・第7期介護保険事業計画」による[1]。

注2　東京都では1998（平成10）年には411の救急医療機関（病院・診療所合計）があったが、2011（平成23）年には321救急医療機関へと減少した。この間救急搬送患者数は48万139人から63万8093人に増加している[3]。

注3　東京都は独自ルール（東京ルール）を定めている。東京ルールでは救急隊が医療機関選定開始から5医

療機関への打診、もしくは選定時から 20 分以上かけても受け入れ医療機関が決まらない場合は地域医療救急センターに調整依頼する[6]。

注 4 東京都地域医療構想では八王子市の救急告知病院の減少が指摘されている[8]。

注 5 八高連の創設については横山に詳しい[9]。

注 6 本施行期間（2012（平成 24）年 4 月～ 2013（平成 25）年 3 月）と試行前（2010（平成 22）年 12 月～ 2011（平成 23）年 2 月）の比較[11]。

注 7 八王子市高齢者救急医療体制広域連絡会の田中会長（当時）は防災訓練の会場や消防・民生委員合同による高齢者宅への戸別訪問、町会・自治会への配布などの機会の活用を通じた配布に言及している[13]。

注 8 2017（平成 29）年中に急病で搬送された高齢者は約 227 万人であり、全体の約 62％を占める。3 週間以上の入院が必要な重症患者は 10％弱で、入院が必要ない軽度患者が約 38％、3 週間以下の入院となる中等症の患者が約 50％となっている[15]。

注 9 南多摩病院では救急車を活用して、①在宅療養患者搬送事業（2014（平成 26）年より運用開始）、②精神障害者早期訪問支援事業、③病院（施設）間搬送の 3 つの事業を展開している。本章で紹介する事業は①である。①の実施主体は八王子市医師会であり、厚生労働省の地域再生基金を活用してスタートした。②③は南多摩病院の単独事業として病院の持ち出しで対応している。2014（平成 26）年 12 月～ 2018（平成 30）年 9 月における病院救急車利用者（①②③の事業の合計）の疾患別要請理由（全 1188）として最多が「骨折・整形疾患」（212 回）であり、その後に「消化器疾患」（180 回）、「呼吸器疾患」（149 回）と続く。「ガン末期・緩和ケア」、「脳梗塞後遺症で家族のレスパイト」、ALS などの神経難病患者の搬送もある。呼吸器やドレーン管理、痰のサクションなどが頻回な場合など病院救急車が活用される（南多摩病院提供資料による）。

注 10 在宅療養患者搬送事業は医師会事業のため、主治医が医師会の医師でありこの事業に賛同していることが利用条件の 1 つとなっている。後述の「まごころネット」の登録者の利用も多い。

注 11 救急救命士 2 名、看護師 1 名（うち運転士 1 名）で出動するのが基本パターンである。

注 12 南多摩病院提供資料によると 2014（平成 26）年の 6 件から 2017（平成 29）年には 139 件まで増加している。

注 13 八王子市医師会と株式会社ウェルネスが開発し、2013（平成 25）年に運用がスタートした。電話や FAX などと併用されている。

注 14 VPN による接続。メンバーの事務所のパソコンに「まごころネット」専用ブラウザがあり、書き込みは各事務所で行われる。2019（平成 31）年 1 月現在「まごころネット」の専用ブラウザがある事業所は、診療所 28、病院 14、薬局 11、歯科 1、訪問看護 21、居宅介護事業所 32、特養 7 となっている。

注 15 患者の自己負担金は発生しない。東京都在宅療養推進基盤整備事業の補助金でスタートした。現在（2019（平成 31）年 1 月）は八王子市からの補助金で運用されている。

注 16 八王子市ではかかりつけ医の不在時に、医師会の他の医師が代わりに対応する仕組みがあったが、「まごころネット」によりその機能が強化された。

注 17 ただし、スタッフの積極的な書き込みと確認を必要とする。

文献 ●

1) 八王子市「八王子市高齢者計画・第 7 期介護保険事業計画」2018.

2) 東京消防庁八王子消防署「八王子市高齢者救急医療体制広域連絡会（八高連）について」2013.

3) 東京都福祉保健局「社会構造の変化に対応する救急医療体制のあり方について（救急医療対策協議会報告）」2013.

4) 前掲 3）

5) 有賀徹「地域包括ケアシステムにおける救急医の役割」『救急医学』第 38 巻第 9 号，1006 ～ 1011 頁，2014.

6) 東京都保健福祉局ホームページ「救急医療の東京ルール」

7) 読売新聞「生と死を問う　第 2 部　救急と看取り 4　住み慣れた地域内へ搬送」2016 年 8 月 14 日朝刊.

8) 東京都「東京都医療構想」2016.

9) 横山隆捷「八王子市における急性期医療と慢性期医療との連携——実際の取り組みとその成果」『救急医

　　学』第 38 巻第 9 号，1047 ～ 1052 頁，2014.

10）　中村俊介・三宅康史・有賀徹「地域包括ケアシステムと救急医療」日本交通科学学会誌第 15 巻第 3 号，20 ～ 28 頁，2015.

11）　前掲 2）

12）　前掲 2）

13）　田中裕之「地域包括ケアシステムの一環として，八王子市における高齢者の救急医療体制の構築を目指す」『研究助成・事業助成ボランティア活動助成報告書』第 27 巻，239 ～ 242 頁，2016.

14）　辻友篤「救急医療施設における救急インフラのあり方──地域包括ケアシステムの視座から考える」『新医療』第 44 巻第 11 号，32 ～ 34 頁，2017.

15）　消防庁「平成 30 年版 救急救助の現状」2018.

16）　前掲 5）

17）　日本医師会介護保険委員会「生活を途切れさせない医療と介護──地域医師会の使命」2014.

18）　特定非営利活動法人八王子市民のための医療と介護連携協議会「定款」

謝辞

　本稿を執筆するにあたり，お忙しい中インタビュー等にご協力いただきました南多摩病院院長　益子邦洋先生、救急救命士　大橋聖子様、八王子市医師会数井クリニック　数井学先生、八王子医介連事務局長　平川博龍様、八王子市消防署ご担当者様に心から感謝申し上げます。

第 4 章

救急外来に受診して入院の
必要がないと判断された
単身患者支援の実際と課題
～愛知県刈谷市・大規模病院における支援事例から～

要旨

　救急外来を受診する患者のなかには、単身の精神障害者・認知症高齢者・生活困窮者など、定期通院が難しく、その結果、症状が悪化してから救急搬送されてくる患者がいる。症状が軽く、入院が必要ないと判断されても、医師や看護師から、このまま1人で患者を帰宅させてよいのか心配で医療ソーシャルワーカー（以下、MSW とする）に支援依頼がある。

　総合相談室（以下、当部署とする）における過去2年間の支援実績を分析し、救急外来に受診して入院不要と判断された単身患者がどのような生活課題を有し、また MSWがどのような支援をして地域ネットワークにつなげているのかについて考察する。

🔑 キーワード

　救急外来　精神疾患　生活課題

基本情報

■愛知県西三河南部西医療圏

　刈谷市、安城市、高浜市、知立市、碧南市、西尾市の6市から構成されている。当院は刈谷市にある。

人口：689,978 人

人口増減率：2.34％（全国−0.75％）

65 歳以上高齢化率：20.8％（全国 26.6％）

※いずれも総務省『平成 22 年国勢調査』[1]『平成 27 年国勢調査』[2] より

■医療法人豊田会　刈谷豊田総合病院

　704床（一般病床、感染症病床、回復期リハビリテーション病棟、緩和ケア病棟）地域医療支援病院、救命救急センター指定病院、災害拠点病院（地域中核災害医療センター）、地域周産期母子医療センター、愛知県がん診療拠点病院

1 ｜ はじめに

　当院の実践報告は、第1章図1「居宅で生活する単身者・単身患者への日常・緊急時の見守りと対応の例」（12頁）において、「医療機関受診」の段階に該当する。

　当院は、健診センター・市民公開講座・看護の日における市役所内での健康相談など地域の健康づくりへの関わりはあるが、地域づくりそのものへの関わりはない。

　そのため、親族などによるインフォーマルサポートを得にくい単身患者のうち、日常的に医療を必要とする者に対して、フォーマルサポートである、介護事業所、地域包括支援センター、社会福祉協議会、生活保護担当課などと連携した見守りが必要になることがある。

　以上の特性を踏まえた、決して先進的ではないが地道な実践の具体例としてお読みいただきたい。

2 ｜ 西三河南部西医療圏の地域特性

　西三河南部西医療圏（以下、当医療圏とする）の地域特性について、産業、世帯の家族類型からみていく。

　産業の面では、「農業地帯であるとともに自動車産業を中核とする工業地帯であり、ものづくりで中部経済圏の重要な地位を占めて」いる[3]。

　世帯の家族類型でみると、全国では単独世帯の割合が34.6％だが、当医療圏では31.1％と若干低く、また三世代世帯の割合は全国で5.7％、当医療圏では8.3％と若干高い。核家族世帯の割合は、全国で55.9％、当医療圏では56.6％と差はみられなかった[4][5]。

　ただし、当医療圏における単独世帯の割合は2005（平成17）年28.3％、2010（平成22）年30.2％、2015（平成27）年31.1％と微増傾向にある[6][7][8]。

3 | 救命救急センターの受け入れ実績

当院の救命救急センターは、第三次救急医療機関であり、救急外来において年間3万件を超える患者を受け入れている。

2018（平成30）年の救急搬送の受け入れ実績は1万402件で、全国にある救命救急センター289か所のうち13番目に多く、また愛知県内では2番目に多い[9]。

ただし、当医療圏には第二次救急医療機関が少なく、かつ遠方にあるため、第二次救急レベルの患者も相当数受け入れている。

4 | 総合相談室について

2017（平成29）年4月より当院のMSW部門は、病院の要請により再編され、①制度利用支援、②在宅療養支援、③危機介入を行う当部署（責任者：MSW）に5名、退院支援を行う入退院支援室（責任者：看護師）に6名のMSWを配置している。

以下、当部署の主な3つの業務について概説する。制度利用支援は、入院・外来を問わず各種医療費助成制度や身体障害者手帳、生活保護などの説明と申請支援を行っている。

在宅療養支援は、外来における地域のかかりつけ医の情報提供、訪問診療・訪問看護・在宅介護などの導入支援、腰椎圧迫骨折患者の近隣病院への入院支援などが挙げられる。

危機介入は、入院・外来を問わず虐待やドメスティック・バイオレンスの被害者、無保険となっている経済的問題を抱えた者や外国人、身寄りのない患者、特定妊婦などへの支援が挙げられる。

なお退院支援が必要な患者は、危機介入を要した生活課題の解決・軽減の目途が立った段階で、入退院支援室の退院支援担当者（MSWまたは看護師）に業務を引き継いでいる。部署としては、年間約1600名の新規相談受付があり、延べ約2900件の相談に応じている。

また、愛知県がん診療拠点病院の指定を受けており、がん相談支援センターの業務も兼務している。

5 | 救急外来に受診して入院の必要がないと判断された単身患者支援の実際と課題

1 目的

救急外来に受診して入院の必要がないと判断された単身患者の抱える生活課題とそれに対する MSW による支援内容を明らかにし、今後の課題を検討する。

2 研究方法

①対象

2017（平成 29）年 4 月 1 日から 2019（平成 31）年 3 月 31 日の 2 年間に、救急外来において当部署の MSW が支援した患者 47 名のうち、入院の必要がないと判断され、かつ単独世帯であった患者（以下、単身患者とする）16 名を対象とする。

②手法

対象患者の、性別・年齢・来院方法・医療費支払い・救急外来で診断された病名・精神疾患の既往・精神科医療機関の関わり・受診前 1 年 6 か月以内の救急外来受診歴・受診後 1 年以内の救急外来受診歴・家族の有無・支援機関の有無・生活課題・MSW の支援経過について、電子カルテ記録より情報収集を行った。

なお、患者の生活課題を分類する際、木村ら[10]による分類を使用した。ただし、当部署では原則退院支援を行っていないため、一部改変して使用した。

③倫理的配慮

調査の実施にあたって、刈谷豊田総合病院倫理委員会の承認を得て実施した。

3 結果

①基本統計

表 1 は、調査対象（16 名）の性別・年齢・来院方法に関する基本統計を表している。なお、調査期間の救急外来受診患者全体（6 万 5243 名）のデータも掲載した。

性別は、調査対象では男性が 14 名（87.5%）、女性が 2 名（12.5%）で男性が大半だった。一方、救急外来受診患者全体では、男性 3 万 4686 名（53.2%）、女性が 3 万 557 名（46.8%）であり男女で大きな差はみられなかった。

年齢は、調査対象では、50 代・60 代がそれぞれ 4 名（25.0%）で最も多く、次いで 80 代以降 3 名（18.8%）、40 代・70 代が 2 名（12.5%）、20 代が 1 名（6.3%）、10 代以下と 30 代はいなかった。一方、救急外来受診患者全体では 10 代以下が 1 万 3004 名

表 1　基本統計

性別	調査対象		救急外来受診者全体	
	実数	割合	実数	割合
男性	14	87.5%	34,686	53.2%
女性	2	12.5%	30,557	46.8%
合計	16	100.0%	65,243	100.0%

年齢（平均）	調査対象（63.4 歳）		救急外来受診者全体（48.9 歳）	
	実数	割合	実数	割合
10 代以下	0	0.0%	13,004	19.9%
20 代	1	6.3%	6,279	9.6%
30 代	0	0.0%	6,282	9.6%
40 代	2	12.5%	6,430	9.9%
50 代	4	25.0%	6,119	9.4%
60 代	4	25.0%	6,777	10.4%
70 代	2	12.5%	9,389	14.4%
80 代以降	3	18.8%	10,963	16.8%
合計	16	100.0%	65,243	100.0%

来院方法	調査対象		救急外来受診者全体	
	実数	割合	実数	割合
救急搬送	15	93.8%	20,557	31.5%
walk-in	1	6.3%	44,686	68.5%
合計	16	100.0%	65,243	100.0%

※小数点第 1 位で四捨五入しているため、合計が必ずしも 100％にならない
筆者作成

（19.9％）で最も多く、次いで 80 代以降が 1 万 963 名（16.8％）、70 代 9389 名（14.4％）、60 代 6777 名（10.4％）と続き、20 ～ 50 代は、いずれも 6000 名台前半から半ばであった（9.4 ～ 9.9％）。

　来院方法は、調査対象では、救急搬送が 15 名（93.8％）、外来診療時間外に自身にて受診（以下、walk-in とする）が 1 名（6.3％）で、救急搬送が大半であった。一方、救急外来受診患者全体では、救急搬送が 2 万 557 名（31.5％）、walk-in が 4 万 4686 名（68.5％）であり、救急搬送と walk-in の割合は 1：2 であった。

②医療費支払い・救急外来で診断された病名・精神疾患の既往・精神科医療機関の関わりなど

　調査対象 16 名について、医療費支払い・救急外来で診断された病名・精神疾患の既往・精神科医療機関の関わり・受診前 1 年 6 か月以内の救急外来受診歴・受診後 1 年以内の救急外来受診歴・家族の有無・支援機関の有無の 8 項目を集計した結果について、以下に述べる。

医療費支払いは、国民健康保険が5名（31.3％）で最も多く、次いで後期高齢者医療制度と生活保護が同数の4名（25.0％）、協会健保／健康保険組合が2名（12.5％）、無保険が1名（6.3％）の順であった。

救急外来で診断された病名は多岐にわたっているが、5名（31.3％）は既往にアルコール依存症やうつ病、統合失調症といった精神疾患があった。また、この5名とは別に自殺企図者1名、不定愁訴でいくつもの病院の救急外来へ繰り返し搬送を希望していた者1名がおり、精神科医療機関の受診歴はなかったが、医師は何らかの精神疾患を疑っていた。

精神疾患の既往がある5名（31.3％）のうち、当院受診以前から精神科医療機関に通院中が4名（25.0％）、受診時点で入院中が1名（6.3％）であった。この5名中4名が救急搬送で受診しているが、うち3名は屋外で発見され、コンビニの店員・通行人・警察官より救急車が要請されていた。

受診前1年6か月以内の救急外来受診歴では、16名中7名（43.8％）が該当した。この7名のうち5名は、6か月以内に救急外来を受診していた。病名は今回と同様のものが3名、異なるものが4名であった。

受診後1年以内の救急外来受診歴では、16名のうち7名（43.8％）が該当した。この

表2　支援機関の有無

			実数	割合
あり			13	81.3％
	精神科医療機関		4	
	地域包括支援センター		1	
	地域包括支援センター 民生委員		1	
	生活保護担当課		2	
	生活保護担当課 地域包括支援センター 訪問介護 訪問看護		1	
	生活保護担当課 精神科医療機関		1	
	社会福祉協議会（日常生活自立支援事業）		1	
	居宅介護支援事業所		1	
	生活保護担当課（申請中） フードバンク		1	
なし			3	18.8％
合計			16	100.0％

筆者作成

7名のうち5名は、1か月以内に救急外来を受診していた。病名は今回と同様のものが2名、異なるものが5名であった。

　家族の有無では、全員に家族の存在が確認できた。ただし、家族がいてかつ交流があるものは7名（43.8％）、家族はいるが交流はないものは9名（56.3％）であった。なお、家族が全くいないというものはいなかった。

　支援機関の有無では、13名（81.3％）にすでに何らかの支援が行われていた。複数確認された支援機関は、精神科医療機関5名、生活保護担当課5名、地域包括支援センター3名であった。支援機関の関わりが無かった3名は、いずれも20代・40代・50代の稼働年齢層であり、就労中のものが2名、退職後失業保険が切れていたものが1名であった（**表2**）。

③生活課題

　調査対象の生活課題を分類した結果が**表3**である。

　「在宅療養上の問題」が15件（93.8％）と最も多く、次いで「身上問題（身寄り）」

表3　生活課題の出現頻度

生活問題	件	割合
在宅療養上の問題	15	93.8%
身上問題：身寄り	10	62.5%
コミュニケーション問題：理解力	7	43.8%
帰宅問題：介護	5	31.3%
経済問題：医療費	4	25.0%
心理的問題：本人	4	25.0%
日常生活上の問題：身の回り品	4	25.0%
帰宅問題：治療	3	18.8%
経済問題：生活費	3	18.8%
日常生活の問題：金銭管理	3	18.8%
方針選定上の問題：治療	2	12.5%
コミュニケーション問題：言語	2	12.5%
コミュニケーション問題：意識障害	2	12.5%
帰宅問題：居住環境	1	6.3%
心理的問題：家族	1	6.3%
家族問題：関係性	1	6.3%
身上問題：外国人	1	6.3%
コミュニケーション問題：人格	1	6.3%
葬祭の問題	1	6.3%
方針選定上の問題：転帰	0	0.0%
家族問題：言語	0	0.0%
家族問題：理解力	0	0.0%
家族問題：人格	0	0.0%
身上問題：ホームレス	0	0.0%

※割合は、16名を分母にして除している
出典：病院データをもとに筆者作成

表4 MSWによる支援の出現頻度

支援内容	用語の説明	実数	割合
家族状況の確認	手助けしてくれる家族の有無を本人・関係機関に確認する	14	87.5%
院内職員への報告・協議	支援を行う過程で得られた本人の情報や、支援結果について、院内職員（医師・看護師・事務）へ報告し、必要があればそれを踏まえて対応を協議する	13	81.3%
関係機関へ支援依頼	救急外来の時点から、あるいは帰宅後の支援（手段的サポート・経済的サポート）を関係機関に依頼する	11	68.8%
帰宅見守り	帰宅するためにタクシーやバスに乗車するまでを見守る	8	50.0%
本人への情報提供	生活課題の解決・軽減のために必要と思われる支援機関・制度について情報提供する	4	25.0%
家族の照会	手助けしてくれそうな家族に連絡をとる、または関係機関に家族の連絡先について照会をかける	3	18.8%
関係機関への入院・入所依頼	救急外来から直接入院・入所できるよう関係機関に依頼する	3	18.8%

※割合は、16名を分母として除している
筆者作成

が10件（62.5%）、「コミュニケーション問題（理解力）」7件（43.8%）、「帰宅問題（介護）」5件（31.3%）、「経済問題（医療費）」「心理的問題（本人）」「日常生活上の問題（身の回り品）」はそれぞれ同数の4件（25.0%）であった。それら以外の生活課題は出現頻度が低いか、なかった。

④ MSWによる支援内容

表4は、MSWが行った支援内容と出現頻度について分類した結果である。

「家族状況の確認」が14件（87.5%）で最も多く、次いで「院内職員への報告・協議」が13件（81.3%）、「関係機関への支援依頼」が11件（68.8%）、「帰宅見守り」8件（50.0%）であった。

支援の頻度が50%を下回った支援は、「本人への情報提供」4件（25.0%）、「家族の照会」3件（18.8%）、「関係機関への入院・入所依頼」3件（18.8%）であった。

4 考察

以上の結果を踏まえ5点考察する。

①調査対象者の大半が男性だった理由

救急外来受診患者全体では男女差はなかったが、調査対象では男性が大半であった理

由として、社会的サポートの利用に関する男女差が考えられる。大学生でも高齢者でも女性の方が社会的サポートを利用しやすく[11) 12)]、また、男性では配偶者の存在が健康の維持に重要な効果をもつことが報告[13)] されていることが挙げられる。

そのため、社会的サポートが相対的に脆弱な男性の単身患者は、診察した医師・看護師から支援が必要なものと判断され、MSWへ支援依頼された結果と考える。

②精神疾患のある患者の存在

本調査において、既往で精神疾患のあるものが16名中5名（31.3％）いた。救急領域における精神疾患患者の存在については、救急車による搬送人員の3.3％がICD-10により分類される「Ⅴ 精神及び行動の障害」と診断されている[14)] ことと比較すると非常に高い割合である。また、5名のうち男性が4名であった。

上述の男性単身患者の特性に、精神疾患が加わると、精神症状が現れた際の対処方法がより脆弱となる。1人で精神科医療機関に受診することが困難となり、自身または他者による救命及び移動手段として救急車を要請することになる。

③救急外来における患者の生活課題

入院・外来の両方を含めて救急救命センターにおける患者の生活課題の頻度について分析した木村ら[15)] は、「転院問題（治療）」「経済問題（医療費）」「コミュニケーション問題（意識障害）」の順に頻度が高いと報告している。総じて緊急入院時に共通する生活課題の代表的なものである。

一方、本調査の場合は、入院とはならなかった患者を対象としているため入院での継続治療を要せず、また医療費も救急外来1〜2日分の費用に留まり入院費ほど高額にならず、意識障害を来すほどの状態の者は2名と少ないため上記の生活課題が上位に入らなかったものと考える。

それらよりも、死亡例を除き全患者（15名）に共通して「在宅療養上の問題」が挙げられた。「帰宅問題（介護）」ではないのは、多くの患者はADLはある程度維持されているため介護が必要なのではなく、自宅に帰る道中や帰宅後に少し様子をみるといった、見守り役を果たす協力者がいないためと考える。

加えて、精神疾患・認知症・高齢の患者は、「コミュニケーション問題（理解力）」がみられ、救急外来の医師・看護師はこのまま帰宅させて、果たして生活が成り立つのだろうか、健康管理ができるのだろうかと心配し、MSWへ支援依頼しているものと考える。

④ MSW による支援内容

単身患者に対して、「診察以外の社会背景の聞き取り」「家族など帰宅協力者を呼び寄せる」などといった支援にはまとまった時間を割く必要がある。

医師・看護師が、限られた人員のなかでそれらを行うことは、他の患者の診察に支障が起きてしまうため、MSW に支援依頼を行う。そのため、MSW による支援内容で「家族状況の確認」や「関係機関へ支援依頼」が上位にあがっているものと考える。

また、MSW による支援内容で「院内職員への報告・協議」が 2 番目に多いのは、医師・看護師から支援依頼を受け、MSW が支援を行う過程で得た本人の意向・社会背景や支援結果について、院内職員が理解できるよう報告（翻訳）する役割や院内外の関係機関との調整が期待された結果と考える。

⑤単身患者＝孤立している訳ではない

単身患者ではあるが、必ずしも孤立している訳ではなく、見守りネットワークとまでは言わないまでも何らかの形で家族や地域とつながりがあることが確認できた。

家族の有無では 7 名（43.8％）に交流のある家族が存在した。また、家族と交流がない 9 名のうち、MSW より家族に連絡を取ることで対応可能となった事例が 3 名（18.8％）あった。加えて、支援機関の関わりが 8 割に及んでいた。

以上を踏まえると、精神論ではなく確率の観点から見て、本人の話をよく聞く必要があり、それによって支援の手がかりを得る一助となることが示唆された。

5 今後の課題

本調査を踏まえ、今後の課題として 2 点が挙げられる。1 点目は MSW の質の担保である。救急外来の短い時間[注1]のなかで、患者と病院双方にとって効果的な支援を展開するには、井上[17]の指摘する救急医療におけるソーシャルワーカーの特徴（①メンタルサポートの提供、②社会資源の活用および退院支援、③チームアプローチ、④救急医療提供体制の維持・確保のためのマネジメント）を体系的に習得するために、救急認定ソーシャルワーカーの取得に取り組む必要がある。

2 点目は、地域の支援機関との連携の創造と維持である。

本報告で見てきた通り、当部署の MSW も、従来の退院支援で築いてきた入院・入所施設といった社会資源だけでは、患者の生活課題には対応しきれないことを実感している。

熊谷は、障害者の自立生活運動の経験から「自立を目指すなら、むしろ依存先を増やさないといけない」と述べている[18]。単身患者が地域で安定して暮らすには、特定の機関だけではなく、複数の機関が本人と関わりをもち、相談できることが重要である。

そのため、この2年間、近隣市町の地域包括支援センターと社会福祉協議会を訪問し、関係構築や意見交換、当部署の紹介を行っている。そこで、地域から見てわれわれMSW部門がいかに認知されていないかを実感し、また地域の取り組みにも非常に温度差があることを学んだ。

　今後、近隣市町の生活困窮者支援の実施部門への訪問や、近隣精神科病院との定期的な事例検討を予定しており、決して先進的ではないが、地道な取り組みを行っていく予定である。

注

注1　水溜ら[16]の報告によると、救命救急センター（入院を含む）でのMSWの1回の平均相談時間は28.9分である。

文献

1）総務省『平成22年国勢調査』2011.

2）総務省『平成27年国勢調査』2016.

3）愛知県『西三河南部西医療圏保健医療計画』2018.

4）前掲2)

5）愛知県『平成30年度刊愛知県統計年鑑』2019.

6）前掲5)

7）愛知県『平成22年度刊愛知県統計年鑑』2012.

8）愛知県『平成27年度刊愛知県統計年鑑』2017.

9）厚生労働省「資料3 平成30年救命救急センターの評価結果（実数）」『救命救急センターの評価結果（平成30年）について』

10）木村亜紀子・竹本与志人「ソーシャルワーカーが介入する生活課題の状況——救命救急センターのケースを通して」『医療と福祉』第88巻第144号，52～58頁，2010.

11）福岡欣治「日常ストレス状況体験における親しい友人からのソーシャル・サポート受容と気分状態の関連性」『川崎医療福祉学会誌』第19巻第2号，319～328頁，2010.

12）小林江里香・藤原佳典・深谷太郎・西真理子・斉藤雅茂・新開省二「孤立高齢者におけるソーシャルサポートの利用可能性と心理的健康——同居者の有無と性別による差異」『日本公衆衛生雑誌』第58巻第6号，446～456頁，2011.

13）岸玲子・堀川尚子「高齢者の早期死亡ならびに身体機能に及ぼす社会的サポートネットワークの役割——内外の研究動向と今後の課題」『日本公衆衛生雑誌』第51巻第2号，79～93頁，2004.

14）総務省消防庁『平成30年版 救急救助の現況』2019.

15）前掲10)

16）水溜丹都子・長竹教夫・梶原英輝・坂田智子・天野博之「救命救急センターにおけるソーシャルワーク援助の業務実態調査」『医療と福祉』No. 90,Vol45- No. 1，9～14頁，2011.

17）井上健朗「第2章第2節 救急認定ソーシャルワーカーとは」救急認定ソーシャルワーカー認定機構監修『救急患者支援 地域につなぐソーシャルワーク』22～25頁，2017.

18）熊谷晋一郎「自立は，依存先を増やすこと　希望は，絶望を分かち合うこと」東京都人権啓発センター『TOKYO人権』第56号，2012.

第 **5** 章

地域の見守りネットワーク活動と急性期医療機関のつながり強化の取り組み
～東京都大田区の実践から～

要旨

　東京都大田区は医療・福祉関係者、地域住民、企業、商店なども含めた地域ぐるみでの高齢者の見守りネットワーク活動が盛んである。この地域にある牧田総合病院が2017（平成29）年に地域交流拠点を院外に開設したことにより、地域の見守りネットワークと医療機関のつながりがより強化された。本章では地域の見守りネットワークと医療機関のつながりによる高齢者の地域生活の継続支援の取り組みを報告する。

🔑 キーワード

　気づきのネットワーク　対応のネットワーク　地域交流拠点　自助　互助

基本情報

■東京都大田区[1)]

　2017（平成29）年10月現在の総人口は約72万人で高齢化率は22.7％。そのうち前期高齢者は約8.4万人、後期高齢者は約8万人である。単身高齢者世帯は2015（平成27）年には約4万世帯（全世帯の約11％）、高齢者夫婦のみの世帯は約2.6万世帯（全世帯の7％）である。日常生活自立度Ⅰ以上の認知症高齢者は約2.7万人（高齢者の16.6％）と見込まれている。

■おおた高齢者見守りネットワーク（愛称「みま～も」）

　2008（平成20）年「大田区地域包括支援センター入新井」（牧田総合病院が大田区より受託）センター長(当時)の澤登氏が発起人となり、医療福祉の専門職、地域企業等の有志で結成された任意団体[注1]。地元企業などが賛助会員となっている[注2]他、大田区、大田区社会福祉協議会等が後援している。事務局は「大田区地域包括支援センター入新井」が担っている。

　本院284床（分院120床、回復期60床、医療療養60床）総合内科、消火器内科、循環器内科、糖尿病内科など24の診療科の他に、高次脳機能外来、物忘れ外来などの専門外来がある。脳卒中センターは救急医療を24時間365日体制で行っている。法人内には介護老人保健施設や健診プラザの他、デイケア、居宅介護支援事業所も設置されている。東京都指定二次救急医療機関。

1 ｜ はじめに

■ 本章の社会背景と目的

　東京都大田区の単身高齢者は増加傾向にあり、認知症高齢者の増加も予想されている。こうした状況のなか、大田区のある地域[注3]では地域包括支援センター等の呼びかけで、専門機関・地元企業等も加わり「みま～も」が組織された。「みま～も」は地域の高齢者を見守り、支援が必要となった際に発見するためのネットワークと、専門的な支援を行うための専門職・専門機関のネットワークそれぞれの強化、さらに2つのネットワークをつなぐための活動に取り組んできた。また、「みま～も」の構成員である牧田総合病院が地域交流拠点（おおもり語らいの駅。以下、「語らいの駅」）を開設したことにより、見守り、発見のためのネットワークと医療機関の関係が強化された。

　これらの取り組みは、地域でSOSを発することができない高齢者の支援を目的にスタートしたものであるが、住民同士の助け合い（互助）やセルフケア（自助）促進のための工夫が随所に盛り込まれている。そこで、本章の目的を「住み慣れた地域での生活の継続」の支援を念頭に、以下の2つに整理する。

①「みま～も」と「語らいの駅」の取り組みから、地域の見守りネットワークと医療機関等とのつながりを強化する視点や方法に関する知見を得ること。

②「みま～も」「語らいの駅」の取り組みからは、「互助」や「自助」を地域のなかで促進するための知見を得ること。

　本章では最初に「みま～も」の取り組みによる、見守りネットワークと医療機関を含む専門機関・専門職のつながり強化の取り組みを整理する。次に「語らいの駅」による地域の見守りネットワークと救急医療機関のつながり強化の取り組みについて確認する。最後にこれらの活動にある「互助」「自助」促進の工夫を整理する。

図1 「みま〜も」の「見守りネットワーク」

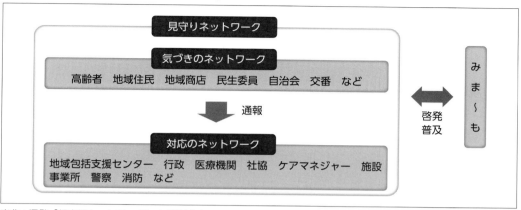

出典：澤登「都市型ネットワークによる地域ぐるみでの見守り、介護、看護の取り組み」『医療経営白書2018年度版』46頁，2018．筆者改変

2 用語について

「みま〜も」では何らかの支援を必要とする人を地域で見守り、発見するネットワークを「気づきのネットワーク」、専門機関による専門的な支援体制を「対応のネットワーク」と定義している[4][5]。またこの2つのネットワークを合わせて「見守りネットワーク」としている（**図1**）。

本章がテーマとする、「地域の見守りネットワーク」は「みま〜も」の「気づきのネットワーク」と同様のものととらえる。また救急医療機関は「対応のネットワーク」の一部ととらえる。

2 「みま〜も」について

1 「みま〜も」の活動

「みま〜も」の活動は多岐にわたるが、その目的は何らかの支援が必要である高齢者の①早期発見と②早期対応である[6]。「みま〜も」では、①を本人、住民、町内会や商店街等を構成者とする「気づきのネットワーク」が、②を地域包括支援センターや医療、福祉、介護の専門機関が構成者となる「対応のネットワーク」が担うと位置づけている。ここでは澤登氏の論文[7]からその主な具体的取り組みを紹介する。いずれの取り組みも高齢者の「見守りネットワーク」（「気づきのネットワーク」「対応のネットワーク」）の強化のためのものである。

①地域づくりセミナー

「みま〜も」発足当初より開催されている、地域住民対象のセミナーである。介護保

険制度の利用方法や、認知症の予防などテーマはさまざまであるが、地域住民が見守りの重要性や「気づき」の視点を意識することを目的に開催されている。講師は地域の医療福祉の専門職や警察、消防署の職員などが務め、地域住民と地域の専門職が交流する機会にもなっている。毎月1回開催されており、福祉に関心のある人だけではなく、高齢者自身の参加も多い。毎回150名ほどの参加者がある。参加した高齢者は「気づきのネットワーク」の担い手でもあるが、自分自身が他の住民、専門職とつながることで「見守られる」ことになる。

②高齢者見守りキーホルダー（以下、見守りキーホルダー）

外出先での救急搬送や、徘徊などで身元不明となることを防ぐために2009（平成21）年にスタートし、2012（平成24）年からは大田区の事業となった。利用者には個人番号と担当エリアの地域包括支援センターの電話番号が記載されたキーホルダーが配布される。外出先で救急搬送等された場合でも、個人番号を担当エリアの地域包括支援センターに伝えることで、本人の氏名や緊急連絡先、かかりつけ医療機関などがわかる。利用者は登録時に地域包括支援センターにこれらの情報を登録する。対象は65歳以上の高齢者で要介護認定の有無は問わない。また1年に1回本人が地域包括支援センターに来所し、情報の更新を行う。現在では大田区の高齢者の5人に1人が所有している。

③みま～もステーション

「みま～も」では高齢者自身が地域で何らかの役割をもって、主体的に活動するための支援も行っている。希望者は「みま～もサポーター」として地域のさまざまな活動でボランティアを行う。「みま～もステーション」はこの「みま～もサポーター」の活動拠点として、地域の商店街の空き店舗を活用して設置された[注4]。「みま～もサポーター」は会費2000円（半年）を払い、地域の公園の管理や、お祭り、各種講座などの運営ボランティアとして活動する。見守りを含む地域の支え合い活動の活性化だけではなく、「みま～もサポーター」の健康維持にも効果のある取り組みとして位置づけられている。

3 ｜「みま～も」による2つのネットワークの強化とその接続のための取り組み

次に「みま～も」の活動3本柱である、地域づくりセミナー、見守りキーホルダー、みま～もステーションによる「気づきのネットワーク」「対応のネットワーク」それぞれの強化について整理する。最後に3本柱の2つのネットワークをつなげる機能について確認をする。

1 気づきのネットワークの強化

　「気づきのネットワーク」の強化とは、構成員である地域住民一人ひとりの、高齢者の変化等に対する気づきの意識を高めることになる。「地域づくりセミナー」で取り上げられるテーマは、介護保険制度の利用方法など生活で役立つ内容もあるが、参加者一人ひとりが「気づき」の視点を意識できるようにすることを基本としている。

　「見守りキーホルダー」の意義を地域に広報することが、住民一人ひとりが高齢者の変化等の気づきを意識するきっかけになっている。「見守りキーホルダー」の広がりは地域のなかでの口コミによるところも大きく[8]、普及そのものが住民間の気づきのネットワークの強化に直結している。

　「みま～もサポーター」「みま～もステーション」は、住民がボランティア活動を通じ、「地域づくりセミナー」等で学んだ「気づきのネットワーク」の機能を積極的に地域のなかで果たすことをサポートしている。またボランティア活動は、ボランティア自身にとって地域住民、専門職等と交流する機会になり、自分自身が見守り、見守られることにつながる。

　「みま～も」のこれらの取り組みは、参加者自身の「気づき」の意識を高めるだけではなく、自分自身が「見守られる」ための効果も高めるため、特に単身高齢者の見守りネットワーク構築には効果があると考えられる。

2 対応のネットワークの強化

　高齢者の地域での生活課題は複雑化、重層化しているケースも多く、「対応のネットワーク」の関係機関、関係職種の連携による対応が求められる。「対応のネットワーク」をスムーズに機能させるには、地域の専門機関や関係職種のつながりを日ごろから強化する必要がある。

　「地域づくりセミナー」の企画・運営は「みま～も」の賛助会員である地域の事業所等の専門職が行い、講師も持ち回りである。企画・運営をさまざまな事業所のメンバーが協力して行うことで、所属事業所を越えた交流が生まれ、その関係も強化される。また、講師役の専門職や事業所の特徴等を、他の事業所職員がよく理解できるようになる。

　「見守りキーホルダー」は消防や警察、緊急搬送された医療機関など地域の関係機関をつなぐツールであり、「対応のネットワーク」を機能させる具体的方法である。また、「見守りキーホルダー」のシステムづくりには、地域の医療機関のMSWや消防署などさまざまな立場の職員が関わっている。こうした作業を所属機関を越えたメンバーで行うことが「対応のネットワーク」の強化にもつながる。

❸ 2つのネットワークの接続

「みま～も」が考える「見守りネットワーク」が機能するには、構成要素の「気づきのネットワーク」と「対応のネットワーク」のつながりが不可欠である。例えば「見守りキーホルダー」が機能するには「気づきのネットワーク」による支援対象者の発見だけではなく、「対応のネットワーク」である専門機関等への情報提供が不可欠である。

そのため「みま～も」には普段から「気づきのネットワーク」と「対応のネットワーク」の構成員が交流する機会があり、2つのネットワークが常に緩やかにつながっている。前述のように「地域づくりセミナー」の講師がすべて地域の専門職であるのもそのためである。普段からつながりがあれば、「気づきのネットワーク」の地域住民も安心して「対応のネットワーク」に連絡でき、自分自身の変化についても気軽に相談できる。また「対応のネットワーク」の専門職も、さまざまな交流の機会を通じて、単身高齢者を含む、参加者一人ひとりの状態の変化等に気がつくことができる[注5]。

「みま～も」は、「気づきのネットワーク」と医療機関を含む「対応のネットワーク」共通のプラットフォームとして互いのつながりを強化してきた。さらに「対応のネットワーク」の一員である牧田総合病院が「語らいの駅」を地域に開設したことで、「気づきのネットワーク」と「対応のネットワーク」の担い手である医療機関とのつながりが強化された。

4 ｜ おおもり語らいの駅について

❶ おおもり語らいの駅の概要

「語らいの駅」は2017（平成29）年に牧田総合病院が、「『地域』を健康面で支える」[9]ために院外[注6]に設置した地域交流拠点であり、地域ささえあいセンター[注7]の一部門として位置づけられている[注8]。2019（平成31）年2月の予定表をみると、平日の10：30～16：00がカフェタイムとなっており、病院の患者だけではなく、誰もが立ち寄れる地域交流拠点として開かれている。また、不定期で専門職や地域住民等による講座も開催されている他、地域の専門職や団体等の活動支援のため部屋の貸し出しも行っている。

次に「語らいの駅」の利用者、スタッフについて確認し、2つのネットワークと「語らいの駅」の関係について整理する。

❷ 「語らいの駅」の利用者とスタッフ

①「語らいの駅」の利用者

「語らいの駅」は全世代対応型の施設であり、牧田総合病院の患者の他、乳幼児やそ

の親、隣接する小学校の生徒などさまざまな年齢層の人が利用する[注9]。また「みま～も」との関わりの有無にかかわらず、地域の医療福祉の専門職や地元企業職員なども立ち寄り、地域住民やスタッフと交流することもある。

②「語らいの駅」のスタッフ

「語らいの駅」には牧田総合病院の地域ささえあいセンターの専門職が常駐している。他にも、医療ソーシャルワーカーや看護師、ケアマネジャーなどの地域ささえあいセンターに所属する専門職スタッフが日替わりで通常の業務を離れ、「語らいの駅」で勤務する。また、「みま～もサポーター」もボランティアとして活動している。

写真1　「語らいの駅」で談笑する利用者とスタッフ

❸「語らいの駅」と2つのネットワークの関係

以上のことから「語らいの駅」と2つのネットワークの関係を次のように整理することができる。

語らいの駅と2つのネットワーク

「語らいの駅」は2つのネットワークが接続する場所であるが、これまでの「みま～も」にはないポイントが2つある。1つ目は牧田総合病院の患者が利用者として通う場合、患者と「気づきのネットワーク」「対応のネットワーク」の三者が交わる場所として機能することである。2つのネットワークは不特定多数の地域住民に対するものであるが、「語らいの駅」はある特定の人に対するネットワークの接続ポイントとしても機能する。例えば、牧田総合病院を退院した人が「語らいの駅」に通い、牧田総合病院のスタッフや「みま～も」のボランティア、地域住民と交流することは、本人と「気づきのネットワーク」と「対応のネットワーク」の接続につながる[注10]。単身高齢者が利用者として、またはボランティアとして通うことは、自分自身を見守るネットワークの構築につながる。

2つ目は医療機関のスタッフが直接地域とつながることができる点である。「対応のネットワーク」のなかでも医療機関のスタッフは他の地域で活動している専門職に比べて、地域に出向き「気づきのネットワーク」とつながる機会をもちにくい。逆に「気づきのネットワーク」の担い手も、医療機関のスタッフとは直接つながりにくい。しか

し、「語らいの駅」では医療機関のスタッフが定期的に通常の業務を離れて勤務しているため、他にはない2つのネットワークの接続ポイントとなっている^{注11}。

5 | 地域の見守りネットワークと医療機関のつながり

ここで本章の目的である「みま〜も」と「語らいの駅」の取り組みから、「住み慣れた地域での生活の継続」支援のための、地域の見守りネットワークと医療機関等とのつながり強化の視点について整理する。

1 視点：共通のプラットフォーム上の緩やかな常時接続

「みま〜も」の取り組みは、緊急時等に2つのネットワークが確実につながるために、常時接続が必要であることを意識したものである。地域住民が高齢者の異変時等だけではなく、自分自身の変化に気がついた場合にも地域の専門職の顔が浮かび、不安なく一報できれば、「対応のネットワーク」は迅速な関わりができる。さらに「語らいの駅」では通院中、退院後の患者も2つのネットワークと直接つながるため、「気づきのネットワーク」と「対応のネットワーク」の連動性も高まり、より早い発見と対応が可能となる。これは「みま〜も」が「気づきのネットワーク」と「対応のネットワーク」を合わせて「見守りネットワーク」としており、2つのネットワークの共通のプラットフォームとして機能していることが大きい。

2 方法：具体的なつながりとメンテナンス

緩やかな常時接続を可能とするには具体的につながる機会や場所が必要になる。「みま〜も」や「語らいの駅」では2つのネットワークの担い手が集まり、顔を合わせる機会と場所が多数用意されている。例えば、「地域づくりセミナー」や「みま〜もステーション」のセミナー等の講師を地域の専門職や地域住民が行うことで、互いを知り、理解する機会になっている。またこれらの機会を単発ではなく、定期的に重ねることで、互いが交流する機会が増える。このことは、それぞれのネットワークのメンテナンスだけではなく、2つのネットワークの結びつきのメンテナンスにもつながる。

6 | 「みま〜も」「語らいの駅」の取り組みと「互助」「自助」の関係

最後に「みま〜も」「語らいの駅」の取り組みにある「互助」や「自助」を地域のな

かで促進するための工夫について確認する。

■ 「互助」を促進する、交流の機会

「みま〜も」「語らいの駅」には住民同士がつながるための機会や場所が豊富である。ここでの交流が、住民同士が生活のなかで互いを意識し、支え合うことにつながっている。「語らいの駅」は「みま〜もサポーター」が活躍する場所でもある。地域住民が役割を担い、専門職が活動するための場所や仕組みを整え、形にすることで地域住民がエンパワメントされ、自発的な「互助」のための活動が生まれている。実際に「みま〜も」主催の食事会に参加していたメンバーが顔を合わせるうちに、互いを気づかい助け合う空気が生まれたことから、住民によるボランティア活動である「みま〜もサポーター」の取り組みがスタートしている。

■ 役割の創出による自助の促進

「みま〜も」と「語らいの駅」では、趣味や特技を活かした講師などを住民が務め、ボランティア活動に住民が取り組むための機会や場所を提供している。こうした活動に従事することは相手を支えるだけではなく、自分自身の心身の健康につながる。また、活動等を通じて自分自身が構築した地域住民、専門職との関係は自分自身を見守るネットワークとしても機能しており「自助」につながる取り組みでもある。

7 ｜ まとめ

本章では支援を必要とする人を発見し、支援を行うための地域の見守りネットワークと救急医療機関のつながりについて、「みま〜も」と「語らいの駅」の取り組みを例に検討してきた。

他の地域にも「気づきのネットワーク」「対応のネットワーク」に該当するものは存在すると考えられる。しかし、両者の交わりを意識しない限り、具体的なつながりを欠いたままになってしまう。「みま〜も」は2つのネットワークの機能をあわせて「見守りネットワーク」としてとらえ、「気づきのネットワーク」の担い手である地域住民等と、「対応のネットワーク」である専門職の具体的な交流を通し、2つのネットワークを普段から緩やかにつなげている。この取り組みは地域の「互助」「自助」を促進するものでもある。特に、単身高齢者にとって「みま〜も」の活動への参加は、自分自身を見守るためのネットワークをつくることにもなる。「語らいの駅」は全世代対応型であるが、年齢に関係なく利用することで、高齢者になる前から地域との関わり、専門職との関わりをつくることができる。これは未来の単身高齢者に対する予防的な取り組みで

もある。

「みま〜も」は創設から10年を迎えたが、毎月欠かさず「地域づくりセミナー」を開催している。これは毎月2つのネットワークと、2つの結びつきがメンテナンス、強化されることを意味する。この継続性抜きに「見守りネットワーク」を構築し、機能させることは難しい。この継続性こそ「見守りネットワーク」の構築と機能に不可欠である。

注

注1 地域包括支援センターは公的機関であり「公平性」「中立性」が求められるため、「みま〜も」は任意団体として設立されている[2]。「みま〜も」の設立経緯については澤登氏らによる書籍[3]に詳しく書かれている。

注2 賛助会員は2018（平成30）年3月末現在80団体となっている。医療機関や企業、福祉事業所などが含まれる。

注3 大田区地域包括支援センター入新井が担当するエリア。JR大森駅周辺の地域。

注4 大森柳本通り商店街のなかに開設された「アキナイ山王亭―商店街無料お休み処―」が「みま〜もステーション」の拠点となっている。

注5 同様のことは「みま〜もステーション」で開催されているミニ講座にも当てはまる。ここでは年間300回以上の講座が開催されている。地域住民やグループ、地域の専門職も講師を担当する。

注6 牧田総合病院本院は2020（令和2）年に現在分院がある蒲田に移転予定。

注7 地域包括支援センターやデイケア、居宅介護支援事業所、医療福祉相談室などで構成されている。

注8 「語らいの駅」は「みま〜も」の発起人であり、牧田総合病院地域ささえあいセンター長（現在）の澤登氏が企画した。運営費用は牧田総合病院の出資の他、セミナー開催、地元協賛企業による出資、補助金などにより賄われている。

注9 澤登氏によると、地域に信頼のある牧田総合病院が設置主体であることが、利用者の安心と利用につながっている。2017（平成29）年5月〜2018（平成30）年5月の来場者数は延べ6028人（65歳以上2384人、20〜64歳1983人、中学生4人、小学生526人、未就学児約1131人）である[10]。

注10 実際に若年性認知症や高次脳機能障害のある人など、退院して地域に戻っても居場所を見つけることが難しかった人が「語らいの駅」で、病院の専門職や地域の見守り活動の担い手、地域住民と自然と関わり、本人を支える地域のネットワークが自然と形成された。また、「語らいの駅」は本人が何らかの役割を担う場所としても機能した。

注11 「語らいの駅」は病院のスタッフが患者の地域での生活を理解し、地域住民と直接つながり、地域を理解するための場所でもある。

文献

1) 大田区『おおた高齢者施策推進プラン〜大田区高齢者福祉計画・第7期大田区介護保険事業計画〜』2018.

2) 澤登久雄「都市型ネットワークによる地域ぐるみでの見守り，介護，看取りの取り組み」『医療経営白書2018年度版』43〜53頁，2018.

3) おおた高齢者見守りネットワーク編『地域包括ケアに欠かせない多彩な資源が織りなす地域ネットワークづくり――高齢者見守りネットワーク「みま〜も」のキセキ』ライフ出版，2013.

4) 澤登久雄「大都市のメリットを最大限活かした『都市型見守りネットワーク』構築――おおた高齢者見守りネットワーク（愛称：みま〜も）の活動」『都市計画』第64巻第4号，28〜33頁，2015.

5) 前掲2)

6) 前掲3)

7）　前掲 2)
8）　前掲 2)
9）　前掲 2)
10）　前掲 2)

謝辞 ●

　本稿を執筆するにあたり「みま～も」発起人であり、牧田総合病院地域ささえあいセンター長の澤登久雄様にはインタビューに応じていただいたほか、貴重な資料も提供していただきました。心から感謝申し上げます。

第 **5** 章｜地域の見守りネットワーク活動と急性期医療機関のつながり強化の取り組み

第 6 章

単身高齢者の退院支援と
見守りネットワーク

～公立神崎総合病院（兵庫県神崎郡神河町）の
MSW 支援事例から～

要旨

　救急入院した単身高齢者の事例検討を通して、退院支援から地域の見守りネットワークへつなぐ医療ソーシャルワーカー（以下、MSW）の役割について考察した。そして、病院を起点とした MSW の連携への働きかけとして、本人の状況に即した見守り支援の強化、医療や生活に関する条件整備、病院と地域で形態が異なるチーム間の橋渡しを統合的に調整していく点を挙げた。これらは、健康面、経済面、社会的関係にリスクを抱え、医療や地域の既存のサポートが届きにくい単身高齢者への支援として、見守りネットワークと医療をつなぐという MSW の役割発揮の一端を示すものではないかという結果を示した。

🔑 キーワード

医療ソーシャルワーカー　単身高齢者　退院支援　事例検討　見守り支援

基本情報

■**兵庫県神崎郡神河町**

人口：11,421 人　高齢化率：35.6％

※神河町住民生活課調べ 2019（平成 31）年 3 月 31 日現在

　神河町は県内で最も人口が少なく、「過疎地域」に指定されている。

■**公立神崎総合病院（神河町立）**

17 診療科を標榜

140 床（うち、地域包括ケア病棟 50 床）

南北約 35km にわたる人口約 6 万 5000 人の地域（神崎郡 3 町及び朝来市や姫路市の一部）が主な診療圏となっている。

1　はじめに──個別事例から「地域」と「医療」のつながりを検討

　筆者は、兵庫県の山間部に立地する公立病院の MSW として、高齢者等の相談支援に従事してきた。そこでは、人口減少と高齢化、世帯規模の縮小などを背景として、増え続ける単身高齢者の退院支援が重要な課題の 1 つである。

　本章では、本書全体の目的である「地域における『見守りネットワーク』と医療とのつながりの分析」という観点を踏まえ、MSW（筆者）が関わった単身高齢者の退院支援事例を報告する。この事例の検討によって、地域活動や保健医療のサポートの限界が顕わになりやすい入退院の場面での支援課題を考察し、見守りネットワークと医療のつながりづくりへの突破口を探ることができないかと考える。また、他章では、「福祉主導」による地域の見守りネットワーク及び「保健・医療主導」の連携体制構築に関する先進的な取り組みが紹介されている。そこで、本章では、個別事例の分析という角度から、見守りネットワークと医療のつながりづくりにむけて病院の MSW が果たす役割について検討したい。

2　「見守りネットワーク」と医療連携のつながりは今後の課題

1　過疎地域の公立病院における医療連携

　筆者が所属する公立神崎総合病院（以下、当院）は、医療機関が集中している都市部から離れた県中央部の山間地域に位置する。そのため、二次医療圏域内の拠点病院との近接性に乏しく、神崎郡内唯一の公立病院として、二次救急など一定の医療機能が求められている。そして、診療圏内に点在する診療所等からの救急・入院治療等の要請に応じる面と、三次救急・高度急性期を担う拠点（基幹）病院からの亜急性期・回復期のリハビリテーションや外来診療継続の依頼を受ける面という両方の性格を併せもち、病診連携・病病連携に取り組んでいる。また同時に、人口の高齢化などを背景として、高齢患者等に対する入退院支援と介護連携、看取り支援などが重要な課題となっている。こうした状況のもと、MSW（筆者）は、院内の退院計画（退院支援）の仕組みづくりや院外の介護・福祉関係者との連携づくりの役割を担ってきた[注1]。

② 「見守りネットワーク」と医療との連携は不十分

　当院周辺の市町においても、地域包括支援センター（以下、地包Ｃ）や社会福祉協議会（以下、社協）などを中心に、住民参加による地域活動が取り組まれている。ただ、その多くは、つどいの場での交流、平常時の声かけ、安否確認などの緩やかなサポートが主となり、医療面や社会的孤立・生活困窮などに対する専門的な対応には限界がある。一方で、病院における病診連携、入退院支援、医療介護連携は、主に専門職間の連携であり、地域（住民活動）との関わりを視野にいれた連携は不十分といえる。また、院内の医療職の間では社会的孤立・生活困窮などの生活問題自体が見過ごされやすいという現状もある。

　後述するが、本章で取りあげる事例のように、MSW の支援対象となる単身高齢者は、社会的孤立や生活困窮につながるリスクを抱えながら生活していたが、健康悪化・心身機能の低下によってさらに困難な状況に陥る場合も多いと考えられる。そして、生活問題の深刻さとともに、地域の見守りネットワーク（福祉主導）や医療連携（保健・医療主導）のいずれの支援からも、もれやすい現状があるのではないかと思われる。

3 ｜ 単身高齢者の退院支援に着目した検討

① 「見守り支援」が届きにくい事例を取りあげる

　単身高齢者をめぐっては、貧困、要介護、社会的孤立のリスクが高いこと[注2]、社会的に弱い立場にあり、貧困と深刻な社会的孤立問題を抱えた層が存在すること[注3]、独居に至る経緯によって孤立状態に陥るリスクが異なること[注4]、などが指摘されている。つまり、健康面や経済面と血縁・地縁を含む社会的な関係は互いに影響しあい、これらのいずれかにマイナスの変化（喪失）が生じた場合、たちまち生活問題が深刻化する危険性をはらんでいるといえる。そこで、本章では、救急入院と重なって、社会的な関係の希薄さ、サポートの欠如が顕わになった単身高齢者の事例を取りあげる。そして、各事例において、退院をより困難にする状況を支援課題としてとらえ、その特徴を検討する。あわせて、入退院の経過のなかで、連携づくりにむけた MSW の働きかけの内容を振り返る。

　なお、本書全体の主題である地域の見守りの概念整理（第1章参照）を踏まえ、ここでは、各々の高齢者に対する地域関係者や専門職の連携による見守りの個別対応を「見守り支援」と呼ぶ。

② 6 事例を抽出して比較分析

　検討にあたって、主に 2018（平成 30）年度に MSW（筆者）が直接関わった単身高

齢者の事例のなかから選定した。選定の際には、本章の目的を念頭において、救急入院であって、退院支援として他職種・他機関や地域関係者との連携を図った点に考慮した。そのうえで、検討に資する情報を含むと思われる6事例を抽出した。それらの事例について、診療録、MSWの相談記録などを一次資料として、事例概要、支援経過などを要約し、事例間の比較分析による考察を加えた。また、現場経験豊富なX市地域包括支援センター・社会福祉士及びY市健康福祉部・生活支援コーディネーターの2名に、匿名化した要約事例を提示し、分析の妥当性について意見を求めた。

　なお、倫理的配慮として、特定の事例と判別できないよう匿名化し、支障のない範囲で加工した。あわせて、事例報告についての所属機関（倫理審査委員会）の承認を得た。そのうえで、本章では、事例及び支援経過の内容を省略・抜粋し、必要最小限の記述にとどめる。

4 │「地域」と「医療」のつながりを築くために

■1 単身高齢者の複合的な支援課題

　抽出した事例の概要を**表1**に示す。**表2**では、各事例の救急入院及び生活の状況などとあわせて、退院支援としてMSWが取り組んだ地域関係者や院内外の他職種への働きかけの要点を挙げる。各々の事例で、一人暮らし（単身世帯）に至る経緯はさまざまであるが、親族との死別・離別や転居などと相まって血縁関係に頼るサポートは非常に得にくい状況がみられる。親族の関わりがあったとしても、事例Cのように金銭を要求されて生活が脅かされる例、世話になれる妹・弟はいるものの過重な負担をかけて本人との関係は決してよくない事例Fのような例もある。また、**表2**に挙げたように、事例の多くは、健康悪化や入退院の繰り返しなどによる心身機能の低下、あるいは、低所得、借金や浪費などによる生活困窮が、積み重なってきたことによる生活問題の深刻化がうかがえる。そして、それらの問題が救急入院とともに顕在化することが読み取れる。加えて、6事例すべてにおいて家計のひっ迫や金銭管理上の問題がみられ、その後の支援の難しさ（サービス利用への支障など）に影響している。そのため、周囲の善意や非営利による地域の見守り支援に頼らざるをえないという側面も挙げられるだろう。

　さらに、多くの事例で、周囲との関係の希薄さが推測できる。自然発生的な近所づきあい、地域の行事等による交流・社会参加、介護予防事業、民生委員や福祉委員などによる地域支え合い活動のいずれからも縁遠い様子が垣間見える。健康面や経済面の問題を抱える高齢者は、地域とのつながりも弱く、社会的孤立に陥りやすいという相関が指摘されることが多い[注5]。単身高齢者はこうした危機を複合的に抱えやすく、本章で示した事例はまさにそうした特徴をもつ例といえる。ただ、地域との関係が乏しいことがう

表 1　事例の概要

事例	年齢	性別	主傷病名	単身生活の背景	受診受療の状況
A	60 歳代半ば	男性	出血性胃潰瘍	20 歳代で結婚、約 10 年後に離婚。その後は各地を転々とし家族関係途絶え、連絡先不明。	他県にて入退院あり→（当地へ転居）→当院へ救急入院→退院→他県へ転居
B	70 歳代後半	男性	肺がん末期（告知済み）	約 20 年前に離婚し当地へ転入。一人娘とは時々電話連絡するが、離婚後は会っていない。	がん末期にて専門病院より当院へ紹介→通院継続→救急入院→死亡退院
C	70 歳代後半	女性	腸炎①糖尿病②	娘家族は遠方に住み、夫の死亡後は独居となる。息子が時々訪ねてきて、金銭を要求される。	①腹痛により近医受診→当院紹介入院→退院②低血糖症状で救急入院→退院→通院→再入院中
D	60 歳代後半	男性	腰椎圧迫骨折①左大腿骨骨折②	約 20 年前に離婚し妻子とは音信不通。同一市内に住む兄弟との関係はよくなく交流はしていない。	腰痛で他院へ救急入院→翌日退院→①腰痛再発にて当院入院→退院②転倒（骨折）にて救急入院→退院
E	80 歳代半ば	女性	左上腕骨骨折①右大腿骨骨折②	両親死亡、兄弟なし、結婚歴なし。近所とのトラブルのたびに転居を繰り返してきた（詳細不明）。	①外出先で転倒（骨折）→救急入院→退院②自宅で転倒（骨折）にて救急入院→退院
F	70 歳代前半	男性	慢性関節リウマチ高度貧血など	退職後、妻を介護して看取る、その後は独居。子はなし。同一市内に妹と弟が居る。	関節痛・貧血・肺炎等で入退院繰り返す／外来で入院勧めるが拒否→後日、肺炎・心不全にて救急入院→退院

表 2　救急入院と MSW 支援の内容（要約）

事例	救急入院に至る経過	心身状態及び生活の状況	MSW による働きかけ（ネットワーク形成の試み）
A	各地を転々としたが、体調不良が続き、当地の知人（元上司）宅の空き部屋に居候をする。下痢・腹痛が続いて寝込んだので、知人が救急要請し入院となる。	輸血、内服治療にて回復、食事摂取もできるようになる。多少の判断力低下が見られるもセルフケア（日常生活上の活動）は可能となる。所持金は底をつきかけ、無年金状態であることや家主である元上司も立ち退きによる転居を考えていることなどが、入院後に明らかになる。	・入院直後より、限度額適用認定や生活保護申請などについて、行政担当課と連絡調整、手続き代行等・知人（元上司）との話し合いを重ね、関わりの程度を見極めつつ、協力の是非と内容を調整・退院後の居所選択（一時帰宅、施設入所、公営住宅、賃貸物件、高齢者住宅など）を関係者と協議・検討
B	不定期で通院はしていたものの、徐々に食事が入りにくく	入院直後は会話も可能だったが、その後は衰弱、傾眠傾向となり、	・本人、知人、民生委員、行政、地包 C とカンファレンスを実

	なり、自宅で動けなくなっていた本人を友人が発見。民生委員に連絡し、救急要請により入院となる。	約1か月後に死亡。厚生年金収入はあるが、過去の事業失敗による借金返済や家賃滞納がある。入院前の生活では、友人（茶飲み友達）や近所の民生委員の訪問を時々受けていた。	施、医療同意や医療費確保等の手続きを調整 ・地包Cの地域ケア会議（個別支援会議）に、MSWが出向き、本人の状態悪化を踏まえて、金銭管理、音信不通の子との連絡、死亡時の対応などを検討 ・危篤〜死亡の間に埋葬等に関する連絡調整と協力対応
C	以前より、生活保護受給、社協日常生活自立支援事業を利用。1回目の入退院時の支援で介護サービス利用を調整。自宅で倒れているところに社協・生活支援員が出くわし、救急入院となる（2回目の入院時）。	食事療法、インスリン自己注射により、入院中の血糖値は安定傾向。歩行のふらつきなどあり。1回目の入院時に「要支援1」となり、介護保険の利用がはじまった。また、時々遠方から訪れる息子から金銭を要求されることがあり、地包Cの関わりもあった。	・主治医、看護師等と服薬管理、自己注射手技等のセルフケア力の評価、生活上の健康管理について確認 ・本人、娘、CM、地包C、社協を交え、息子への対応と介護サービス・見守りサービス利用について検討 ・上記の点などを踏まえ、内外の関係者と単身生活再開の可能性について意見調整、退院方向を協議
D	日頃から交流（見守り）のあった近所の知人が自宅を訪問した際、転倒して動けなくなっていた本人を見つけ、救急入院となる（2回目の入院時）。	2回目の入院では手術後のリハビリにて、つえ歩行・腰掛便器使用可まで改善。1回目の入院中は、易怒性や精神面の混乱がみられたが、2回目の入院では、比較的穏やかな様子が続く。自宅では「要介護2」にて、訪問介護等のサービスを利用していた。医療費滞納あり。	・本人の心身状態悪化に不安を抱く知人らへの情緒的サポートや情報サポート、介護サービスとの連携の協議 ・医療費支払いについて病院医事課と調整 ・利用料負担も考慮した退院後の介護サービス利用や金銭管理の方法、転倒予防対策などについてカンファレンスで検討したうえで退院準備を実施
E	1回目の入退院時に介護保険利用を検討。介護認定更新・訪問調査のため自宅に連絡するも応答なく、地包C担当者と警察が自宅に出向き、ベッド横で倒れている本人を発見、救急要請し入院となる（2回目の入院時）。	1回目の退院時は「要介護1」、2回目の入院の手術・リハビリにより、短距離のつえ歩行・腰掛便器使用可となる。以前より、被害妄想的な発言や物忘れ症状があり、金銭管理や諸手続きを地包Cが支援。近隣との関わりなく、自宅内は物が散乱し踏み場のない状況であった。	・介護保険手続き調整、PT・MSWの退院前訪問・住宅改修・試験外出同行など退院支援（1回目入院時） ・家屋の片づけ、諸手続きの代行、金銭管理（預かり、支払代行）などについて、地包Cと調整・協力対応 ・近隣周囲の見守り支援が得にくい状況のもと、介護サービス等での対応をCM・地包Cと協議
F	入退院を繰り返すたびに、地包Cと連絡調整。今回の入院では、倦怠感・呼吸苦がひどく、本人が救急車を呼び、外来受診後に入院となる。	内科的治療により症状改善、倦怠感も軽減する。動きやすくなるとともに無断外出あり。以前から病識の乏しさもあり、服薬管理、栄養管理、水分制限などが十分にできなかった。「要支援1」にて訪問介護を利用していたが、介護費、医療費、公共料金等の滞納あり。	・健康面や家計の管理に無自覚な本人とは裏腹に、負担感が強まる妹弟に対する情緒的サポート及び院内関係者への家族役割軽減の調整 ・本人への生活改善の働きかけや家族との関係調整とともに、介護サービス利用再検討や社協日常生活自立支援事業の導入、滞納返済計画などを地包Cと検討

かがえる（つまり、地域における見守りネットワークからもれやすいと考えられる）事例においても、救急入院に至る経過をみると、何らかの関係者（専門職・非専門職）との接点がある。事例A〜Eにおいて、その関係者の定期あるいは偶然の訪問による発見・通報によって医療と結びついている。そして、事例C・D・E・Fは、以前の入退院時のMSW支援によって、地包Cや介護支援専門員（ケアマネジャー：以下、CM）の関わりと介護サービスの利用、あるいは社協・日常生活自立支援事業の利用などに結びついた経緯があり、見守りネットワークの構築・強化における退院支援の重要性が示唆される。このように、単身高齢者にとって少ないながらも見守り支援につながるような接点が保たれていることが、とりわけ重要になると考えられる。

　その一方で、心身機能の虚弱化に対して、健康管理の不十分さや本人の自覚不足が続いた結果、発見時にはすでに救急対応に迫られる事態になっている面もみられる。つまり、健康・介護に影響するリスクを抱えながらの地域生活において、救急入院に至るまでのタイムラグのなかで、既存の介護予防事業や医療介護連携、見守り活動等による予防的な介入の難しさ（限界）という課題が挙げられるのではないだろうか。

❷ 「見守りネットワーク」へつなぐ MSW 支援

　前項で述べた単身高齢者をめぐる支援課題に対して、救急入院後の退院支援を担うMSWとしてどのような役割を果たそうとしたのか、を次に考察したい。

　表3において、事例ごとのMSWの働きかけの内容をもとに、事例間の比較分析を通して見えてきた共通点や重要点などを筆者なりに整理・分類して示す。これは、各事例の支援課題に対応しつつ、退院後の見守りネットワークの構築・強化にむけたMSWの役割発揮の試みとしてとらえることができるのではないかと考える。

　いずれの事例も、救急入院に至る経過のなかで、地域活動や保健医療の既存のサポートの限界が顕わになる一方で、医療同意と手続き、金銭管理や医療費確保、さしあたっての身辺の世話といった諸問題が入院時に表面化している。MSWは、入院初期にこれら当面の課題を把握・整理し、だれ（どこ）と連携して対処するのかを確認している（**表3**：Ⅰ①・Ⅱ①・Ⅲ①）。あわせて、行政や地包Cとの連絡、入院に関わった関係者からの聞き取りなどにより親族等の協力者の有無なども確認している。そして、親族、知人や民生委員などの地域関係者と本人との関係性及び問題の深刻さなどを推し量り、協力可能な範囲（距離の取り方）を調整している（**表3**：Ⅰ②）。例えば、事例B・D・Eで、病院関係者が当然のように民生委員や知人等に家族的な役割を期待して、医療同意、身辺の世話、退院時の送迎などの過剰な負担を求めることに対して、MSWは個別の事情に応じて依頼できること・できないことを整理し、細々とした対応をだれがどう担うのかを検討している。また、事例A・B・D・Fでは、本人の心身状態の悪

化や金銭問題の浮上にともなって、親族、知人等が本人への関わりに消極的になりがちな状況に対して、その心情を汲み取りつつ、専門職の連携によるバックアップと今後の見通しを示すことで負担軽減を図り、できる範囲での協力関係（本人支援）の維持・継続に努めている。このように、特に親族や地域関係者への働きかけとしては、新たな地域のサポーターにつなげるなど無理に見守りのサイズを広げるのではなく、わずかなが

表3　「見守りネットワーク」へつなぐ MSW 支援

大項目	小項目	具体例（MSW による働きかけの内容）
I 手探りで始める「見守り支援」の強化	①わずかな「接点」の確認とその評価	A〜F：院内カンファレンス（入院初期）にて、単身、親族の協力困難などの情報を迅速に把握する A〜E：救急入院に至る経過を確認し、入院前の関係者の関わりを把握したうえで、協力依頼の是非を検討する A・B・E：行政、生保 CW、地包 C などと連携し、家族履歴や連絡先の有無と親族による協力可能性を探索する
	②無理のない緩やかな協力関係の維持	A・B・D・F：親族や地域関係者の協力が必要となる課題として、手続き代行・身辺の世話等が可能か確認する B・D・E：病院が求める入院手続きや家族代行役割の過大な期待を再整理し、相手の立場に応じた調整をする A・B・D・F：本人の状態変化にともなう親族や知人等の不安に配慮し、関わりの維持にむけた働きかけを行う
	③急迫した課題への対処に動く	A〜F：入院手続き（身元保証）や金銭管理など、地域関係者では困難な対応を整理し、他職種他機関と調整する A・B・D・F：経済的困窮（医療費等確保）や金銭管理の問題への応急的な対応策の検討と資源（制度）活用を図る
II 専門職連携によるバックアップを築く	①多職種・多機関連携の「起点」となる	A〜F：入院初期段階で地包 C や CM などと連絡をとり、入院前後の状況や患者情報を共有する A〜F：定期の院内カンファレンスを通じて、治療経過等に応じた退院支援の方向性を随時、検討・協議する C・D・E・F：以前の入院時の連携（地包 C や CM など）を活かして、救急入院時からの連携を図る
	②専門職・機関の間で支援目標と役割分担の調整	B・C・E：金銭問題、虐待対応、死亡時対応など、行政裁量や専門職介入が必要な問題に共同で対処する A〜F：院内スタッフに対して、心理社会的課題への対応の必要性を説明し、院内協力を促進する C・D：CM 等によるケアプラン調整が、病院の退院支援と足並みがそろうように目標・内容の調整や提案を行う C・D・E・F：住環境整備や介護サービス等の利用について、費用負担等を考慮して院内外の関係者と連絡調整
III システム間（I・II）の連結を模索する	①入院早期（初動）の連携づくり	A〜F：手続き代行、医療費捻出、病状悪化や要介護のリスクなど、入院初期に当面の課題の整理をする A〜F：当面の課題整理にそって、院内他職種や院外の関係機関・地域関係者などの連携相手を明確化する
	②見守りネットワークを退院後の支援に組み込む試み	B〜F：医療チーム（病院）と介護等のケアチーム（地域）の形態のちがいを踏まえたチーム間の橋渡しをする B・D・F：知人や民生委員等の地域関係者と他専門職との合同カンファレンスを意図的に開催する A〜F：本人・関係者の話し合いにより単身生活の可能性を見極め、退院方向や支援目標のすりあわせをする

らに保たれているそれまでの接点と本人との緩やかな関係を大事にしながら、専門職の連携による支援との連結（協働）を図ることが重要と考える。

あわせて、金銭問題（各事例）、死亡時の対応（事例B）といったより困難な側面をもつ支援課題については、地域関係者等の緩やかな見守り支援とは別に、MSWが、地包C、行政などの他機関を巻き込んだ対応や制度利用等の資源活用を働きかけている（**表3**：Ⅰ③）。急迫した課題へのこのような応急的・専門的な対処によって、医療費確保などの諸条件が少しでも整えられることで、見守り支援自体が行いやすくなるといえるのではないだろうか。

また、病院の医療チームと地域のケアチームの橋渡しをするという点が挙げられる。病院と地域では、チームの形態・機能やメンバーの関係性が大きく異なる。これを踏まえずに連携をしようとして、行き違いや足並みの乱れが生じることも多い。そこで、MSWは、病院と地域の双方を視野にいれて、入院中にとらえた支援課題を退院後の見守りネットワークへつなぐ試みを行っている。具体的には、地域関係者に対する病院機能の理解促進、院内チームへの地域状況のフィードバック、両方の関係者が参加する合同カンファレンス、退院後のケアプラン作成への提案や情報提供などが挙げられる（**表3**：Ⅱ②・Ⅲ②）。

❸ MSW 独自の視点を活かす

ここまでに挙げたMSWの働きかけは、決して体系的なものではなく、目の前の問題に手探りで対応することの連続であった。ただ、こうした個別支援の積み重ねが、地域の見守りネットワークの構築・強化に寄与するのではないだろうか。また、これらの働きかけは、実際の場面では表に現れにくく（見えにくく）、地域への介入も限定的である。しかし、組織・地域の状況や制度的な背景も俯瞰して、統合的に連携するというMSW独自の視点を活かすことで、見守りネットワークと医療のつながりをつくる突破口になりえると考える。

なお、本章では述べることはできなかったが、「単身高齢者本人への関わり」及び個別支援の一方での「組織・地域を直接の対象とした働きかけ」の重要性はいうまでもない[注6]。加えて、MSW支援効果の検証、外来支援の必要性の検討なども、実践における今後の課題だと考えられる。

5 ｜ おわりに——MSW 独自の役割発揮として

以上、健康面、経済面、社会的関係にリスクを抱えた単身高齢者の事例について、保健医療、介護予防、見守り活動などの支援が届きにくいという特徴を挙げ、その課題に

対して、救急入院後の退院支援を担う MSW による連携への働きかけの内容を考察した。そして、単身高齢者本人をとりまく関係性を考慮した無理のない見守り支援の強化、見守り支援を機能しやすくする医療面や生活面の条件整備、形態が異なるチームである病院と地域の間の橋渡しの重要性を述べた。これらの点は、救急入院を契機に、病院を起点としてミクロ・メゾ・マクロを統合する包括的な視点から医療と見守りネットワークをつなぐという MSW の役割発揮の一端を示すものではないかと考える。すなわち、本書の目的である見守りネットワークと医療とのつながりの促進という観点から、MSW の役割や連携のあり方を考える 1 つの検討素材となれば幸いである。

なお、本章は一医療機関での少数事例という限られた内容であり、分析データは、研究目的ではない、通常業務によるもので精度が不十分なこと、筆者自身の主観的判断が加わることなどの限界がある。本章から得た示唆を踏まえ、今後も微力ながら努力を続けたい。

注

注1　これまでの取り組みについて、拙稿「退院時連携とよりよくつなぐ実践の課題」『ケアマネジメント学第 9 号』(2011)、「退院支援と医療ソーシャルワーカーの実践課題」『福祉研究 No.106』(2013)、などで報告の機会を得た。

注2　藤森は、高齢単身者のなかでも「子どものいない低所得者」において貧困、要介護、孤立といった点で不安をもつ割合や「頼りたいと思う相手がいない」とする比率が高いことを挙げている[1]。

注3　河合は、全国各地の基礎自治体での地域調査を踏まえ、「多重困難型」や「経済困難型」といった最も弱い層で貧困と孤立の問題を抱えるという実態を示している[2]。

注4　斉藤は、高齢期の独居と社会的孤立に関する調査において「核家族移行型」以外の「未婚型」や「子どもなし型」などの方が長期孤立になりやすい点を指摘している[3]。

注5　参考文献 1) ～ 3) に加え、西垣千春『老後の生活破綻——身近に潜むリスクと解決策』(中央公論新社、2011)、小川栄二「社会的孤立と行政」河合克義・菅野道生・板倉香子編著『社会的孤立問題への挑戦——分析の視座と福祉実践』(法律文化社、2013) などの論考があり、いずれにおいても、生活上の困難と地域で孤立しがちな傾向との関連などがとりあげられている。

注6　この点に関して、拙稿「MSW の退院支援における連携の課題——高齢がん患者の事例を通して」『ソーシャルワーク実践研究第 6 号』(2017) において、対組織・対地域などメゾ領域への直接的な連携づくりの重要性と課題を検討した。なお、本章では、連携の基本的なあり方について、参考文献 4) ～ 5) を参照した。

文献

1)　藤森克彦『単身急増社会の希望——支え合う社会を構築するために』日本経済新聞出版社，166 ～ 176 頁，2017.

2)　河合克義『老人に冷たい国・日本——「貧困と社会的孤立」の現実』光文社，45 ～ 50 頁，142 ～ 173 頁，2015.

3)　斉藤雅茂『高齢者の社会的孤立と地域福祉——計量的アプローチによる測定・評価・予防策』明石書店，74 ～ 85 頁，2018.

4)　田中千枝子「保健医療領域における『連携』の基本的概念と課題」『ソーシャルワーク研究』第 42 巻第 3 号，5 ～ 16 頁，2016.

5)　金子努『「地域包括ケア」とは何か』幻冬舎，2018.

第7章

市民主体で考える
医療と介護の連携
～東京都府中市における在宅療養連携推進の
　取り組みから～

要旨

　東京都府中市が医療・介護の関係者とともに作成した『在宅療養ハンドブック』では、市民向けに在宅療養のイメージを伝えようとする3つの事例のうち2つが「ひとり暮らし」の事例となっている。高齢者のいる世帯のおよそ3割が高齢者単身世帯である府中市では、"府中らしい"医療と介護の連携を推進することがますます必要となっている。そのため、市が設置した場を通じて医療と介護の関係者は顔の見える関係をつくるとともに、市民のニーズを探りながら、その連携のステージをこれまでに1つずつ高めてきた。"府中らしい"とは、"府中市民が求めている"在宅療養の実現に向けて医療と介護の連携をすすめようとする視点である。それは、「専門職主体」の連携に加えて「市民主体」の視点を入れたステージへと連携の歩みをすすめることといえる。本章では、「専門職主体」の議論になりがちな医療と介護の連携における「市民主体」の意義を府中市における実践から考察したい。

🔑 キーワード

　市民主体の医療と介護の連携＝市民の願いを実現するための連携
　一人暮らしの事例　在宅療養の限界値　事例と共感　専門職と市民による連携

基本情報

■東京都府中市

　人口：259,573人　　高齢化率：21.8%　（2019（平成31）年4月1日現在）
　医療と介護の連携を推進する協議体：「在宅療養環境整備推進協議会」（2013（平成25）

1 医療と介護の連携における「市民主体」の意義

■1 医療と介護が連携する目的…、それは「市民の願いを実現するため」

「医療と介護の連携」は、医療・介護それぞれの専門職がお互いのやりとりをいかに円滑にできるかという観点から語られることが少なくない。「情報共有ツール」もその1つであるが、そうした議論はともすると専門的になりがちで、それがいかにより効率的で効果的な方法でできるかという「専門職主体」の視点からの議論が多くなる。例えば、「連携シート」を作成しようとしたとき、気づけば、それぞれの専門職がほしいと思う情報を盛り込みすぎてしまったということも起こりがちになる。

介護保険制度の地域支援事業として、2018（平成 30）年度からすべての市町村が「在宅医療・介護連携推進事業」を実施することとなった。そのため、厚生労働省は2017（平成 29）年 10 月に『在宅医療・介護連携推進事業の手引き』を改訂している[1]。そこでは、基本的な考え方として「医療・介護の関係団体が連携し、多職種協働により在宅医療・介護を一体的に提供できる体制を構築する」とされている。ここでも、まずは医療と介護を一体的、そして切れ目なく提供できるよう、医療・介護関係者の情報共有などを市町村が支援していくことが第一義的に目指されている。もちろん、それは「利用者（＝市民）のため」である。しかし、そうした議論が「専門職主体」のものに止まってしまえば、市民からすると、「医療と介護の連携」は「専門家たちが話している難しい問題」ととらえられがちとなるであろう。

一方、そもそも医療と介護が連携する目的は、改めて考えるまでもなく、「市民の願

図1 「専門職主体」と「市民主体」の融合による医療と介護の連携の意義

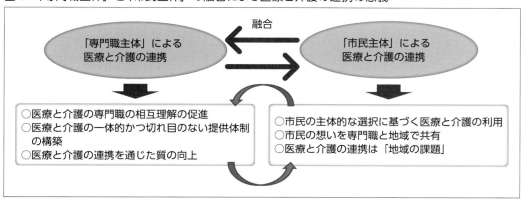

いを実現するため」である。そこで大切になる視点は、「市民主体」による医療と介護の連携である。それは、医療と介護の連携を専門職だけの議論にとどめず、「地域の課題」、つまりは「（そこに暮らす）市民にとっての課題」としてとらえ直し、それを広く地域で共有していくことに他ならない。

「専門職主体」と「市民主体」。それは、どちらか一方だけが正しいのではない。たとえ医療と介護の連携が「専門職主体」による議論から始まったとしても、それが徐々に「市民」に響く議論へと育っていければよい。むしろ、それこそが自然な議論の流れともいえる。そうしたなかで「専門職」と「市民」の両者のそれぞれの視点が少しずつ融合していけることが重要である。

2 『在宅療養ハンドブック』が伝える市民向けのメッセージ

東京都府中市が 2018（平成 30）年 3 月に発行した『在宅療養ハンドブック〜いつまでも住み慣れた府中でくらしたい〜』[2] は、市内の医療・介護の関係者から市民に向けた想いが込められたハンドブックである。府中市は 2013（平成 25）年度から医療と介護の連携の推進に取り組んできており、このハンドブックはその実践のこれまでの成果の 1 つとなっている。

その成果とは何か。それは冒頭に挙げた「医療と介護が連携する目的は、そもそも『市民の願い』を実現するためである」という視点を府中市で築きつつあるということである。それは、ハンドブックの最初のページに次のように記されている。

ハンドブックの最初のページは、「在宅療養って何ですか？」という問いかけから始まる。そして、それに対して、「『病気があっても住み慣れた自宅で暮らしたい』——この願いを実現するのが『在宅療養』です」と答えが続く。つまり、「在宅療養」は市民の何らかの想いを実現するための手段であることが最初に強調されている。その「何らかの想い」こそが本当は大切なはずである。

3 一人暮らしでも在宅療養はできるはず

さらに、ハンドブックのページをめくると、市民に向けたメッセージが次のように続けられている。

　ご本人は、『自宅で暮らしたいが、家族に迷惑をかけたくない』『ひとり暮らしで介護してくれる人がいないから無理』などと思うかもしれません。ご家族は、『私に介護なんてできるのか』『病状が急変したらどうすればよいのか』と不安をおぼえるかもしれません。

表1 『在宅療養ハンドブック』が紹介する3つの事例

	タイトル	プロフィール	在宅療養を必要とする要因
事例1	「ご自宅にお住まいの方が在宅療養を始めるケース」	Aさん／84歳／男性／ひとり暮らし	長年、糖尿病の治療を受けていたが、筋力の低下で通院が難しくなってしまった
事例2	「病院を退院して在宅療養を始めるケース」	Bさん／65歳／女性／現役で仕事をしている夫と息子の三人暮らし	脳梗塞で倒れて救急搬送される。治療・急性期リハビリが終了し、退院することになった
事例3	「ご自宅で最期まで暮らされたケース」	Cさん／87歳／女性／夫と死別／ひとり暮らし	末期がんが判明

これらは正に、「本人」と「家族」の双方にありがちな気持ちを表現している。そうした気持ちを紹介することで、市民一人ひとりがそれぞれの立場で感じる不安を受けとめようとしている。そして、ハンドブックでは、市民が「在宅療養」というものを実際にイメージできるよう、次の3つの事例を紹介している。

まず着目すべきは、事例1と事例3のプロフィールである。これらは2つとも「ひとり暮らし」の事例である。ハンドブックでは市民向けに在宅療養のイメージを伝えようとする3つの事例のうち、2つに「ひとり暮らし」の事例を用いている。さらに、事例2のプロフィールは「ひとり暮らし」ではないものの、夫が「現役で仕事をしている」という事例である。「介護のために仕事をやめなければならないだろうか…」という、そんな家族の不安にさえも答えようとしている。

これら3つの事例を通じてハンドブックが市民に向けて発しようとしているメッセージは何であろうか？　それは、「たとえ医療や介護が必要になっても、住み慣れた自宅で暮らし続けたい」という市民の願いを実現しようとするとき、多職種の専門職の力が発揮されるならば、必ずしも家族に大きな負担を強いることなく、在宅療養は成り立ちうるだろうというメッセージである。「できない訳ではないはずだ」という市民に向けた投げかけである。

地域において「できるかできないか」の限界値を上げていくことは、私たちが医療と介護の連携を推進しなければならない本来の意義と考えられる。

◢ 高齢単身世帯が地域に増えている現状を踏まえれば

ハンドブックが作成される少し前のこと。府中市が市民向けに開催した「在宅療養に関する講演会」の参加者アンケートでは、一人暮らしの高齢者の声が多く寄せられた。実際に、府中市内では、高齢者の単身世帯が増加している。『府中市高齢者保健福祉計画・介護保険事業計画（第7期）』[3]によると、府中市では、「高齢者のいる一般世帯」

は3万5674世帯である。さらに、その内訳は、「高齢者単身世帯」が1万1362世帯、「高齢者夫婦世帯」が1万195世帯、「3世代世帯」が2099世帯などとなっている。つまり、府中市では、「高齢者のいる一般世帯」の3割近くの31.8%が「高齢者単身世帯」である。これを10年間の推移でみると、「高齢者のいる一般世帯」そのものが10年間で1.32倍に増えているが、特に「高齢者単身世帯」はそれを上回るペースの1.55倍で増加している状況をうかがうことができる。

こうした実情を踏まえると、在宅療養の実現には「家族の負担は不可欠」ということを前提にしてしまえば、この先の多くの市民の願いはますます実現が難しくなってしまうことが容易に想像される。

5 「自宅で生活したい」と「家族に負担をかけたくない」の両方を満たすには？

一方、前述の計画（第7期）の作成にあたっては、市内の居宅サービス利用者に対して「今後生活したいところ」を尋ねるアンケートが行われている。そこでは、次の3つが挙げられている。

① 「家族などの介護を受けながら自宅で生活したい」（37.1%）
② 「介護保険の居宅サービスを受けながら自宅で生活したい」（32.0%）
③ 「自宅ではなく、施設等で生活するのがよい」（19.4%）

まずは、①と②の2つはいずれも「自宅で生活したい」という想いであり、それが「家族による」「介護サービスによる」に分かれている。そして、この2つは、ほぼ拮抗して同じ割合の市民ニーズとなっている。

さらに、①～③の3つの「想い」を2つずつに組み合わせてみてみると、①と②が「自宅で生活したい」という想いであり、②と③は「家族に負担をかけたくない（または家族がいない）」という想いになる。

つまり、①と②を足した7割のニーズとして「何らかの方法により自宅で暮らし続けたい」と思う一方、②と③を足した半数以上のニーズとして「家族に負担をかけたくない」という想いをみることができる。こうした市民の「今」の想いは、市民が得たどのような知識が根拠となっていて、そして、どのような条件があれば、どのように変わっていくのかを身近な地域で考えていくことが必要である。そのために、地域の実情として「今の市民ニーズ」「実現のための課題」をそれぞれ可視化していくことが大切になる。

そこで、前述の3つの想いを図にしてみると、**図2**のようになる。すると、これら2

図2　市民が今後暮らしたいところ

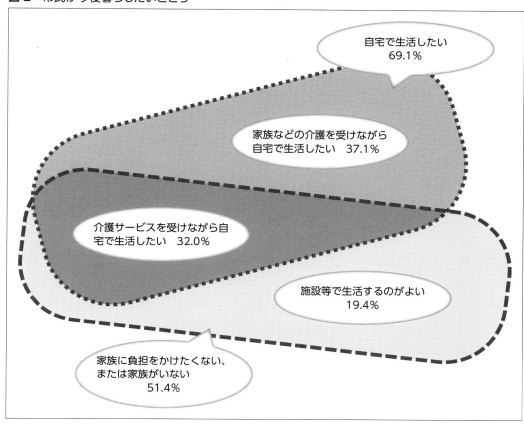

つの想いの接着点、つまり、両方に共通する領域には、「介護サービスを受けながら自宅で生活したい」があるということがわかる。したがって、この領域を広げることが市民の想いを実現へと近づける可能性につながると考えられる。

2 市が設置する「府中市在宅医療・介護連携会議」で顔の見える関係へ

1 相互理解をすすめるには、まずは音頭を取る場が必要

府中市では 2013（平成 25）年度に東京都の包括補助制度を活用し、医療・保健・介護の関係者等から構成する「在宅療養環境整備推進協議会」（所管：府中市福祉保健部高齢者支援課）を設置した。その 3 年間にわたる検討を通じて、次の 5 つに取り組んできた。

①地域包括支援センターを在宅療養の相談窓口として周知する

②在宅療養のための市内の地域資源を把握し、医療機関連携ガイドを作成する

③在宅療養を支える医療・介護関係者の顔の見える関係づくりをすすめる

④多職種参加の研修会を開催する

⑤市民講演会などの市民啓発をすすめる

さらに、その成果を引き継ぎ、2016（平成28）年度からは、介護保険制度における地域支援事業の「在宅医療・介護連携推進事業」による取り組みとして「府中市在宅医療・介護連携会議」（所管：府中市福祉保健部高齢者支援課）を設置し、引き続きの取り組みをすすめている。

府中市の場合、そもそも医療と介護の連携を推進する協議体を設置する取り組みを始めるきっかけは、医療と介護の相互理解をすすめる必要性が実際にあったからであった。それは、介護保険制度が定着してきた頃のこと。当時の在宅介護支援センターで増えたのが病院からの「明日、退院します」という相談であった。しかし、本人と家族に在宅療養のイメージがないままの「明日」では、受け入れる地域が十分なケアを検討し準備することはできない。そこで始めたのが、当時の基幹型在宅介護支援センターの保健師の呼びかけによる、病院の医療ソーシャルワーカーと在宅介護支援センターが情報交換する場づくりであった。

そうした取り組みを積み重ねることによって、「明日、退院します」というケースは府中市では以前に比べて激減した。やはり相互理解をすすめるには音頭を取る存在が必要である。そうした想いからその音頭役を市が担うこととし、そこで「在宅療養環境整備推進協議会」が設置され、特に「顔の見える関係づくり」を大切にした取り組みが始まっていった。

2 医療と介護の専門職による協議の場に市民からの委員が参加

府中市の「在宅療養環境整備推進協議会」とそれを引き継いだ「府中市在宅医療・介護連携会議」のもう1つの大切な特徴は、医療や介護の関係者とともに、「市民」という立場の委員が位置づけられていることである。こうした協議体では、どうしても医療関係者と介護関係者による専門的な議論になりがちになる。しかし、議論の途中、座長からの適切な振りで市民委員から「わからない」と言われてしまうと、協議には非常によい意味での緊張感が得られる。

それは「この議論は、市民のために行っているものである」と気づかされる瞬間である。例えば、「それではわからない。市民にはわかりやすくもっと具体例を挙げて知らせてほしい」といった意見。専門職のなかでの市民委員からのそうした指摘の積み重ねが「市民主体」に向けた取り組みに活かされてきている。

❸ 市民の想いがこめられた物語だからこそ共感を生む事例

　ところで、現代社会は情報を有効かつ効率的に取り扱うツールが発展する一方、個人情報の保護が大切にされる時代となっている。そうしたなか、府中市では多職種協働の研修においても個人情報に配慮しながら「事例」を通じ、医療と介護の多職種が互いの役割や専門性について共通認識を高める取り組みを行っている。

　「事例」を大切にする意義は何だろうか。例えば、次のような事例があるとする。「医師は医療的な見地からは在宅での療養は難しいと判断し、在宅の看護や介護に携わる専門職たちも『そう判断するのもやむをえないだろうな……』と感じていた」という事例。ところが、「本人や家族の想い」が専門職の間で十分、共有されるようになると、時として、その想いに対して専門職の立場からも「共感」が生まれることは少なくない。そもそも課題を解決する主体は専門職ではなく、本人や家族である。専門職は本人や家族による問題解決を支援する立場であるということを改めて考えれば、本人や家族の想いへの共感を受けとめられる専門職でありたいと思う。それは「流される」という意味ではない。「本人や家族の想い」を知り、「本人や家族」の願いを「無理だ」と決めつけず、そのためにできることを冷静に考えることである。

　府中市以外のある自治体で出会った医療ソーシャルワーカーは、「（連携シートの欄に設けた）『本人の想い』を文字にして関係者で共有すると、それは、極めて重みを感じるものになる」と語っていた。専門職の支援に限界は当然に存在するものの、地域におけるその限界値をじわじわと上げる実践に挑戦していくことこそが「市民一人ひとりの願い」の実現に近づく一歩となる。

　そもそも「市民の願い」の根っこそのものには、市民一人ひとりが歩んできた人生という「物語」がある。だからこそ、医療と介護の連携では、「それまでにどのように暮らしていたのか」は常に重視されなければならない。そこでは、特に福祉職（介護職）がその力を発揮するべきである。なぜならば、福祉職（介護職）ならではの視点には「目の前にあることに対応しつつも、それまでの暮らしにあった『その人らしさ』の連続性に心を配るとともに、『先行きを見据えた支援』を組み立てることができる」というものがあるはずだからである。

　さらに、地域において在宅療養の実現が十分にできるかどうか。それは専門職だけが考えればよい問題ではない。専門職はその課題をわかりやすく市民に広く伝えていくことが必要である。その際、市民の共感を生むために有効になるもの、それが「事例」と考えられる。同じ市民の物語だからこそ共感でき、それによって市民は実はそれが自分たちの問題であることに気づくことができる。そういったことから、冒頭のハンドブックの事例は、市民に在宅療養のイメージを普及啓発するという役割にとどまらず、「事例」を前面に出すことで、市民とともに「地域の課題である」という課題意識を共有し

ようとすることにつながっていくといえる。

3 ｜ 市町村が医療と介護の連携を推進する意義

1 市町村が医療と介護の連携を推進するのは、それが市民のためになるから

冒頭に挙げた介護保険制度の地域支援事業の1つである「在宅医療・介護連携推進事業」は、2018（平成30）年度からはすべての市町村で実施されている。各市町村には、原則として同事業の①地域の医療・介護の資源の把握、②在宅医療・介護連携の課題の抽出と対応策の検討、③切れ目のない在宅医療と在宅介護の提供体制の構築推進、④医療・介護関係者の情報共有の支援、⑤在宅医療・介護連携に関する相談支援、⑥医療・介護関係者の研修、⑦地域住民への普及啓発、⑧在宅医療・介護連携に関する関係市区町村の連携、の8つの事業項目を実施することが求められている。

市町村がこの事業を実施する意義は何であろうか。医療と介護の連携の長年の歴史を振り返ると、例えば、保健師がとりもち役として活躍してきたことも少なくない。そう考えると、やはり異なる専門職の間に市町村という公的な立場が入ることは効果がありそうである。実際に、市町村の名前で情報共有シートの活用を促進することで連携がうまくすすんでいる事例も各地に存在する。

そして、何よりも「医療と介護の連携を推進することは市民のためになるから」ということが市町村が関わる意味である。そうであるからこそ、市町村には、常に「市民の想いが今どこにあるか」を把握し続けていくことが求められてくるはずである。

2 在宅療養の限界値を高めるためにこそ必要な「連携の現在地」の確認

さらに、自治体である市町村に求められる大切な役割がもう1つある。それは、地域において（在宅療養の）限界値を上げていくために、前述の「市民のニーズ」とともに市内にある社会資源の「現在地」を可視化し続けていくことである。それはつまり、市内の医療と介護の社会資源が今、どのような状況にあるかを定期的に把握し続けることである。

医療と介護の社会資源の情報を集め、関係者や市民に共有する取り組みは多くの自治体で行われているが、それを定期的に把握するとともに、その現状を分析し、「連携の現在地」として刻みながら、その先へとすすむための課題が何かを明確にしていくことが大切である。府中市でも、「在宅医療・介護連携会議」の役割として「在宅医療・介護の連携の現状把握及び課題抽出」を位置づけ、実際に「地域の医療・介護サービスの資源把握」を定期的に行う取り組みが積み重ねられてきている。

図3　医療と介護の連携における2つの「市民」視点

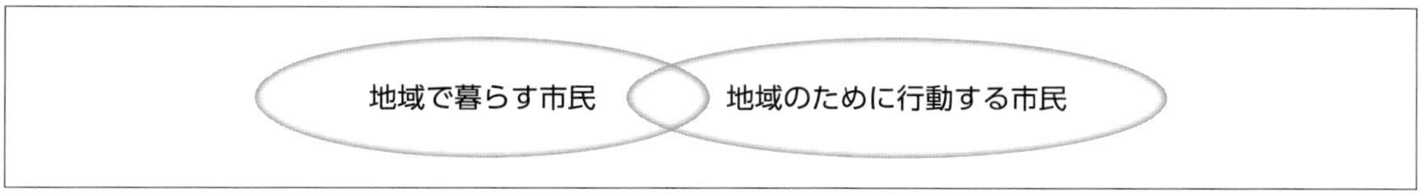

❸ 「市民主体」における2つの「市民」視点…それは「暮らす」「行動する」

　「市民主体」による医療と介護の連携を推進していくにあたって、「市民」を、次の2つの視点でとらえることが必要である。

　1つめは、これまでに述べてきたとおり、「地域で暮らす市民」の視点である。そして、もう1つは、「地域のために行動する市民」を支えていく視点である。そうした「市民」の行動の形もまた多様であり、インフォーマルに市民が「地域の担い手」として地域を支えてくれることもあれば、「専門職」もまた、地域にとっての大切な人材である。地域のなかで地域の医療・介護を担う人材が積極的に活躍できているか、やりがいをもって従事できているかどうか。市町村には、そのための基盤づくりをすすめなければならないという視点からも医療と介護の連携を推進する意義があるといえる。

4 専門職たち自身による市民向けの取り組み ——「ひと・生活・医療フェスタ」

　これまでに府中市の自治体としての取り組みについて紹介してきた。ほかにも、府中市内には、医療・介護の従事者が自ら率先して積み重ねてきている取り組みがある。それは、府中市が協力し、市内の医療・介護従事者の有志が2014（平成26）年度から毎年、開催している「ひと・生活・医療フェスタ」である。これは市民向けに医療と介護をわかりやすく体験型で伝えようとするフェスタであり、フェスタを周知するチラシを有志が手分けして市内の小中学校へ届けに行き配布を依頼するといった地道な取り組みを通じて、今やフェスタは800人近くの親子連れが参加するイベントへと成長してきている。

　特徴の1つめは、フェスタを医療・介護の従事者たちが手づくりでつくりあげてきている、その内容である。会場に設けられた各ブースでは医療と介護の関係者は模擬的な現場を用意し、市民向けに情報を発信している。例えば、医療の「手術を体験」というブースでは「手術」を術前のカンファレンスから模擬で行い、実は1つの手術には多くの職種が関わっていることを体験してもらう。一方、介護の場合には、どう体験してもらえるかが難しい。試行錯誤のなか、「介護」を体験するブースでは、例えば、リフトに乗る体験の際に、介護職が体験する子どもに話しかけ、足が地面から離れたときに感

じたこわさなどを確認するなど、体験を通じて子どもたちが自ら感じて学んでくれるように工夫が凝らされている。市民向けの普及啓発によくある「講演会」はすでに関心をもっている市民が来てくれるものだが、こうした体験型のフェスタでは、市民の興味や関心をいかに引き出すかが重要なものとなる。

そして、もう1つの特徴は、こうした場づくりこそが、結果として専門職に「市民に医療や介護のことを伝える力が高まる」ということである。特に「介護」は利用者にとって必要となってから初めて知ることが多く、そういった市民に対して「介護」をわかりやすく伝えるのは非常に重要な課題である。言葉で説明しようとすると、サービス内容を説明することになってしまう。だからこそ、市民が主体的に医療や介護の連携を身近な自らの課題としてとらえていくためには、やはり身近な地域で専門職が顔の見える関係のなかで市民に対してわかりやすく情報を発信していくことが必要になる。

5 | まとめ

例えば、私たちの暮らしのなかでありがちなできごと。よく挨拶をしていた近所の高齢者の姿を最近は見ないと思っていたら、その家の取り壊しが始まった。それは仕方がないこととして、私たちの暮らしのなかで日々は続いていく。しかし、地域共生社会の実現が目指され、人と人が互いに、そして、ともに暮らす地域のことに関心をもってつながっていく地域福祉をすすめていこうとするうえで、それは「仕方がない」でよいのだろうか。

医療と介護が連携する目的。それは、「市民の願いを実現するため」である。私たちが暮らす地域はどんな地域であってほしいか。改めて考えると、「市民主体」による医療と介護の連携は、医療と介護の連携を専門家同士の問題ではなく、「地域の課題」、つまり「市民にとっての課題」としてとらえ直して地域で共有していくことに他ならない。

図4　地域における医療と介護の連携ステージ

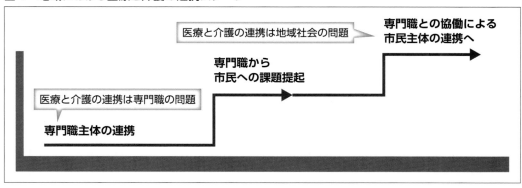

その際、市民に期待される役割は何であろう。そもそも「役割」という言葉はなじまないのかもしれない。専門職だけでは地域における在宅療養の「限界値」を高めることはしきれない。「どうすれば私たちの暮らす地域でそれができるか」を専門職と市民が同じ視点でともに考えることがその出発点になると考えられる。**図4**では医療と介護の連携のステージは「専門職主体の連携」に始まり、「専門職から市民への課題提起」を経ることで、その先のステージへとさらにすすんでいくことができるイメージで表現してみた。

　図4に示したように、「医療と介護の連携」の議論が成熟した先は、専門職との協働を通じて「市民主体で考えることのできるステージ」へとたどり着いていくことが望まれる。そのステージでは「医療と介護の連携は、私たちが暮らす地域社会の問題である」ということがとらえ直されることであろう。それが「市民主体」で考える医療と介護の連携に他ならない。

文献

1）『在宅医療・介護連携推進事業の手引き　Ver.2』（2017年10月25日　厚生労働省老健局老人保健課）
2）『在宅療養ハンドブック』（2018年3月　府中市福祉保健部高齢者支援課）
3）府中市『府中市高齢者保健福祉計画・介護保険事業計画（第7期）』2018.

第 8 章

自殺ハイリスク者を対象とした「アウトリーチ型こころのケアチーム」の取り組み
～三重県津市の実践報告から～

要旨

　自殺ハイリスク者には、過去の自殺未遂歴及び精神疾患の既往のある者が多く含まれるとされている。「アウトリーチ型こころのケアチーム」では、自殺未遂を起こした若者に対して、24 時間以内にコンタクトを取り、アセスメントを行う。支援の方向性については、チームカンファレンスにおいて多職種で検討する。その後必要に応じて、対象者の夢や希望を重視したケースマネジメント[注1]に基づく支援を開始する。さらに、地域において継続的な見守りができるような支援体制へとつなげていく。

　このチームの危機介入から見守りまでの支援経過を紹介し、その促進や阻害要因の分析を行う。

🔑 キーワード

自殺ハイリスク者　ケースマネジメント　チームカンファレンス
アウトリーチ支援

基本情報

> **■三重県中勢伊賀保健医療圏**
> 　構成市：津市、伊賀市、名張市
> 　人　口：461,354 人
> 　面　積：1,399㎢
>
> **■三重県立こころの医療センター**
> 　348 床（精神科救急病棟、精神科急性期病棟、認知症疾患センター、アルコール病棟、ハイケア病棟、精神科療養病棟、リカバリー病棟）

1 自殺ハイリスク者とは

わが国では、2011（平成 23）年までの 14 年間にわたり、年間自殺者数が 3 万人の高い水準で推移していた。2010（平成 22）年以降は減少を続けており、2018（平成 30）年の自殺者数は 2 万 840 人であった[2]。

その一方で、わが国における若者の自殺は深刻な状況にある。年代別の死因順位をみると、10 〜 39 歳の各年代の死因の第 1 位は自殺となっており、男女別でみると、男性では 10 〜 44 歳、女性では 15 〜 29 歳の若い世代で死因の第 1 位が自殺になっている。こうした状況は国際的にみても深刻であり、日本では、10 〜 39 歳の若い世代で死因の第 1 位が自殺になっている。その死亡率も他の国と比べて高いものになっている[3]。

「過去の自殺未遂歴」は最も重要な自殺の危険因子と考えられており、自殺企図歴のある者の自殺リスクは一般人に比べて 38 倍高くなるという報告がある[4]。自殺企図者の 80％は精神疾患に罹患しているといわれており、また、精神保健問題を抱える当事者及びその家族等は、精神症状による生きづらさを原因とする、生活や人生におけるさまざまな困難さに遭遇している。それらの問題の解決が図られない限り、再び自殺企図に及ぶリスクは高いと考えられる。そうした問題が深刻であればあるほど、すなわちサービスの必要性が高いほど、サービスが届きにくい状況に陥りやすく、その結果、地域での孤立、状況のいっそうの悪化といった、自殺関連問題が発生している。

これらのことから、自殺未遂歴、精神疾患の既往のある者が、自殺ハイリスク者であることが考えられる。さらにリスク因子として、生活困窮などの生活問題を抱えていることや相談相手などのサポートがないこと、若い世代であることなどが挙げられる。

自殺に関わる言葉の定義にはさまざまなものがあるが、本章では「自らが死を念頭におこなう行動」を「自殺企図」、その結果として死に至ったものを「自殺既遂」、命が助かったものを「自殺未遂」という。「希死念慮」とは、死にたい気持ちが強くなることである。

2 「アウトリーチ型こころのケアチーム」の取り組み

1 アウトリーチ型こころのケアチームとは

自殺既遂の周辺には、それをはるかに上回る自殺未遂者、自殺関連行動が存在し、多くの若者がそれらを体験しているという調査がある。

そこで、三重県津市にある県立こころの医療センターでは、自殺ハイリスク者といえる自殺未遂を起こした若者に対して、効果的な支援ができるように、ユース・メンタルサポートセンター内にアウトリーチ型のチームを 2012（平成 24）年に立ち上げた。

ユース・メンタルサポートセンターは、若者の精神保健支援のためにあり、精神保健上の困りごとを早期に相談できることが、メンタルヘルスの向上と自殺予防につながると考えている。

ユース・メンタルサポートセンターは、医師、看護師、精神保健福祉士、臨床心理技術者、作業療法士、薬剤師、栄養士などが、ケースマネジメントの手法を駆使しながら支援を行う。例えば、希死念慮がある場合など自殺リスクの高い相談については、危機介入から本人や家族の希望を大切にした回復までの見守りを地域の機関と連携しながら行う。

なかでも、自殺未遂を起こした事例では、「アウトリーチ型こころのケアチーム（以下、こころのケアチーム）」が、24時間以内に本人とコンタクトを取る。こころのケアチームのコアメンバーは、4名（看護師、臨床心理技術者、精神保健福祉士2名（うち1名は筆者））であり、コアメンバーは輪番で、緊急時用連絡携帯電話を所持する。緊急時用連絡携帯電話の電話番号は、連携医療機関、教育委員会、警察などに伝えている。例えば、救急救命センターに搬送され、緊急時用連絡携帯電話に連絡が入り、コアメンバーが駆けつけた際には、アセスメントを行い、支援の方向性についてチームカンファレンスで検討する。アセスメントでは、対象者の基本的情報や精神疾患の有無、自殺に至った動機、現在の希死念慮について、本人から聴き取りを行う。その後必要に応じて、個別性を重視したケースマネジメントに基づく支援を開始する。そして、地域に

図1　アウトリーチ型こころのケアチームの支援の流れ

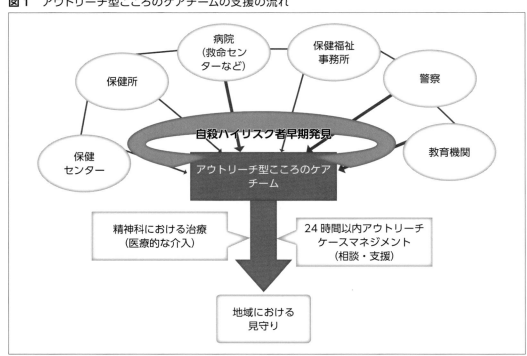

おいて継続的な見守りができるような支援体制づくりを行う。

　図1は、こころのケアチームの支援の流れを示したものである。救命センターなどの連携医療機関や学校及び教育委員会などの教育機関、警察だけでなく、保健所や精神保健福祉センターからも情報を得る。24時間以内のアウトリーチによるアセスメントから、必要に応じて精神科医師の診察（医療的介入）へとつなぎ、ケースマネジメントを活かした相談・支援を行っていく。そこから、地域の見守りへとつなげていくことになる。

2 事例

①事例の概要

　X年4月下旬、三重県内のA高校2年生（女子）Sは、A高校の校舎5階から飛び降り自殺を図った。

　本事例の公開に関しては、本人及び保護者から了承をもらい、同意書を交しているが、個人の特定を防ぐため、内容に差し障りのない範囲内で加工している。

②事例の経過

(1)　相談に至る経過と初回面接（インテーク）

　X年5月7日、A高校の養護教諭より、筆者あてに電話が入り、A高校の2年生女子が10日程前に、校舎5階から飛び降り自殺を図ったとのことであった。高校近くの総合病院に救急搬送され、外科的治療を終えて、5月3日に退院していた。

　本来であれば、自殺企図から24時間以内に駆けつけるべきところ、本事例は第一報の時点ですでに12日が経過していた。

　筆者は取り急ぎ、Sの母親に電話を入れて、Sの様子と支援の必要性について検討した。早急に支援を開始した方が良いと判断し、翌々日のX年5月9日にSとSの母親が来所して初回面接を行うことになった。さらに同日、母親の許可を得て、A高校のSの担任教諭から、自殺企図時の状況とSの性格や学校での様子などについて聴き取りを行った。

　X年5月9日、筆者の勤務する精神科病院の相談室において、Sと2人で面接を行った。まず、はじめは部活動（美術部）でどんな絵を描いているのかなど尋ねる。少し緊張がほぐれたところで、今回の自殺企図について触れる。何よりもSが助かって良かったこと、そしてお母さんがどれほど心配をしていたかを告げる。一呼吸置いてから、「なぜ、死のうと思ったの？」と尋ねた。その質問のあと、Sは号泣した。これまで、医療関係者（総合病院の救命救急センターや整形外科病棟のスタッフ）は、腫れ物に触るかのごとくSに接し、学校関係者はSに反省を促したという。正面から向き

合ってくれたのは、自殺企図後、今が初めてだという。

　自殺に至る経緯は以下のとおりである（本人の言葉による）。

　「4月から紺色のソックスを履いてもいいことになったが、お母さんに買って欲しいと言えなかった（うちは貧乏だから）。ほとんどの子が紺色のソックスを履いている。私だけ白いソックスで登校していたら、笑われた。教室に入ってから友人に『ソックスのことで笑われた。ムカつく！』と言ったら、『ふ──ん』と言われた。余計に頭に来た。『絶対に死のう。死ぬしかない』と思った。数学の時間に死ぬ方法をずっと考えた。次の教室は移動なので、移動先の教室で飛び降りることに決めた。……お母さん、泣くかな」

(2)　アセスメント

　高校の担任教諭によると、飛び降りた場所は15メートル程度の高さがあり、たまたま花壇に引っかかったので大事には至らなかったが、命を落としていた可能性も十分にあったとのことである。また、Sは、高校1年生の頃から1人でいることが多かった。夢野久作の『ドグラ・マグラ』が好きと言い、クラスでは浮いた存在だった。

　両親は離婚しており母子家庭であるが、母親のことは大好きだという。しかし、母親と姉は韓流ドラマが好きで、2人でいつも盛り上がっている。Sは韓流ドラマが好きではなく、話も合わないので、母親に嫌われていると思い込んでいる。姉とは喧嘩ばかりしているという。

　学校側の見立てどおり、余程の覚悟がなければ飛び降りることができない高さから飛び降りている（筆者も実際に現場で確認をした）。しかし、一方で本人の話によると、思い詰めた末というよりも、衝動的に行動しているように感じた。

　現在の死にたい気持ちを確認したところ、「寝る前に嫌なことが浮かぶ……つらくなる」と話し、静かに涙を流していた。

　自殺の動機として、今回はソックスの色がきっかけとなったが、背景には、家でも学校でもしっくりこない、友人と上手くいかない、具体的なトラブルはないが中学校の頃から友人と会話が噛み合わない、相談できる人もいない、といったことなどが考えられる。また何かのきっかけで、今回のような衝動に突き動かされる危険性も考えられるため、精神科医による診察と発達障害の検査の必要性が、チームカンファレンスにおいて話し合われた。

　さらに、現在在籍しているA高校へ戻ることが適切かどうか、Sの将来や希望を見据えての検討や、現在の環境を調整する必要があることについても確認された。

(3) プランニング

　筆者がケースマネジャーになり、3〜4週間に一度の精神科医の診察及び臨床心理技術者の面接に、いずれも同席することになる。ただし、支援期間は3か月間を目途とすることにした。

　今後、落ち着いた生活を継続させるために、転校も視野に入れてプランを立てる。転校できそうな高校を調べて、見学に行ってみることにする。また、将来、なにをやりたいのか具体的に考えることなどを計画した。

(4) 支援の経過

　精神科医は、Sとの診察のなかで、気持ちの揺れはないか、精神的に落ち着いているかどうか診ていった。臨床心理技術者は、心理検査の結果から、Sの苦手なことや考え方の癖などを本人に伝え、対処方法を一緒に考えた。

　ケースマネジャー（筆者）は、診察や面接の様子を踏まえ、現在在籍している高校と情報共有を行い、今後の方針について話し合いを進めた。A高校は相変わらず、Sの反省を促し謝罪を求めていた。

　X年6月上旬には通信制のB高校へ見学に行き、校則が自由で通学は月に2回であることなど、喜々とした表情で報告を受ける。

　X年6月25日の診察後、A高校へ向かい、校長室にてS、母親、学校長、教頭、学年主任、担任、臨床心理技術者（こころのケアチーム）、ケースマネジャー（こころのケアチーム・筆者）でカンファレンスを行う。冒頭、Sと母親が立ち上がり、「ご迷惑をおかけして、申し訳ありませんでした。今はだいぶ落ち着いています」と発する。その後、母親が「いろいろ考えて、A高校へ戻りたい気持ちはありましたが、ご迷惑をおかけしたことや、本人も戻りづらいというのもあって、B高校（通信制）へ転校させていただきたいと思います」と述べる。Sと母親は再度謝罪をした。学校側は「本人が決めたことであれば……」とか、「どこへ行っても、頑張れば同じ」などを繰り返し、淡々と荷物の整理や転校の事務手続きなどを進めた。Sは、美術部の人たちには挨拶がしたいと言ったが、学校側はほとんど取り合わず、荷物だけを運びこんだ。X年6月30日付けでA高校を自主退学となり、7月1日にB高校へ転入することになった。

(5) 地域による見守りへ

　Sの居住するM市の健康福祉課とSについて協議する機会があり、X年7月5日、担当職員が来所した。これまでの経緯について情報共有し、今後の見守り方について話し合った。Sの特性から、衝動的に希死念慮を誘発してしまう可能性があること、その予防のためには、孤立やイライラなどのサインを早めにキャッチする必要があり、地域

における見守りのなかで変化を感じた場合は、迷わず連絡をして欲しいと伝えた。また、S本人だけでなく、母親や姉の様子も見守って欲しいと伝えた。

　X年9月24日、2か月ぶりにSと母親が来所する。新しい学校では友人ができて、Sの家に泊まりにきたりしている。今の学校は、思ったことを口に出せる。友人や先生にも言いたいことが言えるオープンな雰囲気なので、気持ちが明るくなったとのことであった。夏休み中は、旅館でアルバイトをした。アルバイトの初給料で購入したという菓子をケースマネジャー（筆者）と臨床心理技術者に渡してくれた。

　大学では考古学をやりたい。いろいろなことが吹っ切れた、と話し、こころのケアチームの支援は終結となる。

③事例を通して

(1)　危機介入から見守りまでの促進要因について

　危機介入から見守りまでの促進要因については、**表1**に記した。A高校とはすでに他ケースを通じて関係性ができており、学校長からの信頼も得られていた。このような関係性が促進要因の1つになったと考える。次に、ケースマネジメントとは、対象者の機能を最大限発揮して健康的に過ごすことを目的として、さまざまな支援ネットワークを調整していくことである。何よりも対象者の立場に立ち、夢や希望を尊重することが大事である。本事例の場合、A高校に戻るメリットも考慮しながら、B高校へ転校したほうが"自分らしく生活できる"ことを、S自らが決断した。チームによる支援については、医師や臨床心理技術者がそれぞれの専門的な立場からSに関わり、チームカンファレンスのなかで、さらに拡大した多職種の意見を聴き、支援の方向性を決めていった。そして本事例では何よりも、Sの気持ちに寄り添うことができたことが一番大きい

表1　危機介入から見守りまでの促進要因

促進要因	理由
A高校との関係性 ・第一報はA高校から ・担任教諭も協力的	A高校の管理職及び養護教諭とは、すでに他ケースにおいて関わりがあり、関係性ができていた。
Sへの対応 ・Sの気持ちに寄り添う ・自殺に至った経緯の詳細 ・希望どおり転校へと進める	Sと正面から向き合うことによって、「あなたを心配している」というメッセージが伝わった。 ケースマネジメントを使ったアセスメント、プランニングができた。
チームによる稼動 ・医師、看護師、臨床心理技術者、精神保健福祉士などによるチーム	多職種による連携体制がすでにできていた。 チームカンファレンスが有効に行えた。
地域における見守り体制 ・地域における継続的な見守り	地域の担当者に引き継ぐことができた。

であろう。医療機関や学校から不適切な対応を受けたＳは、半ば自暴自棄になっていた。担任教諭に反抗的な態度で接したこともあり、担任は一層「反省が足りない」と口にするようになった。しかし、ケースマネジャー（筆者）の「なぜ、死のうと思ったの？」の一言で、頑なな態度は一変した。ストレートに尋ねられることによって、「この人は自分の追い詰められた気持ちに向き合おうとしてくれている」と感じ、支援者の真摯な態度を受けとめ、信頼関係の構築につながったと思う。

　また、抱えていた心理社会的な問題に関して、地域の支援に引き継がれたことの意味は大きい。ケースマネジメント終結後も、自殺の危機が迫った場合や大きな問題が生じた場合は、連絡をしてもらうように伝えていることからも、継続的な支援が可能になった。

⑵　危機介入から見守りまでの阻害要因について

　危機介入から見守りまでの阻害要因について、**表2**に記した。まずは、初動の遅れであり、結果的にアウトリーチによる支援も行えなかった。本人、家族、関係者と対面しているとはいえ、アウトリーチ支援のメリットである"生活の匂い"を知ることは叶わなかった。初動が遅れた理由は、**表2**に示したとおりであるが、24時間以内の初期アセスメントの限界を感じる事例であった。先述したように、救急搬送先の医療機関や、Ａ高校における不適切な対応によって、Ｓはさらに傷つけられることになる。しかし、医療機関や学校に個別の問題があるわけではなく、自殺未遂者の対応方法について周知されていないことが原因であると考える。国連は、国をあげての自殺予防の取り組みに必要な要素として、「自殺の危険性の高い人々を対象とした自殺予防の取り組み（ゲートキーパーの養成）」を挙げている[5]。そして、主要なゲートキーパーは、プライマリーヘルスケアの従事者、救急救命サービス従事者、教師及び教育機関職員などであ

表2　危機介入から見守りまでの阻害要因

阻害要因	理由
初動の遅れ ・第一報の時点で12日が経過 ・アウトリーチによる支援ができない	救急搬送先の病院から連絡がなかった（連携医療機関以外／エリア外）。 大型連休中で学校が休み。
Ｓに対する不適切な対応 ・救急搬送先では腫れ物に触るようなあつかい ・学校では問題児あつかい	自殺未遂者の対応方法が周知されていない。
衝動的な行動 ・ささいなきっかけで自殺企図	若者特有、個人の特性によるもの。
複数の自殺動機 ・家庭や学校における不全感	家庭でも学校でもしっくりこない、相談できる人もいないといった背景。

ると記している。ゲートキーパーと成りうる専門職だけでなく、広く一般にも自殺予防の取り組みのなかで、自殺未遂者への対応方法を啓発していく必要があろう。自殺企図までの衝動的な行動や、複数の動機については、ケースマネジメントを使い対象者の個別性に配慮し、地域のなかで継続的に自律性やセルフケア能力を涵養し、見守っていくことが重要であると考える[6]。

3 | ACTION-J の取り組み

　ACTION-J とは、厚生労働省の戦略研究であり、「自殺企図の再発防止に対する複合的ケースマネジメントの効果：多施設協働による無作為化比較研究」のことである。

　ACTION-J の実施施設は、「精神科と救命救急センターが密接に連携しながら診療にあたる施設」であり、対象者は、医療機関の救急医療部門に入院した自殺未遂者である。支援内容は、自殺未遂者に対して救急搬送直後から心理的危機介入を行い、精確な精神医学的評価と心理社会的評価を実施し、その後の心理教育等のケースマネジメント介入を行うというものである。ACTION-J の目的は、救急医療部門に入院した自殺未遂者の自殺再企図を予防することである[7]。

　そのためのケースマネジメントは、患者及び家族に対して、救急医療部門入院中に行う初回面接と、その後継続的に行う定期面接の2つで構成される。まず、ケースマネジャーは、患者が救急医療部門へ入院した直後から、患者の情報を多方面から収集する。そして、初回面接において本人やその家族と直接対話をしながら、自殺企図の背景にある問題をアセスメントし、その後の支援計画を立案する。定期面接は、初回面接後1週間目、4週間目、以降は1か月に1回、6か月を目途に実施する。入院が長期化している場合は、定期面接を入院中に実施する。また、ケースマネジャーは、毎回の面接内容を自施設の精神科担当医と共有し、適切な指示を受けながら進める。

　このように構造化された枠組みのなかでのケースマネジメント介入は、患者個々の社会的背景、医学的背景に配慮し、個別性の高い支援を行うことにつながる。また、80％以上の患者に精神疾患が存在することが明らかとなり、精神科チームによる初期介入が必要であることが理解された。同時に、精神疾患の治療導入と自殺企図の動機に関するソーシャルワークの重要性も改めて理解されるところとなった。ケースマネジメント介入を実施した患者の予後調査では、自殺再企図の頻度が抑止されていることが示唆された[8]。

　ACTION-J の取り組みでは、自殺未遂者を救急医療から地域へとつなげるためのチーム医療の重要性が明らかにされた。救急救命チームと精神科チームの連携、精神科医と看護師、作業療法士、精神保健福祉士、臨床心理技術者、社会福祉士などの連携に

よるリエゾンチーム、そしてこれらのチームが一体となって、自殺未遂者を地域資源につなげるケースマネジメントの介入の体制整備の重要性が明らかにされている。

4 │ 自殺予防における見守りネットワーク

自殺未遂者の見守りネットワークに関する要点を、**図2**にまとめた。

自殺未遂者への対応のなかで、自殺のことを話題にすると、自殺の後押しをしてしまうのではないかと考える場合があるが、それは誤解であり、俗説である。WHOは、支援者が自殺について話をすることで、自殺行動が引き起こされることはないとし、「実際には、その人の情動やストレスによって引き起こされた状態の正常化が、自殺念慮軽減のための必須の要素である」としている。つまり、その人の気持ちを受けとめ対応することや、生活状況における課題を解決したり、軽減したりすることによってはじめて、自殺の願望や企図がなくなっていくとしている。自殺の話題を避けたり、刺激を与えないようにしたりするのではなく、真摯な態度で自殺と向き合うことが、再企図の予防になりうるのである。具体的な関わりとしては、徹底して聞き役に回る「傾聴」が大事であり、自殺したい気持ちに共感することが求められる。それには受容的な態度で、訴えを全身で聴くことが重要である。そして、これらの対応方法は、広く一般に周知していく必要がある。

ACTION-Jのように、「精神科と救命救急センターが密接に連携しながら診療にあたる施設」が当たり前に存在しているとは限らない。「こころのケアチーム」は、自施設

図2　自殺未遂者の見守りネットワーク

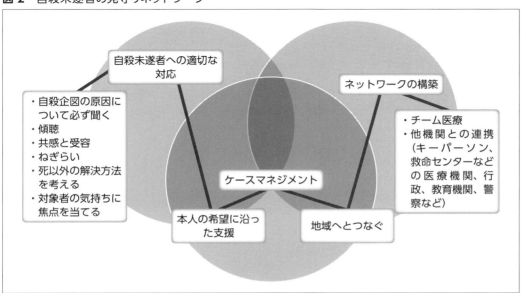

以外の医療機関と連携することを前提に立ち上げられた。しかし、それぞれの施設や職種によって、自殺未遂者への関わり方、関わる視点及び内容が異なるといったことが考えられ、一層コミュニケーションを密にする必要があろう。また、「こころのケアチーム」は、他機関から情報を得るための体制づくりが肝要になる。これは、自殺予防のためのネットワークでもあるが、自殺未遂者を地域で継続的に見守るためのネットワークでもある。

　自殺未遂者は、さまざまな生活上の課題を抱えている場合が多い。周囲の支援体制、相談機関の紹介、個々の抱える問題などに対応するには、ケースマネジメントが必須である。ケースマネジャーは、対象者の夢や希望を尊重し、本人の希望に沿った支援を行わなければならない。

　最良のケースマネジメントは、自殺未遂者への適切な対応やネットワークの構築が踏まえられており、これらが「自殺予防のための見守りネットワーク」になると考えている。

注

注1　「ケアマネジメント」とは、生活に困難をきたした人のニーズに基づいて、必要な資源や支援をとりまとめて、計画案の提示もしくは実際に支援を提供することで、対象となる人がよりよい状態になるように関わる実践活動である[1]。「ケースマネジメント」は、この実践活動のなかで、さらに事例性に注目して、対象者ばかりでなくその環境も介入する対象としてとらえる。このことから本章では、あえて「ケースマネジメント」という用語を使用することとした。

文献

1）　野中猛・上原久『ケア会議で学ぶケアマネジメントの本質』中央法規出版，2013.
2）　警察庁「平成30年中における自殺の状況資料」
3）　厚生労働省「令和元年度版　自殺対策白書」
4）　池下克実「精神科医の立場から――多職種でかかわる自殺未遂者ケア・ポイントと課題」『救急医学』第36巻第7号，819～825頁，2012.
5）　福島喜代子『自殺危機にある人への初期介入の実際――自殺予防の「ゲートキーパー」のスキルと養成』へるす出版，2018.
6）　河西千秋「自殺未遂者の個別性に配慮したケース・マネジメント介入は，その後の自傷・自殺再企図を抑止する」『日本社会精神医学会雑誌』第27巻第4号，336～339頁，2018.
7）　日本自殺予防学会『救急医療から地域へとつなげる自殺未遂者支援へのエッセンス　HOPEガイドブック』へるす出版，2018.
8）　前掲7）

第**III**部

福祉主導の
見守りネットワークと
緊急時対応

第 9 章

住民と専門職による小学校区を基盤とした見守り活動
～堺市の取り組みから～

要旨

　堺市では、地域住民による、誰もが安心して暮らせる地域づくりを推進する"校区福祉委員会"が各小学校区に組織されている。一人暮らし高齢者や障害のある人のいる世帯などを対象に見守り、訪問活動を行っている。訪問活動によって、日常生活において、「困ったときにどこに相談すれば良いか」などの不安や、福祉サービス等の提供が今すぐ求められる緊急性の高い問題の早期発見につながっている。見守りの実施校区では毎月1回訪問者による情報交換会が行われており、地域包括支援センターや社会福祉協議会の職員なども参加している。また、地域活動や相談支援という個別の課題に取り組むと同時に、個々の課題を地域の共通課題へと普遍化し、事業化・施策化までを図る取り組みを、堺市コミュニティソーシャルワーカー（以下、CSWとする）を設置して推進している。個々の見守り事例から、地域住民の安心をつくるさまざまなツールや見守り活動を広く展開する働きかけが当事業から生まれている。

🔑 キーワード

小学校区での見守り活動　住民と専門職の連携　ソーシャルサポートネットワーク
事例からの施策化

基本情報

■堺市の紹介

　堺市は大阪府の中央から南側に位置し、巨大古墳と自治都市の伝統をもち、「ものの始まりなんでも堺」と言われ、豊かな歴史文化を生み出してきた。石油化学、エネルギー、金

属、機械など多種多様な企業を有している。現在、優れた先端技術や環境技術をもつ企業が新たに立地し、高付加価値型産業の集積が進んでいる。

■人口約84万人を有する政令指定都市（2006（平成18）年4月から政令指定都市）

　面　　積：149.81㎢

　人　　口：839,310人

　世帯数：350,301世帯（1世帯あたり2.35人）

　65歳以上高齢化率：26.9%（224,064人）

　65歳以上高齢者単独世帯数：46,134世帯

（総務省「平成27年国勢調査」[1]より）

1 ｜ 市内全92小学校区で、地域住民による小地域ネットワーク活動が展開

1 地域住民による誰もが安心して暮らせる地域づくり活動（校区福祉委員会）

① 1969（昭和44）年より校区福祉委員会が結成

　堺市内には92の小学校区があり、すべての小学校区において校区福祉委員会が組織されている。自治会、民生委員児童委員会、老人会など校区内の各種団体・グループを中心に構成されている。

② 悩み・困りごとをもつ地域の方が孤立することのない地域づくりを推進

　地域の住民が抱える課題を共通の問題として理解し、住民の参加や協力を得ながら、地域のつながりハート事業（小地域ネットワーク活動）を展開している。

〜地域のつながりハート事業の主なプログラム〜

（1）　個別援助活動

　一人暮らし高齢者や高齢世帯、子育て中の世帯の見守りやちょっとした近所の助け合い活動

（2）　グループ援助活動

　高齢者、子育て中の世帯や子どもなど、地域に住む人が地域会館や学校等の地域拠点に集まる、ふれあい交流を図る活動

(3)　校区ボランティアビューロー

　誰でも気軽に交流でき、生活に必要な情報を得られ、ちょっとした悩みごとが相談できる身近な地域の集いの場活動

(4)　お元気ですか訪問活動

　グループ援助活動に参加しにくい一人暮らしの高齢者や高齢世帯、障害のある人など近隣での見守りが必要と思われる人へ、「お元気ですか？」と声をかけ、定期的に訪問を行う活動

(5)　その他、校区福祉委員会活動の広報啓発／研修活動など

2 地域生活に安心を生む、住民による見守り訪問活動（お元気ですか訪問活動）

　地域のつながりハート事業で、住民の見守りに最も関わるのが「お元気ですか訪問活動」である。

①毎月1回以上の訪問と担い手による情報交換会が特徴

　一人暮らし高齢者や高齢世帯、障害のある人など、近隣での見守りが必要と思われる人へ声をかけ、定期的に訪問を行う活動である。毎月1回以上の訪問と、訪問結果を活動者間で共有する"情報交換会"を開催することが特徴となっている。

②年間延べ約4万3000回の訪問活動を実施

　お元気ですか訪問活動は、市内全域で約6100人の高齢者や障害のある人などを対象にして、年間延べ約4万3000回の訪問活動が行われている。訪問活動の活動者（ボランティア）数は約4900人となっている。

③情報交換会が早期発見・早期対応のカギ

　毎月1回各校区で実施される情報交換会では、訪問時の対象者の様子、活動者が訪問活動中に気になった事案の共有、次回の訪問時に対象者へと伝える情報の収集などが、活動者間で主体的に行われている。そこには地域包括支援センターや社協などの相談支援機関の職員が、定期的に参加している。相談支援機関は、地域住民の生活状況の把握、相談窓口への相談内容の傾向の共有、支援ケースの情報交換、訪問活動における留意点の伝達、気になる事案への助言や引継ぎなどを行っている。情報交換会を定例的に開催することで、地域住民と相談支援機関との距離を近づけ、地域内の連携を高めてい

る。その結果、住民（活動者）が発見した福祉課題などを速やかに伝達できる仕組みが生まれ、早期発見・早期対応・早期解決へとつながる事例が増えている。

④事例：高齢者の暮らしにおける安心と安全をつくる訪問活動

「お元気ですか訪問活動」の対象者のAさんは一人暮らしである。自立歩行はできるものの膝の状態が悪く、自宅から多少離れている地域会館へ1人で行くのは困難なため、地域活動に参加できない。訪問活動者であるボランティアのBさんから、Aさんに声かけを行ったことがキッカケとなり、訪問活動の対象者となった。Bさんは毎月花などの手土産とともに訪問を重ねた。Aさんは「Bさんに申し訳ない気持ちもあるが、1人で自宅にいることも多く、地域の方と話す機会が少ないので、来てもらえるときは安心できて、会話をしていると心が休まる」と感じていた。

訪問開始からしばらく経過したある日、Aさんの自宅前を通りがかったBさんは、Aさんの自宅ポストに新聞がたまっているのに気づいた。BさんがAさんの状況を確認しに行くと、自宅内で熱中症になって倒れているAさんを発見。すぐに救急車を呼び対応したことで、大事に至らなかった。その後、情報交換会の時にBさんから地域包括支援センター職員へと情報提供され、センターからの支援も開始された。Aさん

図1　地域の見守り活動と専門職の連携イメージ図

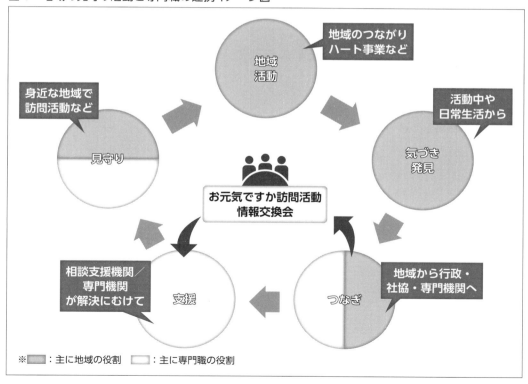

は在宅生活の継続を目的とした介護保険サービスの利用と併せて、「お元気ですか訪問活動」を継続利用し、地域住民と関係者に見守られながら在宅生活を継続している。

このように定期的な訪問活動を継続的に繰り返して、平時から見守りのアンテナを張ることで、早期発見、早期対応につながり異変に気づくことができたケースがある。

2 | 個の課題を地域の課題へと普遍化し、施策化まで行う堺市CSWの取り組み

1 2011年度から堺市社協でCSW設置事業を推進

CSWは、住民が地域で生活をしていくうえで、どこに相談をすればよいか分からない……といった"困りごと"などを受け止め、地域のさまざまな力をつなげて解決に向けた支援を行う。また、課題への対応がスムーズに進む仕組みづくりに取り組む地域福祉の専門職である。2011（平成23）年度から堺市CSW設置事業として、堺市社協が取り組み、各区事務所にCSWが配置されている。具体的には、地域の関係者や専門機関などのつなぎ役となり、それらのネットワークを活かして、支援を必要とする人を地域の活動や公的なサービスに結びつけ、制度やサービスがない場合には、一緒に話し合いながら新たなサービスをつくり出している。さらに課題に応じて事業化し、市の施策に反映させる働きを担っている。

2 個々の見守り事例から生まれた安心ツール〜安心連絡シート・カード〜

見守り訪問活動での緊急時の対応から、「本人の家族や関係機関へ速やかに連絡できるようなツールが欲しい」という声があがり、もしもの時のために情報を共有できる「安心連絡シート・カード」の作成を当事業にて実施した。ただ単に配布するのではなく、当ツールから新たな見守り対象者の発掘や見守り活動の活性化を意識して活用している。

①見守り活動中に発見した緊急事態への対応課題が発端

夏場の見守り訪問活動中に、対象者が自宅で熱中症によって倒れているところを発見されるケースが立て続けに発生した。緊急時対応の際に、「家族等の連絡先や持病などの医療情報がなくて、救急搬送するのに手間取ってしまった」「話せる状態ではあったが救急隊員に話すときにパニックになり、うまく情報を伝えられなかった」との声が、見守り活動者や当事者からあがってきた。

②状況確認と課題整理を行い、課題解決のための施策へ

　事例の状況確認や消防局との意見交換などを行い、2012（平成24）年度にCSW事業において、もしものために備える「安心連絡シート・カード」の作成と配布を開始した。安心連絡シートは冷蔵庫等へ貼りつけるもので、安心連絡カードは外出時に携帯するものである。ともに緊急時に備えたツールとなっている。シート・カードには、氏名、病歴、かかりつけ医、緊急連絡先などを記載できる。緊急時の迅速な対応、見守り活動の活性化や新たな対象者の発掘のキッカケづくり、対象者自身がセルフケアとして情報整理と緊急時に正しい情報の発信を行うことを目的としている。

③単に配布するのではなく、地域とともに見守りの質と量を向上

　回覧板などによる配布ではなく、対人による手渡しでの配布にこだわった。情報を記入してほしい対象者は、単に配布するだけでは記入までの行動をとってくれない可能性がある。本人了解のうえで、訪問活動者と一緒にシート・カードに記入することで、活用への促しができるのと同時に、訪問活動者も対象者の情報を取得することができる。そのために見守り訪問活動やケアマネジャーと連携して対象者に働きかけた。

④さまざまな訪問活動との連携と継続的な配布を実施

　堺消防局では高齢者のみ世帯への防火訪問事業を毎年実施している。約2万世帯に対して、消防署職員が防火設備の確認や防火意識の啓発を目的に訪問を行っている。その際に「安心連絡シート・カード」を併せて配布している。

　地域活動や関係機関の事業と連携した結果、「安心連絡シート・カード」は2019（令和元）年5月現在で、約22万部の配布に至っている。見守り対象者となっている高齢者等の暮らしの安心感の創出だけでなく、実際に当ツールが救急搬送等の緊急事態に役立った事案も生まれている。記入した情報は経時的に変化する可能性が高いため、今後も継続して配布し、最新の正しい情報を本人が発信できるようにする必要がある。

3 多様な見守りネットワークの構築

　各区に配置されているCSWは個人支援のためのソーシャルサポートや住民のニーズに効果的に対応していくため、関係機関・団体等のネットワークづくりをすすめている。

①顔の見える関係づくり

　堺市では行政区単位で毎月1回、「高齢者関係者会議」が開催されている。地域包括ケアの推進、高齢者の安心・安全なまちづくりなどをテーマに、行政、地域包括支援セ

ンター、社協 CSW、民生委員のほか、医療機関や消防署、警察などの公的機関が参加している。参加者による各々の現状や課題の報告を行い、顔の見える関係の構築と業務間連携づくりを行っている。

②多くの高齢者が集まるところに、見守りのアンテナを配置

　地域包括支援センターなどの高齢者関係機関は見守りネットワークの拡大に取り組んでいる。市内にあるコンビニエンスストア、郵便局、各種金融機関などに、高齢者相談窓口の周知用チラシを持って巡回をしている。相談窓口の啓発を行い、日常業務のなかでの「さりげない見守り、声かけ」を促している。巡回した事業所からは、「気になる様子の高齢者を発見した場合に、名前や連絡先がわからなくても"見たままきいたまま"を相談できる場を知ることができたので安心した」「気になる高齢者がいても、相談窓口に連絡するにはハードルが高かったが、顔の見える関係があれば連絡しやすくなる」との反応があり、関係機関からの地道なアウトリーチが、高齢者の生活課題の早期発見、早期対応につながっている。

③堺市内の見守りネットワーク登録事業所数は 2019 年 4 月現在 2223 事業所

　堺市では高齢者の見守りに関する施策として、高齢者の見守りに協力する事業所を登録する「堺市高齢者見守りネットワーク」を推進している。行政からの発信や地域包括支援センターなどの高齢者関係機関の働きかけによって、市内で 2019（平成 31）年 4 月現在、見守りネットワーク事業所の数は 2223 事業所ある。登録事業所から地域包括支援センターなどの相談窓口に、「新聞を配達に行くとポストに新聞がたまっています。配達の中止の連絡はありませんでした」「よく来店される高齢者ですが、見慣れない人と一緒に ATM を操作して出金しています」「以前からのお客様ですが、最近、同じものを 1 日に何回も買いにきます。お金の計算も難しいようで、毎回お札で支払いをすませます」といった連絡が入る件数も増加し、見守りの輪の拡大から、必要な支援体制の構築へとつながっている。

４ 孤独死事例からスタートした見守り活動の点検と質と量の向上プロジェクト

　CSW が関わった孤独死ケースの事例や地域から複数あがってきた孤独死事例をもとに、見守り活動の強化や拡大を考えるプロジェクトを立ち上げた。プロジェクトでは、改めて見守りを行う理由、見守り活動時のチェックポイント、異変発見時の対応方法などを整理し、情報をまとめた冊子として「見守りガイド」の製作を行った。これを用いて既存の見守り活動（「お元気ですか訪問活動」や民生委員の見守り活動）の点検・再

確認や見守り活動が進んでいない地域において、見守り活動の喚起や意識の向上を目指したキャンペーン活動を展開した。

①事例：見守り対象となっていた中年男性の予期せぬ孤独死

　中年男性、一人暮らし。見守り活動を行っていた民生委員が、数日前から同じ服を着て裸足で外出している姿を発見し、社協CSWに相談が入った。民生委員とCSWで状況確認に本人宅へ行くと、数日間着替えている様子がなく、併せて時間感覚などもなく、見当識障害の疑いが見受けられた。社協CSWから区役所の保健センターへ情報提供し、民生委員・社協CSW・保健センターの職員で週1回程度見守り訪問活動を行って、生活状況のアセスメントを実施した。

　本人に病識はなかったが、定期的に訪問して信頼関係を構築し、医療受診の促しを繰り返し行った。その結果、本人も納得のうえ受診することとなった。受診日前日にCSWが自宅を訪問すると、応答なく、寝室で亡くなっていた。発見時には死後数日経っており、飢餓死の可能性があるとのことであった。定期的な見守り訪問を繰り返しているなかでの孤独死であった。その後、関係者間で支援経過の振り返りと、対応の在り方、見守りに関する整理を行った。整理した情報を校区内の民生委員や見守り訪問活動者へフィードバックし、地域で孤独死を防ぐ見守りの質と量の検証を行った。

②改めて見守り活動の効果や意味を伝える「見守りガイド」を発行

　堺市内に複数の孤独死事例があることが判明し、孤独死を未然に防ぐための見守り活動の強化や拡大を考えるプロジェクトチームを社協内で立ち上げた。地域とともに検討した内容を踏まえ、見守り活動時のチェックポイント、異変発見時の対応方法などを整理し、「見守りガイド」を発行した。発行した2014（平成26）年度には地域内の組織、団体、事業所などを対象に、計215回の啓発説明会を開催し、「見守りガイド」を約1万冊配布した。並行して、関係機関に対して、地域から相談があった気になる事案への柔軟な対応や地域で埋もれている要支援者の早期発見・早期対応がスムーズに行えるよう、周知啓発に取り組んだ[2]。

3 | 課題・展望・まとめ

　地域において、住民が主体的に見守り訪問活動などの地域活動を実践していることが堺市の強みである。同時に地域包括支援センターばかりでなくCSWなどの相談支援専門職が配置されている。住民の活動と相談支援機関の連携により、住民が抱える課題の早期発見から早期対応へとつながっている。

ただし、地域全体の高齢化や暮らし方の多様化によって、これまで地域の基盤となっていた自治会組織に期待が寄せられる一方で、担い手不足等によって、地域活動の実践者への負担が大きくなっている。

　堺市には社会資源が豊富にあり、地域活動と多様な社会資源との連携・協働がさらに活発になれば、今以上に見守り活動の効果が高まる可能性がある。

　堺市社協は、住民が主体となった、持続可能な地域活動の実現を通じた地域包括ケアシステムの深化に向けて、地域と多様な社会資源をつなぐ接着剤という役割を担っていきたい。

文献

1)　総務省『平成 27 年国勢調査』
2)　堺市社会福祉協議会「平成 26 年度 堺市コミュニティソーシャルワーカー設置業務報告書」

第 **10** 章

地域住民による見守り活動と
アセスメント機能を担う相談室
～東京都墨田区高齢者みまもり相談室の取り組みから～

要旨

　墨田区は、2009（平成 21）年より高齢者を対象とした見守りネットワークの構築と相談・支援の拠点となる「高齢者みまもり相談室」の設置を開始し、2011（平成 23）年までに、区内の日常生活圏域ごとに 1 か所ずつ、地域包括支援センターと併設する形で設置している。相談室には、社会福祉士や主任介護支援専門員等の資格を有する相談員が常勤配置され、住民からの相談を受けたり、地域住民による見守り活動を支援したりしている。また、区内では町会・自治会、老人クラブや民生委員、見守り協力員（登録制ボランティア）による定期的な見守り訪問も行われており、相談室は、それらの情報から専門職による見守りや介入・支援を必要とするケースであるのか判断している。

　本章では、同区で最初に設置された文花高齢者みまもり相談室を例に、どのように見守りネットワークが構築され、専門職による個別支援につなげているのかを紹介する。

🔑 **キーワード**

　専門職の常勤配置　見守りネットワークの構築　アセスメント　情報の見える化
　コミュニティの醸成

基本情報[注1]

人　　口：272,861 人（2019（平成 31）年 4 月
　　　　　　現在）
　　　　　　ここ 15 年増加傾向にある。
高齢化率：22.4％
　　　　　　この 10 年間 21 ～ 22％に留まってい
　　　　　　る。
　　　　　　高齢者人口に占める後期高齢者率は
　　　　　　51.6％
世帯状況：75 歳以上の一人暮らし高齢者
　　　　　　　　　　　　　　　12,549 世帯
　　　　　　75 歳以上の高齢者のみの世帯
　　　　　　　　　　　　　　　4,138 世帯
　　　　　　両者合わせて区内全世帯の 11.0％
・日常生活圏域 8 圏域、地域包括支援センター
　8 か所（8 か所とも委託）
・生活支援コーディネーター
　第 1 層　社会福祉協議会に配置
　第 2 層　各地域包括支援センターに非常勤職員 1 名配置

**■日常生活圏域と高齢者支援総合セン
ターの位置**

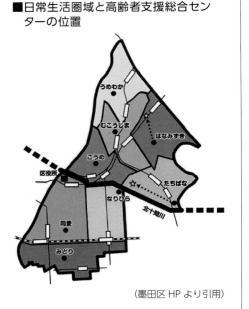

（墨田区 HP より引用）

1 ｜ 墨田区文花高齢者みまもり相談室概要

　墨田区には、高齢者みまもり相談室（以下、相談室）が、日常生活圏域ごとに 1 か所
設置され、当該地区を担当している。相談室の設置は、「墨田区高齢者みまもり相談室
事業」として行われており、①高齢者等の実態把握及び相談、②社会的孤立または、孤
立が懸念される一人暮らし高齢者等の発見及び支援、③定期的に見守りが必要な高齢者
に対する電話や訪問による安否確認、④地域の町会・自治会、老人クラブ等が行う見守
り活動の普及・啓発及び支援等が主な内容である。

　相談室の開設時間は、月曜から金曜の 9 時～ 17 時で、そのほとんどが地域包括支援
センターと併設されている。相談室には、社会福祉士や主任介護支援専門員等の資格を
有する相談員が常勤職員として常駐しており、住民からの相談を受けたり、地域の見守
り活動を支援したりしている。また、見守り協力員によって、定期的な見守り訪問も行
われている。見守り協力員は、地域住民で一定の研修（見守り協力員養成研修）を受講
した登録ボランティアである。

　本章では、そのなかでも先駆的に相談室の見守り体制や業務を作り上げてきた文花高

齢者みまもり相談室を事例に墨田区の見守り活動についてみていく。文花高齢者みまもり相談室は、墨田区北東部に位置するたちばな圏域にある。圏域内の人口は3.2万人、高齢化率は27.7％と、区内でも高齢者の多い地域である。相談員は3名で、委託先である社会福祉法人の常勤職員1名、週5日フルタイム勤務の嘱託職員2名で担っている。見守り協力員の登録者は34名である（2019（令和元）年5月現在）。

写真1　墨田区文花高齢者みまもり相談室外観

2 | 高齢者みまもり相談室はネットワークを駆使して情報を収集・分析・判断をする拠点

　相談室の事業のうち、見守りを必要とする高齢者の発見や定期的な安否確認などの見守り活動はどのように行われているのだろうか。

　相談室では、区から提供された高齢者名簿（65歳以上の一人暮らし高齢者及び高齢者のみ世帯の名簿）、みまもりリスト（65歳以上の高齢者福祉課サービス利用情報等を付加した名簿）をもとに、担当地区内の高齢者宅を訪問し、その生活状況の把握を行っている。また、高齢者名簿をもとに、民生委員と地区内の高齢者に関する情報を共有している。その他、町会・自治会等の連携のなかからも高齢者に関する情報を収集している。

　墨田区内では、3つのレベルで見守りが行われている。1つ目は、町会・自治会をはじめとする地域住民が自らの判断で行っている「緩やかな見守り」、2つ目は、相談室が民生委員や見守り協力員等に依頼したり、民生委員が自らの判断で行っている「担当による見守り」、3つ目は、生活上のリスクや専門職による介入・支援の必要性を勘案し、相談室単独または地域包括支援センターをはじめとする他機関と連携して行う「専門的な見守り」である。

　相談室は、「緩やかな見守り」や「担当による見守り」に関する相談や情報を受けたり、「担当による見守り」や「専門的な見守り」を行うケースであるか判断したりもしている。つまり、相談室は、墨田区の地域包括ケアにおける情報の入り口の1つであるとともに、分析・判断の拠点となっている。

◼1 地域住民による「緩やかな見守り」と「担当による見守り」

　墨田区での高齢者の見守り活動は、地域住民による「緩やかな見守り」が基本となっている。また、町会・自治会等の地域団体の役員等が分担して高齢者宅を訪問したり、民生委員が気になる高齢者を訪問するなど、それぞれの見守り活動の他に、相談室が、新たに民生委員や見守り協力員等に見守りを依頼する場合がある。「担当による見守り」を依頼する場合は、相談室は対象者と見守る方法（定期的な訪問、日常の戸外からの見守り等）を伝えて、見守り協力員は、月に1回、相談室に見守り活動の報告を行っている。

　また、墨田区では「墨田区高齢者福祉電話サービス事業」[注2]の一環として、相談室から電話での安否確認も行っている。文花高齢者みまもり相談室では、当該圏域の対象者に週1回電話をし、そこで安否確認ができなかった場合には、訪問確認を行うこともある。2018（平成30）年度は、年間延べ1806回の電話のうち、直接会話ができなかったのは1割弱であった。相談員が直接訪問するのではなく、見守り協力員に訪問を依頼するときもある。

◼2 地域包括支援センターをはじめとする他機関と連携して行う「専門的な見守り」

　高齢者の生活実態把握や関係者からの情報のなかには、専門職による個別支援が必要

図1　高齢者みまもり相談室による見守り活動

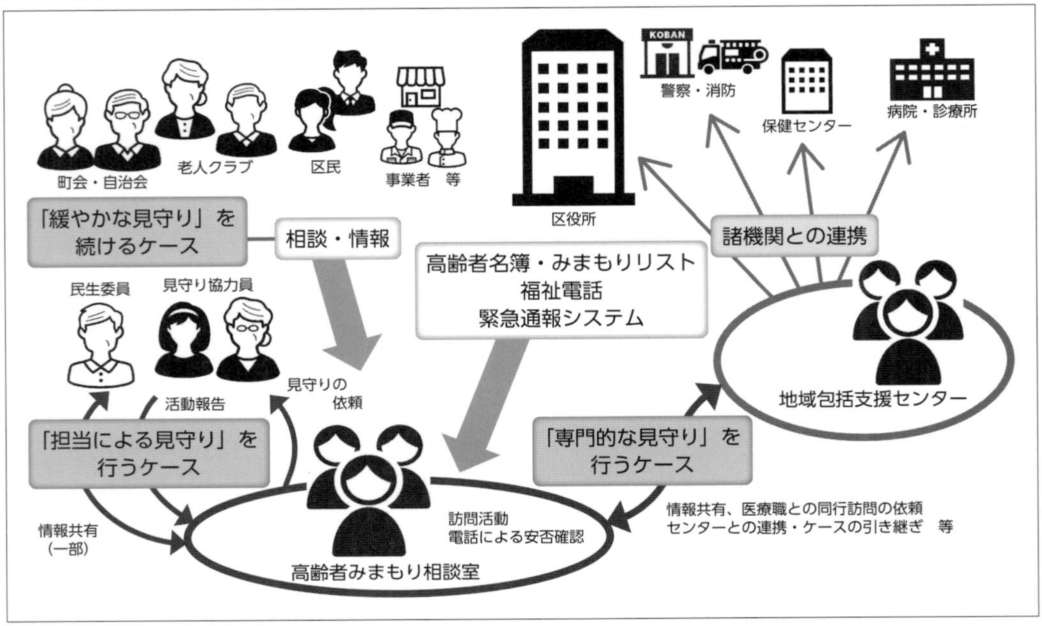

筆者作成

なケースに関することもある。例えば、①本人や他者の生命に関わる場合、②認知症によって生活に支障をきたしている場合、③一人暮らしまたは同居者がいてもキーパーソンとなり得ない場合、④サービスの利用を拒んでいたり、医療とつながっていない場合がある。そのようなときには、地域包括支援センターと情報の共有化を図るとともに、センターの医療職の同行を依頼し、支援方法を検討、決定していく。精神疾患などのケースに関しては、相談員だけでは判断できないため、専門医との連携も必要となってくる。地域包括支援センターにつなげた後も、必要に応じて相談室も築いた信頼関係を活かして関わっている。また、「専門的な見守り」を行うケースとなっても、地域住民との連携関係は継続している。

❸ 地域包括支援センターとオンラインで情報共有

　墨田区では、区の担当課とすべての地域包括支援センターと相談室が、情報共有できるようにオンラインシステムが導入されている。地域包括支援センターと相談室が、区と共有できる基礎データは、①住民基本台帳にある氏名・住所・生年月日、②要介護認定を受けている人の情報（被保険者番号、要介護度、認定有効期間）である。また、相談室では、①高齢者福祉課所管の施策利用有無（配食サービス、福祉電話、緊急通報システム）、②介護保険サービスの直近の利用状況、③障害者福祉課所管の施策利用有無（障害者手帳の有無、障害者ヘルパーの利用、障害者通所介護の利用）も閲覧できる。なお、地域包括支援センターも相談室も、対象者の連絡先、相談記録、支援経過記録を各事務所内の端末から入力・共有できるようになっている。

写真2　職員が端末に入力している様子

❹ 見守りアセスメントシート

　見守り協力員に見守りを依頼するなど、緩やかな見守りを行うケースについては、見守りアセスメントシートが活用されている。このアセスメントシートの開発は、小林良二教授（当時・東洋大学教授）による「情報の見える化」の取り組み^{注3}の1つでもあり、見守りの専門的判断を支援する目的でつくられた。

　このシートは、3つの様式から成り、①見守り受付表（初期の情報収集とアセスメント結果）、②見守りアセスメントシート（詳細な本人情報によるアセスメントと対応の

決定）、③継続見守りアセスメントシート（②に基づく、一定期間後の継続的アセスメントと対応の決定）に分かれている[注4]。このアセスメントシートは、紙面で管理されている。

5 緊急時対応も想定した安否確認とその後のフォロー

　相談室では、前述の「担当による見守り」「専門的な見守り」を行うケースであるかどうかの判断の他に、緊急性の判断も必要となる。「最近、姿を見ない」「新聞がたまっている」等の相談・通報が相談室に入った場合、緊急時対応マニュアルに従い、「緊急安否確認チェックシート」を活用し、判断が行われる。緊急安否確認チェックシートは、手順1～手順6で構成され、緊急時の対応手順が分かりやすく示されているだけでなく、項目順に確認しながら記録していくと、次に行うべき対応の判断根拠も記録されていく。

　また、こうした緊急時の対応を想定して、安否確認の方法にも工夫がされている。例えば、月曜から木曜日に電話や訪問による安否確認を行い、安否が確認できなかった場合は、相談室の相談員が、不在当日に玄関の戸に手紙を挟むようにしている。そして、その週の金曜日にその手紙が取られていないことを確認すると、警察官立会のもと鍵を開けて家のなかを確認する。

図2　緊急安否確認チェックシート

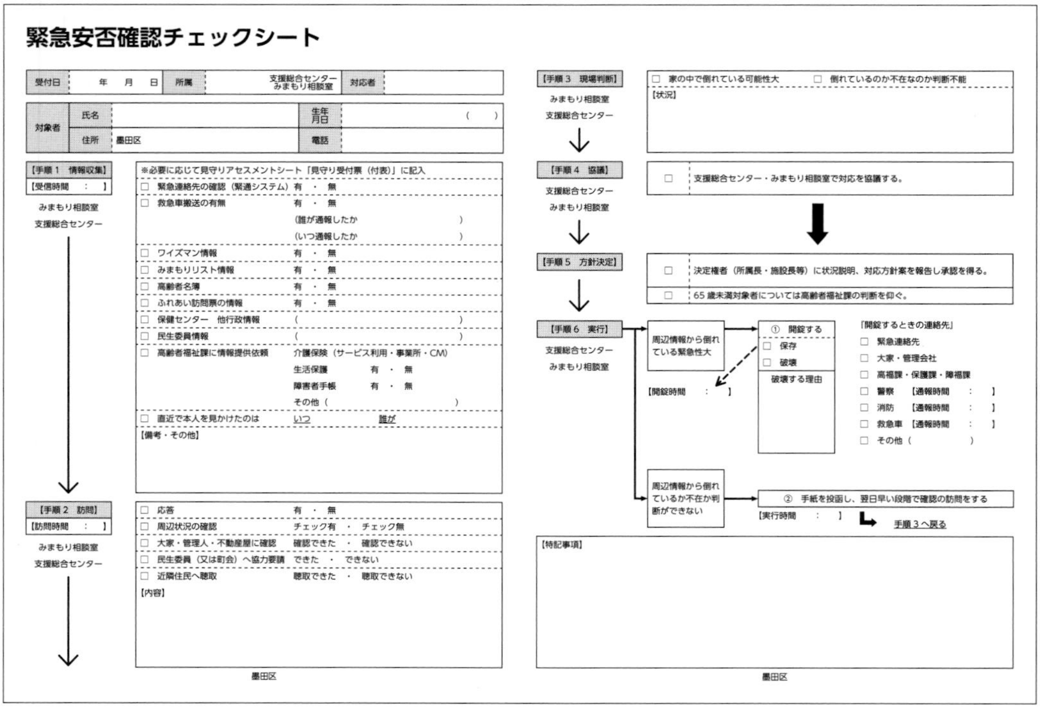

さらに、相談室は緊急対応後のフォローも行っている。墨田区では、一人暮らし高齢者や高齢者のみの世帯を対象として、「墨田区民間緊急通報システム事業」[注5] を行っているが、緊急通報システムが発報された場合、受信センターで看護師等の専門職スタッフが対応することになっている。対応後には、全ケースについて当該圏域を担当する相談室に連絡が入り、相談室がその後の経過を確認している。たちばな圏域では、年80回ほど発報による連絡が入るが、例えば、病院に運ばれたが自宅に戻っている等の情報が相談室に入り、相談員がその後の様子を確認している。また、居宅介護支援事業所の介護支援専門員が関わっている場合は、相談室からその担当者に必ず連絡し、安否確認の対応を依頼している。

６ 求められるアセスメント能力

　とにもかくにも、さまざまな場面で判断をしていく相談員は、アセスメント能力が求められる。文花高齢者みまもり相談室の相談員３名は、いずれも地域包括支援センターでの勤務経験がある。そのなかでも、中心となっている常勤職員は、相談室の相談員として５年以上勤務している。こうした地域での相談業務経験や地域包括支援センターの業務理解もあるため、相談室が地域包括ケアにおける情報の入り口の１つであると同時に、見守り継続の必要性や個別支援のアセスメント拠点としての特化した機能を果たせているのである。

3 | ネットワーク構築に欠かせないキーパーソン探しとフィードバック

　こうした見守り活動を可能としているのが、町会・自治会、老人クラブ、民生委員、見守り協力員をはじめとする見守りネットワークの存在である。見守りネットワークは、相談室が設立されてからつくり上げたものではなく、相談員が元々あったネットワークを見つけ、それを活かし、そのネットワークを広げたり、つながりが途切れないように働きかけたりして、現在に至っている。相談員は、「元々あったネットワークは、"日常生活のなかで住民自身がつくってきたもの"。それを相談員側が知ることで援用できる」と話す。このようなネットワークを探し出し、"援用できる"状態にするのは、簡単なことではないが、いくつかのポイントがあるようだ。

　その１つは、キーパーソン探しである。キーパーソンとは、地域住民のなかで、周辺住民の様子を気にかけ、何かあったら相談室に相談してくれる人のことである。相談室では、見守り協力員として協力してもらいたいと地域住民に対して直接依頼することもある。これまで、民生委員を退任した人や元看護職の人などに声をかけてきた。また、

見守り協力員に対しては、相談室主催で年に4回勉強会も行っている。

　2つめは、民生委員や町会・自治会、見守り協力員が見守り活動をしやすい土壌をつくることである。土壌づくりには、相談室の存在を多くの地域住民に知ってもらうこと、そして、自分たちが行っている見守り活動がどのような結果をもたらしているのか、見守りネットワークのメンバーにフィードバックすることが挙げられる。

　相談室では、住民への情報提供の手段として、相談室の存在を多くの人に知ってもらうためにも、「知って得する！　文花みまもりだより」を月1回発行している。表面には相談室が発信する地域に関する情報を載せ、裏面には区の情報を載せており、高齢者に読んでもらいやすいよう写真やイラストを多く使用している。相談員が高齢者宅を訪問して手渡ししたり、町会・自治会の回覧・掲示で周知するほか、コンビニや医療機関、サロン活動などの高齢者が集まる場に置いてもらえるよう、相談員が1か所ずつ回って依頼している。便りを置いてもらう場所も、開設当初は、37か所であったが、現在は87か所に広がっている。他にも、見守りに関する地域の出張講座などで相談員の顔を知ってもらうようにしている。

　また、墨田区が独自に開発した見守りチェックリストは、相談室への相談のしやすさにつながっている。見守りチェックリストとは、地域住民が相談室に連絡する基準を簡

図3　見守りチェックリスト

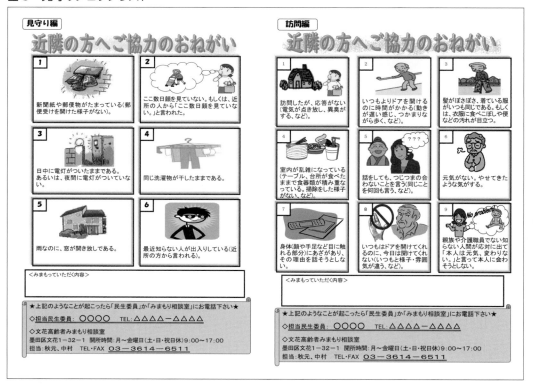

単に示したもので、「新聞紙や郵便物がたまっている」「同じ洗濯物が干したままである」「訪問したが、応答がない（電気が点きっ放し、異臭がする、など）」等、具体的な状況を示し、該当する場合は、民生委員や相談室への連絡を促している。これによって、どこに相談したらよいのかわからない、心配だけれども相談するほどの内容ではないかもしれない、余計なお世話になるのではないか、相談したことを本人に知られて関係が悪くなるのが嫌だ等の、見守り相談に関する住民の悩みや懸念を払拭できる画期的なリストである。相談室開設当初、相談員が町会・自治会や老人クラブ等で相談室の説明を行う際にも配布し、何か異変があった場合の相談室への連絡を呼びかけた。

　民生委員との連携においては、見守り対象者名簿の突合せを行い、情報の同期を図っている。民生委員をはじめ、地域住民との見守り活動を連携して進めていくためには、どうしても情報の共有が重要になってくるが、そこで課題となるのが個人情報の取扱いである。どのような事例がどう解決しているのか、個人情報にかからないように十分注意しながらフィードバックしている。このフィードバックがないと、ただ情報提供するだけでは、活動に対して納得してもらえず、活動のモチベーションも下がり、見守りネットワークの規模が小さくなったり、紐帯も細くなったりしてしまう。こうした工夫が、主体的な活動意識を高めているといえる。

■ 住民に浸透しつつある高齢者みまもり相談室

　10年という歳月をかけ、こうした相談室の努力が実を結び、現在の充実したネットワークが出来上がっている。町会のなかには、住民たちで「みまもり隊」をつくったところもある。区内のある病院の医師は、患者と連絡をとりたいが、日中不在で連絡がとれないと相談してくるほど、ネットワークへの周囲の信頼も厚い。また、地域の理解が進むことにより、相談員の働きかけで、必要な人への配達を協力してくれる個人商店も出てきた。こうした見守り活動の土壌づくりは、住民意識を高め、住民の組織化を促し、コミュニティの醸成につながっている。

写真3　社会資源マップ

社会資源マップもみまもりだよりと一緒に圏域内53か所に置いてもらっている。あえて冊子にせず、情報更新ごとに差し替えがしやすいようにリーフレットにしている。

4 | 見守り相談体制を構築し、活動を牽引・バックアップしてきた行政

　そもそも、なぜ墨田区では、このような見守りネットワーク・相談支援体制が構築できたのだろうか。それには、一人暮らしの高齢者を支えるという区の強い思いと事業化及びシステム構築における区の主動なしには、実現できなかった。

■1 想像以上に進んでいた一人暮らし高齢者の孤立

　2004（平成16）〜 2005（平成17）年にかけ、墨田区では、東京都の補助を受け、見守りネットワークの構築に着手した。このネットワークは、地域住民の参加と協働による高齢者を支え合う地域を実現することを目指し、見守りを必要とする人と見守る人を結びつける仕組みをつくるというものである。「すみだ高齢者ネットワーク事業実施要綱」を設定し、見守りを希望する高齢者や見守り協力員の登録を規定した。しかし、すでに町会・自治会も独自に見守り活動を行ってきており、こうした活動と新たに区がつくろうとしている見守りネットワークとの関係がうまく理解されず、展開することができなかった。また2006（平成18）年4月には、地域包括支援センターが創設されたが、当時、地域包括支援センター職員は、介護予防サービス・支援計画書の作成によって他の業務が圧迫され、見守りネットワークの構築も同様に手が回らない状況であり、進展がないままで月日が流れた。

　さらに、2008（平成20）年に区の単独事業として行った「墨田区ひとり暮らし高齢者実態調査」注6 によって、区内の一人暮らし高齢者の孤立の進行が明らかになった。調査結果を受けて、孤立死防止に向けて、地域で孤立化している高齢者のアウトリーチを目的に、専門窓口を設置し、地域住民による主体的な見守り活動をコーディネートする必要があることが確認された。実際に区内でも孤立死事例が起こっており、住民の見守りの必要性の意識も高まっていた。そこで墨田区は、この調査のデザインに関わった小林良二教授の協力を得ながら、地域住民自身が主体的に見守り活動を実践できる環境づくりについて、新たに取り組むことにした。

■2 常勤専門職を配置したみまもり相談室の開設と予算の確保

　文花高齢者みまもり相談室は、都営アパートに隣接する建物の1階にある。この建物は、かつて文花公設市場があった場所に建てられている。地元自治会からなじみのある場所に高齢者のための施設をつくってほしいとの要望があり、また、区内でも高齢化率が高い地区であったことから、シルバー人材センターの移設とともにこの場所に開設することになった。

開設にあたって区の担当部署では、経費として、2009（平成21）年度予算に800万円を計上した。また、当時、厚生労働省では、孤立死や虐待などを1例も発生させない地域づくりを目指し安心生活創造事業[注7]を行っており、墨田区はそのモデル地区に選ばれ、この補助金を活用して高齢者みまもり相談室事業を実施することになった。区内のある社会福祉法人が受託することとなり、2009（平成21）年5月「文花高齢者みまもり相談室」が開設された。相談室には主任介護支援専門員が1名常勤配置され、同法人の地域包括支援センターの職員も業務補助を行った。

その翌年には、高齢者みまもり相談室事業の財源を安心生活創造事業から、2010（平成22）年度から始まった東京都の「シルバー交番設置事業（現・高齢者見守り相談窓口設置事業）」[注8]に転換し、区の南部にみどり高齢者みまもり相談室を開設した。両相談室とも相談員1名、事務補助1名の2名体制で整備された。2011（平成23）年度にかけて、墨田区内の地域包括支援センターと併設して他の日常生活圏域にも開設し、相談室が圏域ごとに計8か所設置された。

区は、高齢者みまもり相談室事業を開始した当初から、体制づくりやそれにともなう予算の確保、情報共有のためのオンラインシステムの導入、住民に向けた見守りチェックリストの開発や東洋大学との共同研究による見守りアセスメントツール等の開発等、区の見守りネットワークと支援体制システムを主導的に構築してきた。現在も、相談室の後方支援はもちろん、事業の継続にあたって尽力している。区は、地域住民・事業者等が日常生活・日常業務のなかで、それとなく高齢者に目を向け、何かいつもと違う事象にいち早く気づき、その情報を相談室等の専門機関につなげられるよう、町会・自治会、老人クラブをはじめとする、地域のさまざまな団体・集まりに普及・啓発していくとともに、「緩やかな見守り」や「担当による見守り」「専門的な見守り」を通して、これらの取り組みを行う関係機関や団体等が有機的につながり、高齢者と支える、地域の見守りネットワークとして構築していきたいと考えている。

5 見守りネットワークの維持・発展の背景

墨田区では、高齢者の見守りネットワーク・相談支援体制に関し、区が主導してその構築にあたってきた。「墨田区高齢者みまもり相談室事業」として展開されて10年が経過しているが、見守り活動が区内を網羅するようにシステマティックに行われ、見守りネットワークも維持されている背景には、以下の2点が挙げられると考える。

1つめは、基礎自治体によって見守り活動及び相談支援体制が、地域包括ケアシステムに組み込まれるように設計され、その運営に必要な財源の確保と情報の共有が行われている点である。相談室に専門職を配置したうえで日常生活圏域ごとに設置し、地域包

括支援センターと連携して継続的な支援につなげられる体制をとっている。相談室が、地域包括ケアシステムにおける情報の入り口となり、高齢者の生活上のリスクや専門職による介入・支援の必要性によって、その後の対応を「緩やかな見守り」「担当による見守り」「専門的な見守り」に分け、相談室を含むそれぞれの担い手に引き継いでいく。こうした一連の流れが明確にパス化されていることで、生活実態把握や見守り活動等によって発見された個別支援が必要なケースが、専門職とアクセスしやすくなっている。また、運営に必要な情報共有においては、区が相談室に生活実態把握や見守り活動に必要な母数情報を提供し、また、見守り活動の担い手ごとに必要な情報は、相談室と適宜共有・同期させている。

2つめは、地域住民や関係団体・事業者等の見守り活動の担い手が保たれている点である。そのために、町会・自治会や民生委員等による「日常生活のなかで住民自身がつくってきた」見守り活動を大切にしながら、それらに加えて、見守り協力員をはじめとする「担当による見守り」を行ってきた。この「担当による見守り」の担い手には、民生委員や一定の研修を受けている見守り協力員といったセミフォーマルな立場の人を起用している。また、区や相談室による地域住民、関係団体への理解促進、啓蒙、フィードバックによって主体的な活動意識を高めるなどしている。

■ 住民の自助・互助を可能にする内発的側面とそれを支える専門機関・専門職の役割

墨田区では「高齢者みまもり相談室事業」が開始される前から、町会・自治会や民生委員等による見守り活動が行われており、さらに区内で起きた孤立死事例によって、地域住民の意識も高まっていた。こうした意識と主体的な活動を阻害することなく、相談室を拠点とした新たな仕組みを導入することで、地域住民のなかから見守り協力員という新たな担い手も生み出した。また、相談室は、地域住民にとって、何かあれば気軽に相談ができるような存在にもなっている。文花高齢者みまもり相談室が10年間に積み上げてきた地域住民との信頼関係と、相談室による見守り活動の土壌づくりは、コミュニティの醸成に寄与しているといえよう。

注

注1　墨田区提供資料より作成、いずれも2019（平成31）年4月現在の数値である。

注2　墨田区では、一人暮らし高齢者や近隣に親族がいない高齢者のうち、定期的に安否確認が必要である人に対し、電話による安否確認を行っている。また、固定電話のない人に対しては、電話機の貸与及び電話料金（基本料）を助成している。

注3　情報の見える化については、小林良二「地域の見守りネットワーク活動業務の見える化について」『東洋大学福祉社会開発研究』第8号，29～34頁，2016[1]．を参照されたい。

注4 詳しくは、東京都福祉保健局『高齢者等の見守りガイドブック 第3版』2018[2].を参照されたい。

注5 墨田区では、一人暮らし高齢者や高齢者のみの世帯のうち希望者に対して、緊急通報機器（専用通報機器やペンダント型等）を貸出している。受信センターに通報が入ると、看護師等の専門職スタッフが24時間体制で対応し、緊急時の救急車手配や親族への連絡なども行っている。また、在宅時の異常を判断して自動通報する安否確認センサも利用できる。

注6 本調査では、65歳以上の一人暮らし高齢者（施設入所者等を除く）1万4814人にアンケート調査を実施し、その結果、一人暮らし高齢者に対して懸念されることに、①食事・栄養、②住宅の老朽化、③一人暮らし高齢者の孤立化が挙げられた。孤立化については、調査では、「親族・近隣型（概ね親族や近隣とも交流がある生活）」が77.6％、「親族のみ型（親族との交流が主である生活）」8.0％、「地域のみ型（近隣が主で親族とはほとんど交流がない生活）」9.3％、「社会的孤立型（親族とも近隣とも交流がほとんどない生活）」5.1％という結果であった。

注7 厚生労働省社会・援護局地域福祉課が所管する事業で、セーフティネット支援対策等事業補助のひとつ。モデル地区となった自治体には1自治体あたり年間1000万円以内の補助が行われた。

注8 東京都では、2010（平成22）年から高齢者見守り相談窓口設置事業（旧・シルバー交番設置事業）を実施しており、社会福祉士や介護支援専門員等の専門職による窓口相談や戸別訪問、高齢者の見守りネットワークの構築に対して補助を行っている。2010（平成22）年当初は、墨田区と三鷹市の2自治体が実施しており、補助率は国土交通省45％、都27.5％、区市町村27.5％であった（2012（平成24）年度以降は、都50％、区市町村50％の率に変更）。2019（令和元）年6月現在、都内19区市町村97地区が実施している。

文献

1) 小林良二「地域の見守りネットワーク活動業務の見える化について」『東洋大学福祉社会開発研究』第8号，29〜34頁，2016.

2) 東京都福祉保健局『高齢者等の見守りガイドブック 第3版』2018.

参考文献

・月刊ケアマネジメント編集部「全地域包括に『高齢者みまもり相談室』見守り専従の相談員3人がフル活動──文花高齢者みまもり相談室（東京都墨田区）」『月刊ケアマネジメント』第23巻第6号，14〜16頁，2012.

・小林良二「虚弱な高齢者に対する地域住民の『見守り』について」東洋大学福祉社会開発研究センター『地域におけるつながり・見守りのかたち──福祉社会の形成に向けて』中央法規出版，300〜325頁，2011.

・小林良二「地域の見守りネットワーク」藤村正之編『協働性の福祉社会学──個人化社会の連帯』東京大学出版会，159〜181頁，2013.

・墨田区『高齢者の生活実態・意識調査等報告書』2008.

・高村弘晃・山田理恵子・小椋佑紀「高齢者見守りネットワークの構築──墨田区高齢者みまもり相談室の事例から」東洋大学福祉社会開発研究センター『地域におけるつながり・見守りのかたち──福祉社会の形成に向けて』中央法規出版，326〜354頁，2011.

謝辞

本稿を作成するにあたり、ヒアリングを快くお受け下さった墨田区福祉保健部高齢者福祉課地域支援係のご担当の皆様および文花高齢者みまもり相談室の相談員の皆様に感謝申し上げます。

第11章

看護小規模多機能型居宅介護での単身高齢者の看取り
～横浜市金沢区 在宅ナースの会の取り組みから～

要旨

　看護小規模多機能型居宅介護という介護保険サービスをご存知だろうか。2012（平成24）年に制度化された地域密着型サービスの１つであり、小規模多機能型居宅介護と同様に「訪問」「通い」「泊まり」のサービスを柔軟に提供しながら自宅での生活を支援することに加え「看護」の機能を備えている。2017（平成29）年３月現在、全国でまだ357事業所しかない。

　神奈川県横浜市金沢区で看護小規模多機能型居宅介護３か所、小規模多機能型居宅介護を１か所、訪問看護ステーションを３か所運営する有限会社在宅ナースの会は、"自宅で暮らしたい"という本人や家族を支えることを基本に、在宅療養や在宅介護を支援している。2012（平成24）年に看護小規模多機能型居宅介護が制度化される際には、厚生労働省のモデル事業やヒアリングに協力している。本章では、看護小規模多機能型居宅介護による単身高齢者に対する退院時から看取りまでの支援を紹介する。

🔑 キーワード

　看護小規模多機能型居宅介護　単身高齢者の看取り　往診　ACP

基本情報[注1]

人　口	：横浜市 3,741,317 人、金沢区 198,698 人（2019（平成31）年４月現在） 横浜市全体では、この９年間増加人数は１万人を下回っており、2018（平成30）年の人口増加率は 0.21％
高齢化率	：横浜市 24.6％、金沢区 29.0％（2019（平成31）年１月現在） 横浜市全体では、2011（平成23）年より 20％台に上り、年々上昇している。

> 高齢者人口に占める後期高齢者率は、横浜市50.8％、金沢区48.9％（2019（平成31）年1月現在）
>
> 金沢区の病院数：7病院（県立循環器呼吸器病センター、横浜市立大学附属病院、横浜南共済病院、済生会若草病院、金沢文庫病院、金沢病院、横浜なみきリハビリテーション病院）
>
> 在宅療養支援診療所・病院数：17

1 │ 設立経緯

■1 在宅療養を支援したいと開設した訪問看護ステーション

　運営法人である有限会社在宅ナースの会は、2000（平成12）年12月に看護師4～5名と事務職員1名で設立され、翌年には横浜市金沢区で居宅介護支援、訪問看護、訪問介護を始めた。在宅ナースの会の代表者は、神奈川県内にあるホスピスを有する病院で、在宅ケアセンター（訪問介護、訪問看護、福祉用具等）の立ち上げ経験や訪問看護ステーションの管理者経験もある。在宅療養を支援したいと在宅ナースの会を立ち上げた。

　しかし、数年が経ち、本人の意向とは別に、家族介護の限界によって施設入所が決まっていく現実を目の当たりにし、訪問看護と居宅サービスだけでは限界があることを感じ始めていた。当時、デイサービスの利用時間は限られており、ショートステイは4か月前から予約しないと利用できない状況であった。そんなときに、小規模多機能型居宅介護の制度化の話を耳にし、看取りを含め、在宅生活を続けたい利用者を最期まで支えられるサービスになると直感した。そして、2007（平成19）年4月に民家を改修し、小規模多機能型ハウスふくふく柳町、2010（平成22）年に通所介護を併設した小規模多機能型ハウスふくふく寺前を開設した。

　小規模多機能型居宅とは、介護保険制度の地域密着型サービスの1つである。登録利用者（最大29名）^{注2} に対し、「訪問」「通い」「宿泊」のサービスを柔軟に組み合わせ、自宅での生活を支えている。通う場所も宿泊する場所も同じ事業所で、職員も利用者も顔なじみになりやすく、利用者の安心感につながっている。例えば、認知症の症状が進行し、柔軟なサービス提供を必要としているケースや、介護者が仕事や疾病等で急に数日間介護ができなくなることがあるケースなど、訪問介護や通所介護、ショートステイ等の居宅サービスを組み合わせるだけでは、支えきれない利用者にとってより有効なサービスである。在宅ナースの会では、訪問看護も行っているため、さらに他の小規模多機能型居宅よりも医療ニーズの高い人や看取りの人の利用も多かった。

2 看護小規模多機能型居宅介護への移行

　小規模多機能型居宅介護が制度化された当初、小規模多機能型居宅介護と訪問看護を利用し、医療ニーズのある人（がん末期、胃ろう、中心静脈栄養、痰の吸引、在宅酸素療法、透析等）を支援している事業所も出てきていた。小規模多機能型居宅介護と訪問看護を組み合わせて利用する場合、主治医の指示書は、「訪問看護指示書」のみのため、小規模多機能型居宅介護事業所に配置されている看護師は、指示内容の処置等は行うことができなかった。そこで、日本看護協会を中心として、訪問看護と小規模多機能型居宅介護のサービスを一体的に提供できるよう、「訪問」「通い」「泊まり」の他に「看護」の機能を加えた看護小規模多機能型居宅介護の制度化に向けた動きがあった。

　在宅ナースの会も、同様に小規模多機能型居宅介護と訪問看護で医療ニーズのある人の在宅療養や看取りの支援をしており、2011（平成23）年に行われた日本看護協会のモデル事業や厚生労働省のヒアリングにも協力していた。そして、2012（平成24）年に看護小規模多機能型居宅介護が制度化され、同年10月に在宅ナースの会も小規模多機能型ハウスふくふく寺前を看護小規模多機能型居宅介護に移行した。また新たに2017（平成29）年に看護小規模多機能型居宅介護ふくふく能見台を開設した。

　現在、横浜市金沢区に、看護小規模多機能型居宅介護を3か所、訪問看護ステーションを3か所、小規模多機能型居宅介護事業所と居宅介護支援事業所、通所介護事業所を1か所ずつ運営している。

写真1　看護小規模多機能型居宅介護ふくふく寺前の外観

2 ｜ 単身の人や日中独居の人への支援

　「日中独居」となる人は、単身世帯だけではない。同居する配偶者や子、親族がいても何らかの理由でキーパーソンになれなかったり、介護に携われなかったりする場合もある。例えば、子と同居していても仕事のため、平日日中は独居となったり、同居家族が疾病や障害、引きこもり等のためにキーパーソンとなることも難しかったりと理由はさまざまである。在宅ナースの会でも各事業所1～2名はそういった独居の人の利用があるという。以下に、ある単身世帯の利用者で、看取りまで行った事例を紹介する。

■1 事例の概要と支援開始経緯

　A氏は、80歳前半の女性で、アパートで一人暮らしをしていた。以前は内縁の夫と2人で暮らしていたが、X年にA氏が入院している間にがんで他界した。子は1人いるが、幼児期に別れたまま50年以上連絡をとっておらず、兄弟とも疎遠であった。

　以前は、介護保険サービスを使っていたが、内縁の夫と介護支援専門員との折り合いが悪く、利用をやめてしまっていた。介護サービスに対する印象も悪くなり、その後は全く介護サービスを利用していなかった。そのため、同じアパートに住む自治会長が心配し、生活保護のケースワーカーにつないだり、在宅ナースの会に連絡をしてくれた。その後、生活保護の受給が開始された。

　A氏は、以前より大腸がんと診断され、肝転移もあった。X年6月に放射線治療のために入院していたが、治療がつらく、積極的治療を望まないとの意思に変わった。そして、翌月に退院し、在宅ナースの会の看護小規模多機能型居宅介護での支援が始まった。

■2 X年7月　利用開始時

①症状の確認と往診医の決定

　本人の症状を確認したところ、腹水や下肢のむくみもあるため、看護小規模多機能型居宅介護を利用してもらうこととした。往診は、主治医であったその病院医師が、事業所に来てくれることになった。

②看護小規模多機能型居宅介護の利用

　自宅に介護者もいないため、退院直後は、事業所での「通い」「泊まり」を中心に、介護内容や量の見極めを行った。生活保護を受給しており、「泊まり」にかかる自己負担も厳しくなるため、3週間程過ぎた頃から、日中数時間自宅に戻ることから始め、本人に状況を確認しながら、自宅で過ごす時間を少しずつ増やしていった。

③居宅療養管理指導の利用

　退院直後は、薬局から看護小規模多機能型居宅介護事業所に薬を直接届けてもらい、看護小規模多機能型居宅介護の看護師が服薬管理を行っていた。

④家族関係

　入院中、生活保護のケースワーカーが、A氏の容態を伝えるために子に連絡をした。その際、子から看護小規模多機能型居宅介護の介護支援専門員に会いたいとの連絡があり、すぐに会うことになった。また、介護支援専門員と病院に見舞いに行くことにもな

り、そこで、Ａ氏は子と50年振りに再会した。当初は、Ａ氏も子に対して遠慮もあり、子に支援を求めているわけでなく、事業所もキーパーソンとすることは想定していなかった。

⑤金銭管理

　認知症の症状はなかったが、退院直後は自宅周辺の地理が分からなかったり、多少の認知機能の低下がみられたため、今後のことも考え、横浜市社会福祉協議会が行っている横浜生活あんしんセンターで日常生活自立支援事業を利用してもらうことにした。

⑥身元保証

　入退院時の手続きや身元保証のために、NPO法人が行っている身元保証サービスを利用してもらった。

⑦インフォーマルサポートの確認

　Ａ氏は人柄も良く、そのアパートにも長く住んでいたため、近隣との関係も良好であった。体調の悪化や入院時には、同じアパートに住む町内会長や近隣住民、友人も心配してくれていた。そのうち1人（Ｂ氏）はとても仲が良く、入院が長引いたときには毎日お見舞いに来ていた。

３ Ｘ年秋頃～Ｘ＋1年6月下旬

　看護小規模多機能型居宅介護の利用により、自宅で過ごす時間も増え、Ａ氏も徐々に回復し、リハビリに対しても意欲をみせる程前向きな姿勢であった。日常でできることも増え、要介護認定も要介護3から要介護2になった。

①看護小規模多機能型居宅介護による支援内容

　「通い」　週4日　昼食を事業所で摂り、入浴や清拭も行った。夕食は在宅ナースの会が行っている利用者向けのお弁当を持って帰っていた。

　「訪問」　週6日　週4日は1日2回（安否確認、通いの準備・送迎、買い物やゴミ捨て等の家事支援）

　　　　　　　　　週2日は1日1回（安否確認、同法人が行っている配食サービスの弁当を夕食用に配達）

　　　　　　　　　　※簡易な食事の支度やレンジ調理はできるようになったため、上記以外の日は、惣菜やパン食を自身で用意していた。

　「泊まり」　利用なし

「看護」　全身状態の観察とバイタルチェック、腹水の観察、排便コントロール確認
　　　　　（すべて通いの際に事業所にて看護師が行った）
「その他」　事業所の理学療法士によるリハビリ

②居宅療養管理指導の利用

　薬局から自宅に薬を届けてもらい、A氏自身が薬ケースにセットし、それを事業所の看護師が確認し、ほぼ自己管理に近い状態にまで回復していった。

③家族関係の回復

　県外に住む子とは、良好な関係が続き、月1回はA氏の自宅や事業所に会いに来てくれるようになった。年末年始には、A氏の自宅に泊まり一緒に過ごしていた。

④インフォーマルサポートによる見守り

　A氏が自宅にいる際は、自治会長と近隣住民のB氏、入院中に知り合った患者仲間のC氏、民生委員の4人が中心になって見守っていた。自宅に差し入れをしたり、家のちょっとした不具合を直してくれたり、日ごろから気にかけてくれており、このうち、B氏は事業所に会いに来てくれることもあった。

⑤往診

　定期往診は月に1回、往診医に事業所に来てもらい行っていた。

■4 X＋1年6月下旬～7月下旬

　A氏は発熱のため入院となった。その間、介護保険サービスである看護小規模多機能型居宅介護の利用はできないが、介護支援専門員は見舞いに行ったり、病院との連絡調整を行ったりしていた。

■5 X＋1年7月下旬～8月上旬

　退院直後は、連日「通い」と「泊まり」を利用し、終日事業所にて過ごしたが、徐々に自宅での時間を増やしていき、8月上旬には、週1回程度は日中自宅で過ごせるようになった。「看護」では毎日、事業所において、入浴時または清拭時のバイタルチェックと全身状態の観察を行い、腹水の観察、全身のかゆみに対する軟膏の塗布とひっかき傷等がないかの確認を行った。

　3週間程利用したある日、日常生活自立支援事業の専門員がA氏と面談するため、A氏の自宅を訪れたが、専門員が呼び鈴を鳴らしても返答がないため、事業所に連絡が

入った。事業所ではA氏宅の合鍵を預かっていたため、事業所の看護師がA氏宅に行き、ドアを開けると、ドアチェーンがかかっていたため中に入れず、救急車を呼ぶこととなった。救急隊員と一緒に中に入ると、A氏はベッドからずり落ちて起き上がれない状態であった。そのまま主治医のいる病院に搬送され、肝機能障害によるものとの診断された。

⑥ X＋1年8月上旬〜10月下旬　病状悪化による入院

　入院当初は、A氏もすぐに退院できると思っていたが、病状悪化のため、入院が長引くことになった。その間、事業所の介護支援専門員は、A氏の様子を見に見舞いに行ったり、病院でのカンファレンスにも出席した。

　入院中のある日、A氏の主治医が事業所を訪れた。A氏は看取りの時期が近づいており、本人は知っている人たちのなかで最期を迎えたいと、退院を希望しているが、A氏自身も自宅での生活は難しいと感じており、退院に対して自信をなくしているので、背中を押してほしいとのことだった。主治医は、医師の立場からみても自宅での一人暮らしは難しいと考えるが、自宅に帰らなくても、事業所で看取りができるのであれば、退院しても大丈夫であると伝えたい、何かあれば病院がいつでも受け入れると話した。

⑦ X＋1年10月末頃〜11月上旬（支援期間10日間）

　これが事業所での最後の支援となった。10月末頃、退院予定日の前日にA氏が入院している病棟の看護師から連絡が入った。病院で行った退院カンファレンスのときよりもA氏の病状が悪化しており、新たに点滴と酸素療法を行っているが、それでも事業所での受け入れは可能かとの話であった。事業所としては、その状態でも受け入れることはできるが、本人がこうした状況での退院に不安がないかどうか、本人の意向を再度確認してほしいと依頼し、翌日、事業所で最期を迎えたいとの意思が確認されたと連絡があり、退院となった。

　退院後から他界される日まで、事業所の「通い」と「泊まり」を連日利用し、終日宿泊室（個室）で過ごした。「看護」では、バイタルチェック、清拭、点滴管理（CVポートからの点滴500cc／日）、尿道留置カテーテルの管理、痰の吸引、疼痛の看護（レスキュー注3も使用）を行った。点滴は、退院直後は24時間実施していたが、夜間は看護職員が不在となりオンコール対応となるために管理できないとして、日中の看護師がいる間に実施できるように変更した。また、日中に看護職員と介護職員が一緒にケアにあたり、看護師は夜間での注意点等を介護職員に伝えた。介護職員は、医療的ケアの研修をすでに受講しており、夜間でも痰の吸引は行うことはできた。A氏はすでに会話することも難しかったが、子もその間に事業所を訪問し、A氏に声をかけ続けて

いた。

A氏が他界したのは、退院後から10日後の深夜2時であった。介護職員が巡回で居室に入った際に呼吸がないことに気づき、管理者と介護支援専門員に電話連絡をした。管理者から医師にも連絡したところ、深夜にもかかわらず事業所に来てくれ、死亡確認を行った。

また、葬儀が終わった後、遺品整理やアパート退去の手続きは、子が立ち合いをし、区役所と身元保証人となっていたNPO法人が中心となって行った。

写真2　宿泊室の様子

3 | 認知症高齢者の単身世帯や日中独居を支える要件とは

今回の事例では、本人に著しい認知機能の低下はみられず、ある程度の判断を自身で行っていたが、認知症のある人で単身世帯の場合はどうであろうか。在宅ナースの会の代表は、たとえ同居していなかったとしてもキーパーソン（判断してくれる人）がいることが条件となると話す。小規模多機能型居宅介護や看護小規模多機能型居宅介護は、自宅で暮らしたい人を支援するサービスであり、週に1日でも月に数日でも、日中だけであっても、自宅での生活が可能となることが大切であると考えている。もちろん、利用し始めてから、介護者が他界したり、自宅に戻れなくなる場合もある。そういった場合やターミナル期は別であるが、利用開始前から月に数日でも自宅での生活が安全に行えないと分かっている場合には、やはりこのサービスの対象とは言いがたいという。

4 | 医師との連携

看護小規模多機能型居宅介護は、往診医からの指示書によって、事業所の看護師が処置等を行っている。この事例に出てくる医師との連携は、今回が初めてであったが、このケースを機にその後も別のケースで往診に来てくれるようになったという。

家族との連絡調整は、介護支援専門員が行っているが、医師との連絡調整は、主に看護師が行っている。個人経営の病院や診療所の場合は、医師と直接会って連絡調整を行うが、規模の大きい病院の場合は、地域医療連携室の看護師と電話でやりとりをしてい

る。また、初めて連携する医師に対しては、穏やかな最期を迎えるにあたって、その医師が死亡診断書を書くことも事前に確認している。

　横浜市金沢区には、医師会・歯科医師会・薬剤師会からなる一般社団法人金沢区三師会があり、休日救急診療所や三師会訪問看護ステーション、在宅医療相談室を運営していたり、多職種連携会議や在宅医療に関する勉強会なども開催しており、在宅医療や医療・介護連携に熱心な地域でもある。

　退院直後から支援する場合、金沢区内の病院では、地域医療連携室から往診医はどの医師がいいか聞かれ選択できるほど、在宅医療を担う医師がいる。また、逆に医師から、在宅療養をするのであれば、看護小規模多機能型居宅介護を利用するようにと指名されるほど、看護小規模多機能型居宅介護を理解している医師も多い。それは、在宅ナースの会の代表が、地域の専門職の研修や一般市民に向けた講座で看護小規模多機能型居宅介護とは何か、どんなことができるのか、理解を促してきた結果でもある。こうした環境のなかで、医師と事業所との連携もスムーズに行われているといえる。

5 ｜ "自宅で療養したい" という気持ちに応える

　今回の事例のA氏は、退院に際し本人は自宅に戻りたいという気持ちはあったが、一人暮らしのため周りに迷惑をかけたくないと、自宅に戻るとなかなか自分では言い出せなかったという。主治医から今後の療養にあたって、住み慣れた馴染みのあるところがいいのではないかと、看護小規模多機能型居宅介護を利用しながら自宅で暮らすことをすすめられ、A氏自身も在宅療養の選択ができた。

　事業所は、利用者に家族がいれば、ターミナル期をどうするかについて家族を通し間接的に話ができるため、早期から一緒に考えることができる。看護小規模多機能型居宅介護を利用するということは、ある程度、看取りも想定されているが、単身世帯でキーパーソンが不在の場合、支援開始前や開始当初から、本人と直接そういった話まで行うことは難しいという。一方で、

図1　ターミナルケアに伴う諸加算にかかる同意書

同　意　書

(24時間対応体制加算・特別管理加算Ⅰ・Ⅱ・ターミナルケア加算)

☐ 1. 私は、貴複合型サービスの24時間連絡体制により、緊急時の電話による相談または、訪問看護を利用するため、24時間対応体制加算を算定することに同意します。

☐ 2. 私は、病気の状態から、（　　　　　　　　　　）の管理・相談が必要なため、特別管理加算（Ⅰ・Ⅱ）を算定することに同意します。

☐ 3. 私や家族の意向に添って、私の終末期における、身体・精神状態の変化に対して、死亡日14日以前に看護の提供を受けた場合には、ターミナルケア加算の算定に同意いたします。

令和　　年　　月　　日

ふくふく能見台訪問看護ステーション　　　　　　　管理者

利用者　住所	
利用者　氏名	様

同意者住所・氏名

住　所

氏　名　　　　　　　　　　㊞

利用者との続柄

それまで治療に関わってきた病院・診療所の医師や看護師は、患者との信頼関係もすでにできているため、早期から意思確認やACPに関わっていくことで在宅療養への移行が円滑になる。

6 | 何かあったときにどこに知らせればよいのか、分かっている安心感

　今回の事例では、同じアパートに住む自治会長が在宅ナースの会に連絡したことが支援開始のきっかけとなった。そもそも自治会長はなぜ、在宅ナースの会のことを知っていたのだろうか。その鍵は、小規模多機能型居宅介護や看護小規模多機能型居宅介護の「訪問」機能にある。

　以前、同じアパートに住む別の人が在宅ナースの会の小規模多機能型居宅介護を利用していた。その人は、認知症の症状があり、地域住民も関わりに苦慮していた。その支援にあたっていたのが在宅ナースの会であり、「訪問」の際に事業所の車が停まっていたのを目にしていた自治会長は、それを思い出し、あの人がお世話になっているところなら大丈夫じゃないかと連絡をくれた。

　小規模多機能型居宅介護も看護小規模多機能型居宅介護も、柔軟なサービスによって、既存の居宅サービスの組み合わせでは支援が難しい人の生活も支えることができる。支えるにあたって、自宅での暮らしを大切にするため、「訪問」によって利用者の自宅を中心とした地域で支援している。周辺住民は、車等を見て、何かあればここに連絡をすればいいということが分かるだけでも、周辺住民の安心や日ごろの見守りにつながっている。

7 | 看護小規模多機能型居宅介護の訪問と見守り

　事例を振り返って、事業所の介護支援専門員は、もしも看護小規模多機能型居宅介護がなければ、病院でターミナルを迎えることになったと思うと話す。A氏は、要介護2であったので介護老人福祉施設には入所が申請できず、がん末期のために介護老人保健施設の入所も難しいと考えられるためである。

　A氏に対する看護小規模多機能型居宅介護の支援は、約1年4か月であるが、その間入退院を繰り返しながらも看取りまでの支援を行ってきた。小規模多機能型居宅介護や看護小規模多機能型居宅介護は、ケアマネジメントを担う介護支援専門員が事業所に内在している。そのためケアマネジメントと生活支援や介護サービスの提供が一体的に行われ、利用者の状況に合わせて柔軟に対応することができる。A氏の事例をみてみ

図2　利用者宅を中心とした地域との関係づくり

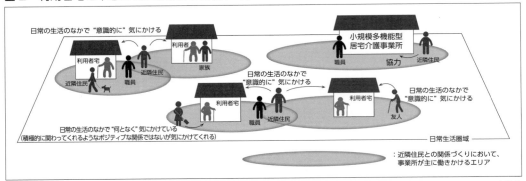

小規模多機能型居宅介護事業所や看護小規模多機能型居宅介護では、利用者の主たる生活の場は利用者宅であり、近隣住民との関係づくりにおいては、事業所を中心とした周辺地域に加え、各利用者宅の周辺地域の住民との関係も対象となる。
出典：片山友子「認知症高齢者の生活支援における近隣住民とのネガティブな関係性に対する支援技術の検討──小規模多機能型居宅介護利用者の事例検討を通した考察」『十文字学園女子大学人間生活学部紀要』No.12, 266頁, 2014.

ると、こうした生活支援や介護に関わる情報の他にも、見守り情報について事業所に集まるようになっていた。X＋1年6月まで、比較的体調の良い状態が続き、週に3日は終日自宅で過ごし、それ以外の週4日も日中以外は自宅で過ごしていた。その間の日常的な見守りは、看護小規模多機能型居宅介護の週6日の「訪問」による安否確認を中心としつつも、自治会長や近隣住民のB氏、入院中に知り合った患者仲間のC氏、民生委員の4人も見守りを行い、自治会長や民生委員は、何かあると事業所に連絡を入れていた。単身世帯の場合、急病・異変発生時に本人が事業所に連絡できるとは限らない。また事業所による週6日の安否確認にも限界があるため、こうした近隣住民からの見守り情報も重要となる。在宅ナースの会は、A氏の事例に限らず、利用者がこれまで培ってきた関係性を途切れさせないよう、近隣住民と連絡を取り合いながら支援を行ってきている。

　また、X＋1年8月上旬に起きた自宅での異変発生時には、発見者である日常生活自立支援事業の専門員もすぐに事業所に連絡をしている。これは、事業所が、見守り情報を集約するだけでなく、緊急時対応も行うことができるからである。両者が同じ事業所において行われている点も、在宅の限界点を引き上げている要素の1つであるといえる。

　介護保険制度の地域密着型サービスの1つである小規模多機能型居宅介護や看護小規模多機能型居宅介護は、在宅の限界点を引き上げるために創設されたサービスでもある。在宅ナースの会の3か所の看護小規模多機能型居宅介護のうち、最も高いところで平均要介護度は4.0である。介護老人福祉施設の平均要介護度が3.87、介護老人保健施設の平均要介護度が3.21[注4]であることからも、その高さにも驚く。

　在宅ナースの会は、設立時から一貫して、利用者の自宅での暮らしを大切にしてき

た。事例のA氏は、何度か入退院を繰り返したが、そのたびに自宅退院・在宅療養を希望した。それは、事業所の支援が、当初から事業所で終日過ごし続けるものではなく、わずかな時間であっても自宅での生活を重視し、それが可能となるような支援を行ってきたからでもあると考えられる。こうした支援が、本人の在宅療養を選択する意思を支えてきたともいえる。

　在宅ナースの会の介護支援専門員や看護師は、看護小規模多機能型居宅介護は、同じ事業所に通ったり泊まったりし、日中も夜間も同じ事業所の顔なじみの職員が対応すること、また面会時間に限りがなく、親族との時間も充分にとれることが、安心感や穏やかな時間につながり、これらのうえに看取りがあるからこそ、生活の延長線上に看取りがあると感じると話す。これらは看護小規模多機能型居宅介護が、単に在宅の限界点を引き上げるだけでなく、QOLの観点からも質の高い看取りを行っていることを示しているといえよう。

※事例掲載にあたり、事業者を通じてA氏のご家族に同意を得ている。

注

注1　横浜市HP「人口統計 年齢別の人口」及び日本医師会HP「地域医療情報システム」より。

注2　制度開始当初の登録利用者定員は、最大25名であった。

注3　疼痛のコントロールによって決められた基本投与量に加え、突出痛が出現した際または予防的に、それを取り除く目的で即効性の薬剤を追加投与すること。

注4　介護老人福祉施設及び介護老人保健施設ともに厚生労働省『平成29年介護サービス施設・事業所調査の概況』より抜粋。

参考文献

・片山友子「認知症高齢者の生活支援における近隣住民とのネガティブな関係性に対する支援技術の検討──小規模多機能型居宅介護利用者の事例検討を通した考察」『十文字学園女子大学人間生活学部紀要』No.12, 255〜268頁, 2014.

・金沢区在宅医療・介護関係団体・機関連絡会『連携ガイドブックかなざわ〜みんなでささえる医療と介護〜（平成31年3月最終改訂）』金沢区在宅医療相談室, 金沢区保健福祉センター高齢・障害支援課, 2019.

・厚生労働省HP「看護小規模多機能型居宅介護について 3. 看護小規模多機能型居宅介護の事例 事業所7. 神奈川県横浜市」

・市民セクターよこはま編『横浜市小規模多機能型居宅介護事業 事例集』横浜市健康福祉局高齢健康福祉部事業指導室・市民セクターよこはま, 2011.

・立教大学森本佳樹研究室『平成21年度厚労省老健事業 小規模多機能ケアにおける専門職連携のあり方に関する研究報告書』立教大学, 2010.

謝辞

　本稿を作成するにあたり、ヒアリングを快くお受け下さった在宅ナースの会の代表者・介護支援専門員・看護師の皆様や事例掲載を承諾下さったA氏のご家族に感謝申し上げます。

第12章

医療・介護の高コストパフォーマンスと孤立死防止
～大分県姫島村は奇跡の島か？～

要旨

　姫島村は、1人あたりの医療・介護給付費が大分県内で最も低い一方で、平均寿命と健康寿命は最も長い。さらに、要介護認定率も県内で最も低く、加えて、孤立死（検視数）も県平均の1/3以下である。

　村の特性として、約60年にわたる親子2代での村長無投票当選、行政によるワークシェアリング、漁業期節などが挙げられる。これらが地域共同体の強固さに影響し、低コストでの健康長寿や孤立死抑制に影響を与えている可能性がある。

　なお、システム的には医療主導型の取り組みであるが、これを支えているのは行政、及び地域共同体のため、ここでは福祉主導型に含めた。

🔑 **キーワード**

　低コスト健康長寿　村長親子2代長期無投票当選　行政主導
　ワークシェアリング　漁業期節

基本情報

地理：瀬戸内海の西端、国東半島の北約5km（内海・本土接近型離島）
人口：1,830人
高齢化率：50.3%（平成30年版大分県人口推計報告）
産業：漁業・車えび養殖・観光が三大産業であるが、いずれも衰退傾向

1 | 人口・高齢化率など

1 高齢化率は県内で最も高い

　大分県人口推計報告（平成 30 年版）によると人口は 1830 人で、高齢化率は大分県内
18 市町村で最も高い 50.3％である。合計特殊出生率は 1.99 と高値であるが、出産年齢
人口自体が少ないため寄与は限定的で、人口減少率も県内で 2 番目に高い。

2 離島のなかでは人口減少率は低い

　こうしたデータからすると典型的な衰退自治体であるが、大分県内で唯一の離島自治
体のため、他の市町村より高齢化や人口減少などが進むのは必然であろう。一方、大分
県内の他の離島と比すと別の側面も浮かび上がる。

　大分県の離島で最も人口が多いのは姫島（1830 人）で、次いで保戸島（711 人）、大
入島（696 人）である。2018（平成 30）年の人口を 10 年前と比べると、姫島は
− 21.1％、大入島は − 33.6％、保戸島は − 40.8％であり、相対的に姫島は人口減少率が
低い。これから述べる、ワークシェアリングなどによる効果も大きいと推察される。

2 | 姫島村行政の 2 つの大きな特徴

1 際立って多い村役場職員（ワークシェアリングによる雇用確保）

　姫島村は、「IT アイランド構想」を策定するなど企業誘致を図っているが、小さな離
島自治体に大規模な新規雇用を生み出すような企業進出は望みにくい。よって、雇用資
源として長く機能してきたのが、村役場が直接雇用をするワークシェアリングである。

　2018（平成 30）年 4 月 1 日現在の村役場職員は 182 人で、生産年齢人口の約 4 人に 1
人にあたる。一方、この原資を確保するために、国家公務員の給与を 100 としたときの
各地方自治体の公務員の給与水準を示すラスパイレス指数は全国で最も低い 79.6 と
なっている。姫島村が平成の大合併から離脱した最大の理由は、ワークシェアリングの
継続である。

2 村長は親子 2 代で約 60 年間継続／無投票当選

　現村長の藤本昭夫氏は 1984（昭和 59）年に初当選し、現在 9 期目である。前村長は
昭夫氏の実父の藤本熊雄氏で、1960（昭和 35）年から 7 期務めた。親子 2 代が連続し
てこれだけ長期にわたり村長に就任した例は、姫島村以外にはない。

　姫島村の政治的特色はこれだけではない。2016（平成 28）年に村長選挙が行われた
が、これは 1955（昭和 30）年以来 61 年ぶりのことであった。この間、16 回の選挙は

すべて無投票で藤本親子が当選している。こうした特異性の是非については、後述する。

3 | 姫島村の医療・介護サービス資源と地域包括ケアシステム

1 医療資源

村内の唯一の医療施設として、村立国保診療所が設置されている。病床数は全16床（医療病床10床、介護療養病床6床）で、常勤医師3名、常勤歯科医師1名が配置されている。

2016（平成28）年の「医師・歯科医師・薬剤師調査」（厚生労働省）では、人口10万あたりの医師数は全国で251.7人になっている。この調査の人口基準日は同年12月31日であり、同日の姫島村人口（1940人）で換算すると4.9人が標準的な医師数となる。対して姫島村の医師数は3名であり、1.9人（38.8％）の不足となる。

基幹病院までは、対岸のフェリー乗り場から約35km離れている。緊急時について、船舶搬送の場合は、救急要請から病院到着まで平均101.6分要するが、大分大学のドクターヘリを活用すると、高次医療機関到着まで平均53.3分である[1]。

2 介護資源

表1を概観すればわかるように、姫島村の介護サービスは十分ではない。さらに、民間法人によるサービスは2つだけであり（同一法人）、自治体主導が大きな特徴である。

表1 姫島村の介護保険サービス

サービス種類	事業所数	運営母体
居宅介護支援	2	村営
通所介護	1	村営
認知症対応型通所介護	1	民営
訪問介護	1	村営
訪問看護	1	村営
訪問リハビリテーション	1	村営
居宅療養管理指導	1	村営
福祉用具貸与	1	村営
介護療養型医療施設（6床）	1	村営
認知症対応型共同生活介護（18床）	1	民営
基準該当短期入所生活介護	1	村営

3 地域包括ケアシステム

地域包括ケアシステムの代表的なモデルとして「みつぎ（御調）方式」がある。事業規模は遥かに小さいが、姫島村はこれに類似したシステムをとっている。

診療所内に役場の健康推進課と村直営の地域包括支援センターを設置し、課長とセンター長を診療所長が兼務することで一元化を図っている。診療所に隣接する村立高齢者生活福祉センター姫寿苑（定員 30 名）は、島には介護老人福祉施設がないためこの代替機能も担っている。村営の介護保険サービスは、診療所、もしくは姫寿苑が提供主体のため、協働や連携が極めて推進しやすい体制になっている[2]。

4 │ 姫島村の医療・介護コスト

1 医療コスト

国民健康保険と後期高齢者医療の合算値について、人口の年齢構成相違を補正した地域差指数（全国平均を 1）でみると、大分県平均が 1.112 のところ、姫島村は 0.823 で最も低く、県内で唯一全国平均を下回っている（2016（平成 28）年度）。

2 介護コスト

第 1 号被保険者 1 人あたり給付月額（性・年齢調整済）では、大分県内平均が 2 万 2715 円のところ、姫島村は 1 万 6482 円である（県内平均比 72.6％）。第 1 号保険料は、大分県内平均が 5680 円に対して 4750 円である（県内平均比 86.3％）。両者とも県内で最も低い。

5 │ 姫島村の医療・介護はパフォーマンスが高い

前述したように、姫島村の医療や介護・福祉の資源は十分ではない。しかしながら、寿命や自立度は大分県内で最も長い（高い）。このことについて姫島村国保診療所長の三浦は、「医療介護に低依存でありながら健康長寿を実現した島」としている[3]。

1 平均寿命・健康寿命

大分県福祉健康企画課（大分県ホームページ）によると、姫島村の男性の平均寿命は 82.85 歳（大分県内平均 80.74 歳）、女性 88.76 歳（同 87.08 歳）、健康寿命は男性 82.62 歳（同 79.18 歳）、女性 86.68 歳（同 83.90 歳）である。すべて県内で最も長い。

2 要介護認定率

　県下で最も低く、県内平均が 18.0％のところ姫島村は 11.9％である。後期高齢者人口割合などを補正した調整済認定率では、県内平均が 16.2％であるのに対し、姫島村は約 1/2 の 8.5％にとどまる（地域包括ケア「見える化」システム（厚生労働省））。

6 ｜ なぜ姫島村は低コストで健康長寿なのか

　健康には個人因子と社会因子があり、さらにこれらが相互作用する。世界医師会は、2011（平成 23）年のモンテビデオ総会で、「健康の社会的決定因子に関する声明」を採択した。健康格差は、社会、文化、環境、経済などに大きく起因するとし、例えば喫煙は「近似の原因」であり、「なぜ喫煙するのか」という「原因の原因」を追究する必要があるというものである。

　一方、「原因の原因」にも原因が存在し、さらに、「裕福だから健康である」と「健康だから裕福である」のように、個人によっては因果関係の逆転、あるいは往還も生じえる。

　よって、姫島村の健康長寿の要因の明確化は困難であるが、三浦は仮説として、温暖な気候、安全な生活環境、野菜・魚介類を多く摂る食生活、高齢者の活躍の場、医療フリーアクセスの自然な制限、ソーシャルキャピタルの充実、地域包括ケアを挙げている[4]。

　また、稲垣は、住民約 200 名（65 歳以上）を対象とした調査から、①少ない痩せや肥満、②歩数の多さ、③自転車利用頻度の高さ、④ストレスの少なさ、⑤魚類摂取率の高さ、などが関係している可能性があるとし、これらに関与するものとして、①地理的に狭く平地が多い、②ボランティア活動が多い、③友人との交流が多い、④犯罪が少ない、などを示している[5][6][7]。

7 ｜ 姫島村の孤立死は相対的に少ない

　社会的孤立へのアプローチは、わが国の重要な課題である[8]。なかでも孤立死防止は喫緊のテーマとなる。反面、孤立死の行政的定義は未だ確定しておらず、また、これに関わり孤立死数の信頼性の高いデータも存在しないため、ここでは、多くの場合、孤立死も対象となる大分県警察本部が公表している検視数から論じることにする。

1 検視数から推察する姫島村の孤立死

　2017（平成 29）年と 2018（平成 30）年を合算した大分県全体の死亡者数は 2 万 9026

表2 検視率

	年	死亡者数	検視数	検視率
大分県	2017	14,441	1,335	9.2%
	2018	14,585	1,237	8.5%
	合計	29,026	2,572	8.9%
姫島村	2017	39	0	0.0%
	2018	42	2	4.8%
	合計	81	2	2.5%

人、検視数は 2572 人である。死亡者数に占める検視数の割合（検視率）は 8.9% となる。姫島村の死亡者数は 81 人、検視数は 2 人となっており、検視率は 2.5% である（**表2**）。

　大分県の検視率を 100 としたときの姫島村の検視率は 28.1 と大きな開きがあり、ここから、姫島村の孤立死が相対的に少ないことがうかがわれる。

2 姫島村の孤立死防止の取り組み

　厚生労働省は、「孤立死防止対策取組事例の概要」（2014）において、孤立死防止に特化、もしくは準ずる活動を 2 類型 7 種類に分類している。

　一方、姫島村は、こうした取り組みについて他と異なるような特色ある活動はしておらず、また、優れて活発という様子もない。加えて、総世帯に占める高齢独居世帯の割合は、大分県平均は 12.9%、対して姫島村は 16.6% であり、これらから姫島村のほうが上回っても不思議ではない。それなのに孤立死が少ないのはなぜだろうか。

　健康の要因と同様に孤立死の要因も複合的、構造的であり、明確な解を見出すことは難しく、推論の域を超えることができないが、姫島村の歴史と文化にかかる地域共同体の強固さが自然発生的な相互の見守りにつながり、孤立死抑制に大きく影響していると考える。

8 孤立死を防ぐ地域共同体の基底と背景にあるもの

　小さな離島で長く複数の「講」が営まれてきたことからも、姫島村の相互扶助が盛んだったことがわかる[9]。また、姫島村では、青年団の申し合わせにより、1969（昭和44）年から成人式での着物着用を自粛している。その費用をねん出することができない新成人世帯への配慮からはじまったものである。

　村長の藤本昭夫氏は、「皆で決めた申し合わせや約束事を守り、人の輪を大切にし、

平等を尊ぶ。まつりなどを含めてこうした伝統を継承しようという気風こそが『姫島村が誇る文化』」と強調する[10]。では、この基底と背景には何があるのだろうか。

1 経済的利益の分かち合い

①漁業期節

　姫島村漁業の最大の特徴は、「漁業期節」と称する現代でいう漁業規制を、100年以上前から自主的に実施してきたことにある。史料で確認できる最も古いものは1886（明治19）年であるが、それ以前より取り組まれていたことが伺われている[11]。

　この漁業期節は、水産資源を維持することにより、安定的、永続的に漁業を成り立たせるだけでなく、特定の者が一時期に大きな経済的利益を得ることを抑制し、利益を分かち合う仕組みでもある。漁業従事者が島民の多くを占めていた時代の姫島村においては、漁業を超えての住民連帯思想に連なるものになったことが推察される。

②ワークシェアリング

　ワークシェアリングも思想的には漁業期節と同一線上にある。理由は、姫島村の場合、ワークシェアリングの代表的方法である労働時間短縮も導入しているものの、主として給与を抑えることによって実行していること、すなわち、時間当たりの経済的利益を分かち合うことによって成り立っている仕組みだからである。補足すると、役場職員への夫婦での就職はしないという不文律があり、また、正規職員と非正規職員の待遇は同一である。

2 村政の安定

　村民は選挙について無関心層が多いというわけではない。逆に、各選挙の投票率はおおむね90％を維持している。しかし、記したように、姫島村長は16回連続無投票当選で、約60年にわたり親子2代が独占して担ってきた。背景には、投票となった1955（昭和30）年の選挙で、村民が分裂の危機に陥ったことが大きいとされる。裏返すと、その後の無投票当選の理由の大きな1つは、島の結束力を保持するための村民の知恵、選択ともいえる。

　これについては批判的意見も多いだろう。しかし、全否定もふさわしくないと考える。内田は、近年進んでいるとされるコミュニティ解体化と社会的孤立を問題視する立場から、姫島村のワークシェアリングは「自分たちの社会づくり」の性格をもっているとし、「村長が長く有力家系に独占されてきたことが安定的な村政につながり、ワークシェアリングが実現できた」とする[12]。診療所長の三浦も、一貫した保健医療体制の構築理由の1つとして「村政の安定」を挙げている[13]。

　また、かつてわが国のへき地医療のモデルと評価された沢内病院（岩手県）の元院長

の増田は、旧沢内村のその後の医療崩壊の経験から「首長が替わるだけで、持続していた医療システムが、いとも簡単に潰えてしまうことがある」と主張している[14]。

9 | 姫島村はどのように評価されるべきなのか

しかしながら、こうした事実、もしくは主張がそのまま藤本親子の長期村政の正当性を担保するものではない。なぜならば、検証不可能であるが、違う者が村政を担っていたならば、さらに暮らしやすい村創りができていたかもしれないからである。無論、その逆もありうる。

藤本村長自身、自らの政策への評価は謙虚である。ワークシェアリングにしても、「生産性はあまりなく、人口減にある程度の歯止めをかける一定の効果はあっても村活性化の原動力にはならない」とし、重要なのは「民間の経済活動の活発化」と強調している[15]。

これには、姫島に限らず小規模離島の共通課題が根本にあるが、実現を目指しつつも、実現を前提にした政策は望ましい結果を生み出さないであろう。大幅な人口減少が確実なわが国において、経済的な「発展」が期待できる離島はほんのわずかであって、政策の現実的なターゲットは「衰退速度を如何に緩和するか」にある。

批判を恐れずに述べるならば、姫島村は前近代的要素が色濃く残る離島である。だが、文化相対主義をもち出すまでもなく、前近代性そのものをもって批判することは避けなければならない。

実際に訪れると実感できるが、ルポルタージュも含めて姫島村を評する文献に数多に強調されていることは、住民の絆の強さ、共同体の堅固さである。これは、前近代性の意識的な維持から導かれる道徳性によるところが大きいと思われ、孤立死の抑制にも効果を及ぼしているのであろう。

果たして姫島村は奇跡の島なのか、今後の評価を待ちたい。

文献

1) 三浦源太「内海近接型離島診療所——大分県姫島村診療所」『月刊地域医学』第 28 巻第 20 号，819 頁，2014.
2) 前掲 1)，819 〜 820 頁
3) 三浦源太「やりがいのある離島医療」『地域医療』第 55 巻第 3 号，67 頁，2018.
4) 三浦源太・西尾博至・堀井学・十枝めぐみ・吉村学「今考える〝へき地・地域医療〟——ミッション，ビジョン，そして重要なバリュー」『月刊地域医学』第 30 巻第 11 号，957 頁，2016.
5) 稲垣敦・大久保三代「離島住民の健康寿命と身体活動——大分県姫島村について」『日本公衆衛生雑誌』第 62 巻第 10 号，541 頁，2015.
6) 稲垣敦・大久保三代「離島住民の健康寿命とストレス——大分県姫島村について」『日本公衆衛生雑誌』

第 63 巻第 10 号，384 頁，2016.

7) 稲垣敦「姫島住民の健康寿命と食習慣——大分県姫島村について」『日本公衆衛生雑誌』第 65 巻第 10 号，340 頁，2018.

8) 総務省行政評価局「高齢者の社会的孤立の防止対策等に関する行政評価・監視結果に基づく勧告」2013.

9) 安藤万葉・姫野由香・牛苗・林孝茂・西悠太・濱田菜波「集落の規範意識・慣習からみるサスティナブルコミュニティの理想に関する基礎的研究——大分県姫島村におけるケーススタディ」『日本建築学会研究報告（九州支部）』構造系第 57 号，619 頁，2018.

10) しま編集部「姫島が合併をしない理由——島の雇用をまもるため，一島一村の単独村制を選択」『しま』204（51-3），21 頁，2006.

11) 姫島村史編纂委員会『姫島村史』114 〜 117 頁，1984.

12) 内田司「姫島村におけるワークシェアリングの社会的性格と可能性」『札幌学院大学人文学会研究紀要』第 102 号，81 頁，2017.

13) 前掲 1)，820 頁

14) 千田敏之「地域医療のルーツを歩く 沢内病院（後編）元院長・増田進氏に聞く 沢内の医療が崩壊した理由」『日経メディカル』第 44 巻第 6 号，72 〜 74 頁，2015.

15) 藤本昭夫「姫島村のワークシェアリングについて」『町村週報』2681，全国町村会，11 頁，2009.

謝辞 ●

　姫島村役場の山際正英氏と松原雅文氏には、貴重な情報提供と取材全体のコーディネートを頂いた。診療所の三浦源太氏には、臨床に深く関与する医師としての示唆ある話を伺うとともに、本稿の柱立ては、同氏の優れた先行研究を参考にした。姫島駐在所の塩見勝範氏には、警察官の立場から住民の命と安全に関連する話題を提供頂いた。川村涼太郎氏（工藤研究室 OB）には、データ収集などの労をとってもらった。深くお礼申し上げたい。

第 **IV** 部

住民参加による
見守りネットワークと
医療・支援

基本情報 1

■島根県松江医療圏

　島根県内に7つある二次医療圏の1つ。松江市、安来市で構成されている。

人口：245,758 人

65 歳以上高齢化率：29.3%

■島根県松江市

　松江市は、「平成の大合併」で、9つの市町村（松江市、鹿島町、島根町、美保関町、八雲村、玉湯町、宍道町、八束町、東出雲町）が合併し、2011（平成23）年、現在の市域となった。

人口：206,230 人

人口増減率：− 1.1%（全国− 0.8%）

65 歳以上高齢化率：28.2%（全国 26.6%）

※いずれも、「平成 27 年国勢調査」（総務省）の数字による。

基本情報 2

■松江医療圏内の医療施設

病院数：15（一般病院 12、精神科病院 3）

一般診療所数：247

歯科診療所数：89

※「平成 27 年医療施設調査」（厚生労働省）

■松江市地域包括支援センター

　市内を6つの圏域に分けて設置している。うち2圏域は、面積が広いため、サテライトが1か所ずつ置かれている（2つの相談窓口が設置されている）。

　すべてのセンターを松江市社会福祉協議会が受託している。

■松江市の地区社会福祉協議会

　市内に 29 の地区社会福祉協議会が置かれている。公民館に事務局がある。地区社会福祉協議会の活動範囲は、原則、公民館区（かつ小学校区）である。住民が、理事及び活動者となり、地域福祉活動を展開している。

第13章

地区社会福祉協議会を基盤とする見守りネットワークの仕組みと公私連携の形成要因

要旨

　本章の目的は、見守りネットワークの仕組み及び見守りネットワークにおける公私連携の形成要因、の2つを明らかにすることである。事例として、島根県松江市の地区社会福祉協議会（以下、地区社協）が策定する地区地域福祉活動計画と、計画に関わる専門職活動とを取り上げる。結論部分では、次の2点について述べた。第一に、地区社協（インフォーマル）による見守りネットワークの仕組みは、三層構造から説明できる。同時に、専門職（フォーマル）は、三層構造に対して「支援」と「協力依頼」の機能を駆使している。第二に、公私連携の形成要因は、「住民主体の活動」と「専門職活動」との役割分担を整理する活動過程にある、の2つである。

🔑 キーワード

　見守りネットワーク　地域包括ケア　地区社会福祉協議会　地域福祉活動計画
公私連携

1 ｜ 研究の目的と視点──地区社協と専門職による計画活動を事例とする意義

　本章の目的は、地区社協と専門職とが担う見守りネットワークの仕組み及び見守りネットワークにおける公私（フォーマル・インフォーマル）連携の形成要因、の2点を明らかにすることである。大枠では地域包括ケアの研究に含まれる。

　地域包括ケア（システム）は、「地域における医療及び介護の総合的な確保の促進に関する法律」の第2条に次のように定義されている。「地域の実情に応じて、高齢者が、

143

可能な限り、住み慣れた地域でその有する能力に応じ自立した日常生活を営むことができるよう、医療、介護、介護予防、住まい及び自立した日常生活の支援が包括的に確保される体制をいう」。これは、2003（平成15）年の「高齢者介護研究会」の報告書及び以降の一連の研究の蓄積による定義でもある[1) 2)]。

　地域包括ケアは、二木が喝破したように、ネットワークである[3)]。全国共通の「システム」はない。実態としては、各地域内の社会資源によるネットワークである。

　本章の主題もネットワークである。特に、「見守り」のネットワークを取り上げる。従来の地域福祉実践・研究でも、インフォーマルによる見守りネットワークを、地域包括ケアの構成要素の1つとして位置づけてきた[4)]。

　フォーマル・インフォーマルの議論についても整理しておく。社会福祉領域のネットワークの目的は、複数の主体が参加して要援護者を支援することである。ここでいう「主体」が研究の論点となってきた。小松は、ネットワークの主体（構成員）を「専門職ではないインフォーマルな援助者」であるとした[5)]。一方、山手は、それだけでは不十分であり、「インフォーマル」と「フォーマル」とを総合したネットワークが重要であると述べている[6)]。現在では、後者の見解が支持されている[7)]。

　つまり、ネットワークを形成する主体は、「フォーマル」と「インフォーマル」とに大別できる。以下でも、両者を扱う。特に、次の2つについて論じることが本研究の特徴である。

　第一は、インフォーマルの活動を網羅的・包括的にとらえることである。インフォーマルな福祉活動は、一定の地理的範囲内に無作為に現れる。必要に応じて、活動可能な人が自由な発想で取り組むためである。「遣り甲斐」や「楽しみ」を感じるからこそ、住民の活動が継続する[8)]。こうした制度に規定されない自由なインフォーマル活動を、網羅的に把握することは容易ではない。

　そこで、本章では、島根県松江市の29の地区社協が策定する「地区地域福祉活動計画」を分析の素材とする。同計画には、地区の各住民参加組織による活動が、包括的に記載される。まずは、地区社協の計画をみることにより、インフォーマルが主体的に参加する見守りネットワーク形成の仕組みを描いてみたい。市町村単位で策定される1つの地域福祉活動計画を分析した研究は多い。しかし、市町村より小規模である地区社協の活動計画を集積したうえで、一市町村の構造を把握するような研究は少ない。

　第二に、地区社協（インフォーマル）と、専門職（フォーマル）との連携に着目する。専門職として、松江市の社会福祉協議会（以下、社協）と地域包括支援センターを取り上げる。小松も指摘するように、ネットワークを意図的に形成する主体は専門職である[9)]。具体的には、コミュニティワーカーが、問題解決のため、地域社会の種々の関係者に対し、ネットワーク加入を働きかける。そのため、これまでの研究は、専門職活

動を主と見立て、インフォーマル（例えば地区社協）への接近方法を論じたものが多い[10) 11)]。本章の記述は、専門職の視点に偏らないようにする。そのため、フォーマルとインフォーマルとの役割分担という点に着目する。インフォーマルの構造をとらえたうえで、公私によるネットワーク形成の要因を描きたい。

　以上の鍵概念を総合して本章の問題意識を述べると、公私連携による地域包括ケアを形成するためには、専門職が側面的に支援するインフォーマル主体の見守りネットワーク活動が重要である、となる。一方で、現在、住民活動を制度的サービスに同化させようとする「地域福祉の政策化」への懸念も議論されている。小論の基底には、こうした現代的課題に対する問題意識もあることを付言しておく。

2 ｜ 地区社協と専門職による見守りネットワークの実際

1 松江市における地域福祉実践の概要

　松江市は、島根県の県庁所在地である。人口は 20 万 6230 人、世帯数は 8 万 3031 世帯である（平成 27 年国勢調査）。人口は、平成 22 年国勢調査時点と比較して、2383 人減少している。高齢化率は、28.2％であり、全国平均の 26.6％より 1.6 ポイント高い。逆に、島根県平均の 32.5％（全国第 3 位）よりは 4.3 ポイント低い。しかし、29 ある公民館区（後述）単位でみると、様相が変わる。最も高齢化率が高い美保関地区は、43.4％である。最低の川津地区では 20.4％である[12)]。市内でも地区により差がある。

　松江市の地域福祉の概要と特徴を述べておく。松江市社協は、1951（昭和 26）年に設立された。1962（昭和 37）年、社会福祉協議会基本要項において住民主体の原則が打ち出される。これを受けて、小学校区を単位として、地区社協が設立された。昭和 50 年代前半には全地区に置かれた。行政の取り組みでは、2002（平成 14）年の「松江市地域福祉計画・地域福祉活動計画」の策定がある。社会福祉法における計画法定化・施行の前年となる。

　これら社協と行政の取り組みは、これまでの研究でも、優良事例と評価されてきた[13)]。なお、「優良事例」という言い方は価値的でもある。以下では、先行研究を踏まえれば標準以上の組織的実践（29 地区社協の 2001（平成 13）年以来の計画策定実践）があることを認識はしつつ、「地区社協」と「計画」について、実態を率直に述べるようにしたい。

2 地区社協の概要

　松江市の地区社協について概説する。地区社協は、全国各地に存在する。ただ、法定

の名称ではない。地域によっても呼称が異なる。例えば、京都市では学区社協とされている。以下では、①地理的範囲、②組織体制、③構成員、④活動、⑤財源、の5点から説明する。

第一に、地区社協の地理的範囲は、小学校区である（ただ、旧町村単位では、複数の小学校があっても地区社協は1つ）。また、各地区には公民館が置かれており、小学校区と公民館区は同じである。松江市では、29の地区社協が設置されている。6つある地域包括支援センターの活動圏域を設定する際も、29地区の単位が考慮されている（**表1**）。

第二に、組織体制としては、地区社協を統括する会長・副会長職がある。ほとんどの地区社協では、その下に、部が設けられている。部の名称は、総務部、一般福祉部（ボランティア担当）、在宅福祉部、高齢者福祉部、児童福祉部、などである。活動目的に沿った名称が付される。

第三に、構成員は、すべて住民である。有給の福祉専門職はいない。構成員のうち理事は、各組織から選出される。具体的には、民生児童委員協議会、福祉推進員会、高齢者クラブ、体育協会、青少年育成協議会、町内会・自治会連合会、幼・小・中PTA、公民館運営協議会、などからである。地縁組織が多い。理事の人数は、30名前後である。理事は、各部を運営する責任者となる。理事会は年に3回程度開催される。

ただ、地区社協は、この約30名のみで活動しているのではない。例えば、福祉推進員は、町内会・自治会（以下、自治会）から最低1名が選出される。そのうえで、松江市社協会長からの委嘱を受ける。松江市全体では、約900自治会があり、約1600名の福祉推進員が、見守り等の活動を行っている。また、地区社協活動には、障害児をもつ親の会の組織化なども含まれる。当事者運動にも関わるのである。

理事会の開催には、議題整理、案内送付、会場確保などが必要となる。これらは、公

表1　29地区の名称と管轄する地域包括支援センター

地域包括支援センター名称	29地区の名称	専門職の配置状況
中央地域包括支援センター	城北、城西、城東、白潟、朝日、雑賀	6つの地域包括支援センター圏域ごとに、市社協のワーカー（地区担当職員・社会福祉士）が、1名、配置される。 なお、地域包括支援センターは、すべて市社協が受託している。
松東地域包括支援センター	川津、朝酌、持田、本庄、島根、美保関、八束	
松北地域包括支援センター	法吉、生馬、古江、秋鹿、大野、鹿島	
松南第一地域包括支援センター	津田、大庭、古志原	
松南第二地域包括支援センター	竹矢、八雲、東出雲	
湖南地域包括支援センター	乃木、忌部、玉湯、宍道	

出典：筆者作成。

民館職員が行う。地区社協の事務局機能は、公民館がもつのである。先に、地区社協には有給の福祉専門職は不在と述べた。しかし、事務局は有給の公民館職員が担当する。行政への予算申請・決算報告、活動費の出納、資料作成・保存、理事会開催等の年間活動管理、といった事務局機能を担う。それにより、住民はボランティア活動に専念できる。

第四に、活動についてである。これは、本節**4**で詳述する。

第五は、財源についてである。ここでは、市内で最も人口の多い川津地区社協の事例を紹介する（**表2**）。同地区の人口は1万6172人である（2019（平成31）年2月末現在）。

主には、(1)地区社協会費、(2)市社協からの助成金、(3)篤志寄付金、がある。(4)の繰越金を加えると、年間収入は約231万円となる。こうしてみると、地区社協の活動財源の一定額は、住民の拠出（約231万円のうち67％を占める）によることが分かる。

なお、篤志寄付金とは、松江市独自の名称と習慣である。葬儀の際の香典返しを、個々人に対しては行わない。代わりに、地域福祉活動のために地区社協に寄付（公民館に持参）する。松江市全体では、年間約3000万円が集まる。

住民の拠出に関して、1つ補足しておく。川津地区では、住民が公民館費を年間500円負担する。その他、子ども会費、自治会連合会費などを含めると、一世帯あたり年間1650円を地域活動に拠出している。約3100世帯あるため、合計で約510万円になる。この金額は、地区社協の会計には表れない。しかし、約510万円の一部が、地区社協活

表2　地区社協の財源

費目		金額	備考
(1)地区社協会費		31万円	一世帯100円×約3,100世帯。
(2)市社協からの助成金		100万円	
	①すこやかライフ推進事業費	76万円	市社協が複数の地域福祉活動を提示する。地区社協は、そのなかから選択した活動に事業費を使用する。
	②日赤・共同募金	4万円	地区内で収集した募金を、一旦、市社協に提出する。その後、3割の額が市社協から交付される。
	③篤志寄付金からの助成	20万円	各組織が、取り組みを希望する地域福祉活動案を、市社協に提出する。採用されれば交付となる。
(3)篤志寄付金		85万円	地区社協が自ら集めた（受領した）篤志寄付金。半額を市社協に提出、半額が地区社協の独自財源。使途は地区社協の自由。
(4)繰越金		15万円	
合計		231万円	「すこやかライフ推進事業費」のみ原資は公費。その他は、住民の拠出が原資である。前者が33％、後者が67％となる。

出典：「川津地区社会福祉協議会決算（案）」（2016）をもとに筆者作成。金額の端数は省略。

動のための会場代や研修会講師料に使用される。

❸ 第4次地区地域福祉活動計画の概略及び研究方法と倫理的配慮

　以下、29地区社協の活動を、見守りネットワークに焦点を当てて論述する。そのために、地区地域福祉活動計画に定められた活動を紹介する。同計画には、地区社協の活動一覧が盛り込まれる。活動全体を知る資料として適当である。

　地区社協が、第1次地区地域福祉活動計画の策定に着手したのは、2001（平成13）年度であった。以来、2006（平成18）年度には第2次、2009（平成21）年度には第3次の計画が策定されている。本章では、2014（平成26）年度から2018（平成30）年度を計画期間とする、第4次地区地域福祉活動計画をみていく。

　研究方法としては、29地区の計画書を使用するということになる。また、筆者は計画期間中、福祉推進員の委嘱を受けた。さらに福祉推進員を代表して、川津地区社協の理事となった。見守りネットワーク活動にも参加している。そのため、参与観察による記述もある。同時に、松江市社協の理事も務めた。これら活動に際して利用した資料も使用した。

　なお、資料の提供と使用及び本研究の遂行については、松江市社協に許可を得た。また、特定の個人に焦点を当てた情報は利用していない。研究過程を通して「日本地域福祉学会研究倫理規程」に従っている。

❹ 地区地域福祉活動計画にみる地区社協の活動内容とその分類

　29地区社協の地区地域福祉活動計画にある具体的活動の数は、合計で1364であった。一つひとつ紹介することは現実的ではない。そこで、これら活動を5つに分類した。**表3**の左欄「活動種別」である。その右欄の「細目分類・具体的活動例」では、さらに細目分類したうえで、具体的な活動事例を紹介してある（「①見守り活動」についてのみ細目分類は行っていない）。これにより、1364の活動を、大きくは5種に分け、さらに13に細目分類した。以下、この5種・13細目を解説することで、計画の内容をとらえたい。

①見守り活動

　「見守り活動」は、個人を見守るネットワークを形成するための実践である。以下、①担い手、②事例概要、③対象者、の3点から説明する。

　見守りの主な担い手は、福祉推進員、民生児童委員、自治会構成員である。地区社協によっては、郵便局、新聞配達業者、電気・ガス事業者にも協力を得ている。また、警察・消防といった公的機関の職員と地区社協構成員との両者が訪問する活動もある。

表3　29地区地域福祉活動計画・活動例一覧

活動種別	細目分類・具体的活動例	
①見守り活動	・民生児童委員、福祉推進員、自治会構成員による見守り（見守りネットワークづくり） ・地区社協と郵便・新聞・ガス・電気の各事業者との見守りネットワーク ・独居高齢者への配食・会食サービス ・長期療養者見舞い訪問 ・災害時における地域での助け合い・見守り活動	・住民と専門職のケース検討会議（地域支援会議） ・自治会単位での要援護者支援組織（要援護者支援会議）運営 ・個別支援のための会議（生活支援会議）の設置 ・福祉推進員による独居高齢者世帯等実態調査 ・高齢者のみ世帯・子ども・災害時要援護者支援マップの作成
②支え合い・交流活動	【1】〈集いの場形成〉 ・高齢者サロン（なごやか寄り合い事業） ・障害者と住民とが交流するサロン ・子育てサロン 【2】〈交流行事〉 ・小学校特別支援学級と地区社協との交流 ・障害者支援施設利用者と住民との交流 ・障害児者が参加する防災訓練 ・高齢者クラブと小学生とのそば打ち等交流事業 ・子育て中の母子と高齢者との交流 ・小学生下校時の見守り・防犯パトロール（青パト） ・福祉まつりの開催 ・男性料理教室 ・本の読み聞かせ活動	【3】〈住民参加型の当事者支援〉 ・障害児をもつ親の会の組織化活動（あったかスクラム事業） ・障害児の企業での仕事体験を住民が支援（しごとチャレンジ） ・困窮者を対象としたフードバンクの実施 ・引きこもりの若者に対する活動の場の提供 【4】〈生活支援〉 ・地区内巡回タクシーの運行 ・コミュニティバスの運営活動：乗り方教室、ダイヤ・路線提案 ・介護保険制度地域支援事業実施の検討 ・住民参加型の有償ボランティア（輪の会） ・除雪ボランティア活動 ・介護予防のための体操教室開催（からだ元気塾）
③福祉教育	【1】〈ボランティア養成〉 ・認知症サポーター養成講座 ・障害者支援ボランティア講習会（あいサポーター研修） 【2】〈福祉研修会・講座〉 ・公民館と地区社協との共催で福祉講座を実施 ・小中学校福祉教室	【3】〈地域ニーズ把握〉 ・福祉ニーズ把握のための住民座談会・アンケート ・住民ニーズ調査 【4】〈活動者向け研修会〉 ・民生児童委員・福祉推進員合同研修会 ・地区社協構成員の市外先進地視察
④広報活動	【1】〈地区社協活動の広報〉 ・ホームページによる地区社協活動の情報発信 ・公民館だよりを活用した地区社協活動の周知 ・地区社協だよりの発行 ・福祉推進員だよりの発行	・障害者施設との交流についての広報 ・「若者定住部」を結成しUIターン呼びかけ 【2】〈専門職サービスの広報〉 ・福祉相談窓口の広報 ・地区内の福祉施設の広報
⑤組織体制構築	【1】〈地区社協内部の組織強化〉 ・地区社協理事会の定期的開催 ・地区社協役員の研修会 ・財源確保のため助成事業への応募 ・地区社協への香典返し（篤志寄付金）の受付 ・地区地域福祉活動計画の進行管理	【2】〈地区社協と外部組織との連携〉 ・地区社協と市社協・地域包括支援センター・行政との連携 ・各自治会と市社協・地域包括支援センター・行政との情報交換会 ・地区社協と福祉施設との交流 ・地区内の各種組織による情報交換・活動調整会議 ・地区社協と関係組織との連携・事業共同開催

出典：29地区の計画書をもとに筆者作成。丸カッコ内は、各地区での事業名称。

取り組みの代表例（数として最も多い事例）は、福祉推進員、民生児童委員、自治会構成員の三者が担う訪問・見守り活動である。食事を介した活動も多い。配食サービスのように訪問しての支援もあるが、見守り対象者が集まる会食サービスの形式もある。

　また、住民らによるケース会議の仕組みをもつ地区社協もある。会議の名称は「地域支援会議」「要援護者支援会議」「生活支援会議」などである。ここで、ケース検討及び情報交換が行われる。参加者は、地区社協構成員だけではなく、専門職（市社協、地域包括支援センター、保健師など）も含む。

　見守りの対象者は、多様である。**表3**に挙げた対象者をみると、独居高齢者、子ども、災害時要援護者（障害者、高齢者など）、長期療養者、とある。見守り対象者を把握するための調査も実施している。右欄末尾の2つ、「実態調査」「マップの作成」が該当する。

②支え合い・交流活動

　「支え合い・交流活動」は、地区全体に効果を及ぼすことを意図して、実施される福祉活動である。「①見守り活動」は「個人」を対象とした活動であった。一方、こちらは「組織」活動に重点がある。その活動は、4つに細目分類できる。

　第一は〈集いの場形成〉である。これは、サロン活動を指す。松江市では、サロン活動を「なごやか寄り合い事業」と呼称し、市社協が助成する。市内の約370か所で行われている。これより少数だが、障害者を対象としたサロンもある。第二は〈交流行事〉である。具体的には、障害児者と住民との交流、世代間交流、各種行事の開催、などである。第三は〈住民参加型の当事者支援〉である。障害児をもつ親の会を組織化したり、障害児の仕事体験を住民がサポートしたり、フードバンクを呼びかけたり、といった活動である。特に、親の会の組織化は「あったかスクラム事業」と呼ばれ、複数の地区が取り組む。第四は〈生活支援〉である。公共交通手段が少ない地域では、独自にタクシー・バスを運行する。また、有償ボランティアの仕組みをつくり、掃除等の日常生活支援をしている。

　これらの活動は、最初に地区全体を対象とする活動枠組みを構築し、そのうえで参加者・利用者を募るという構造である。特定の参加者・利用者を継続的に見守るという機能は主としない。しかし、詳細は次節の考察に委ねるが、先にみた個人を対象とした見守りネットワークを補強する関係にある。

③福祉教育

　住民及び福祉活動実践者を対象とした「福祉教育」を、地区社協が提供するものである。4つの類型がある。第1は〈ボランティア養成〉である。認知症の人や障害者を支

援するための基礎知識を学ぶ。第2に〈福祉研修会・講座〉である。地区住民すべてを対象とした講座が比較的多い。他方、児童・生徒を対象とした福祉講座の開催もある。第3は〈地域ニーズ把握〉である。住民が、地域の福祉課題を知るための活動である。座談会や調査という手法が用いられる。以上は、すでに福祉活動に取り組む住民を対象とするというよりも、今後の活動の担い手を発掘するという意図がある。

　第4は、〈活動者向け研修会〉である。上記とは異なり、民生児童委員や福祉推進員といった見守りネットワーク活動の実践者を対象とした講座である。

　これらの活動を展開することにより、見守りネットワークの担い手の増加及び支援技術の向上を図ろうとしている。

④広報活動

　「広報活動」は、2つの類型がある。第1は、〈地区社協活動の広報〉である。ホームページもしくは紙媒体により、地区社協の活動内容を住民に伝える。福祉推進員の見守りネットワーク活動の内容も、これらで紹介される。福祉推進員の会独自の広報紙もある。広報は、住民の地区社協活動への参加を募るという役割も有する。例えば、障害者の支援、サロン運営、災害時要援護者支援、などへの参加を呼びかけている。住民に対し、活動内容を理解してもらいつつ、次の段階として実際の参加を促す、という紙面構成となっている。

　第2は〈専門職サービスの広報〉である。市社協、地域包括支援センター、各種福祉施設のサービス内容が紹介される。これら2つの広報活動は、フォーマル・インフォーマルの活動内容周知及び活動参加者増を目的としているといえる。

⑤組織体制構築

　「組織体制構築」は、地区社協組織の機能向上のための取り組みを指す。2種類がある。第1の〈地区社協内部の組織強化〉は、地区社協が自身の組織力向上を図ろうとするものである。理事会を定期開催して組織運営の安定を図る、役員研修を行う、財源確保に務める、などの事例がある。また、地区地域福祉活動計画の進行管理にも、全地区社協が取り組んでいる。2019（平成31）年3月現在も、29地区社協が第5次の地区地域福祉活動計画を策定中である。第1次計画策定に着手したのは、2001（平成13）年度であった。足かけ19年間にわたり、組織活動を点検し、その結果を次期計画に反映させるということを継続している。

　第2は〈地区社協と外部組織との連携〉である。例えば、地区社協が、市社協・地域包括支援センターと定例会議を開催する。そこで、地区の福祉課題について話し合う。公私協働の地域ケア会議開催につながることもある。また、地区社協と公民館とで連携

してサロンを開催することもある。地区社協はこれらを通じて、見守りネットワーク活動に専門職と各種組織の参加を促している。

5 専門職による見守りネットワーク活動への支援

　以下では、専門職による、地区社協への支援についてみていく。公私連携の具体例を描くともいえる。専門職として、市社協と地域包括支援センターの二者を扱う。両者の、年度事業計画、年度事業報告及び各種業務資料から、地区社協支援活動を次の5つに整理した。

①見守りネットワーク活動者を対象とした研修会

　市社協と地域包括支援センターは、見守りネットワーク活動を主に担う、民生児童委員、福祉推進員、自治会構成員を対象とした研修会を年間複数回開催する。個々の見守り技術を向上させることが目的である。例えば、「見守りチェックリスト」を配布した研修がある。このリストは、見守り対象者への対応は2種類ある、と住民が理解するためのものである。住民が対応できることと、専門職が対応すること、の2種類である。住民が対応できる対象者の状況として、次のような項目がリスト化されている。「いつも同じ服を着ている（子ども・認知症等）」「一人で介護や育児をしている」「物忘れが目立つ」などである。

　一方、専門職が対応する対象者の状況として「『死にたい』などと言っている」「必要な医療を受けていない」「家の中で動けなくなっている」などが列記されている。このリストをみた地区社協構成員は、まず、見守りが必要な人の状況を知る。次に、緊急ケースについては専門職と連携するという認識をもつことになる。

②見守りネットワーク活動組織の維持・継続のための支援

　先の研修会は、活動者「個人」への支援であった。それだけではなく活動「組織」への支援もある。地域包括支援センターは、民生児童委員協議会へ出席し、情報交換を行っている。そこで、個別ケースを把握することもある。福祉推進員を選出し、委嘱し、活動説明を行うための会も、市社協が毎年主催する。約1600名の福祉推進員数を維持し、かつ活動を促すため、複数回にわたる情報交換会・研修会を設けている。

　また、サロン活動者のための研修会がある。ここでは、各地のサロン活動の担い手が集まり、自らの実践を報告する。その後に、情報交換のためのグループワークを行う。2016（平成28）年に行われた研修会では100人を超える出席者があった。

　専門職がインフォーマル資源を巻き込む、組織連携活動を展開する事例もある。**表1**にある松北地域包括支援センターは、「松北地区地域包括ケア検討会」を立ち上げた

（2016（平成28）年）。これは、保健・医療・福祉の専門職で構成される。専門職間での連携を図ることを目的とする。同検討会は、さらに地区社協と協働した研修会も実施している。研修会の趣旨は、在宅ケアが必要となったケースの対応方法を、専門職と住民とで共有することである。例えば、相談窓口、医療・介護サービス（双方の連携）、近隣住民の関わり方、などについて両者が検討する。専門職会議体と地区社協の両組織による連携活動である。

　以上のように、専門職は、「組織」単位でもインフォーマルに働きかけ、見守りネットワーク形成の環境整備を行っている。

③財源と活動メニューの提供

　市社協は、地区社協に対して、見守りネットワーク活動のための財源を拠出している。**表2**でもみた「すこやかライフ推進事業費」がそれである（金額は76万円）。同事業には1つだけ「必須事業」が定めてある。「要援護者に対する見守りネットワークづくり」である。ただ、活動内容は厳密に決められていない。地区社協によって、要援護者の見守り活動を行ったり、福祉推進員の研修会を行ったりと、さまざまである。必須事業以外には「選択事業」もある。活動メニューは「住民主催のミニデイ」「障害児者と住民との交流活動」「高齢者・障害者等対象の配食・会食サービス」などがある。また「その他自主企画による活動」も可能となっている。市社協は、活動例は示しつつ、実際の内容は地区社協の裁量に委ねている。

④地区地域福祉活動計画の策定支援

　地区地域福祉活動計画策定の際、市社協と地域包括支援センターの職員は、策定委員会に参加している。正式な策定委員になる場合と、オブザーバーになる場合とがある。また「手引き」と称する策定ガイドラインも、市社協が発行している。**表3**で、地区社協が、計画の進行管理（策定・実施・評価）を行っていると述べた（「⑤組織体制構築」の欄を参照）。加えて、専門職も進行管理に関与しているのである。計画策定・実施過程は、フォーマルとインフォーマルの両者により運営されているといえる。

⑤専門職は地区社協に課題把握・要援護者把握・地域ケア会議参加の協力を求めている

　以上のように、地域包括支援センターは、地区社協に対して支援を行っている。それだけではなく、地域包括支援センター業務への協力を、地区社協に求めている。具体的には、以下の3つである。この3つは、2017（平成29）年度の事業報告書より導いた。同書には、地域包括支援センターに課されている、総合相談支援業務及び包括的・継続

的ケアマネジメント支援業務の全活動が掲載されている。また、この2つが、インフォーマルへ関与する業務である。

　第一は、地区社協構成員が把握している地域課題を、地域包括支援センターが入手するための活動である。例えば「お知恵拝借シート」を利用したグループワークがある。シートには、10の生活課題が書かれてある。「買い物が大変」「相談相手がいない」「外出できない」などである。この課題に対し、①現在利用できる資源、②今後開発が必要な資源、を住民が書く。1人あたりA4で1枚のシートを作成する。最終的には、グループワーク参加者でこれを共有する。地域包括支援センターは、住民作成のシートにより、地域資源と地域課題を知るのである。

　第二は、要援護者把握である。地区社協構成員から、新規相談者を紹介してもらうための働きかけを行う。福祉推進員が、見守りが必要な人を発見したとする。ただ、福祉推進員が緊急対応（虐待の疑いがある、医療を必要とするなど）に不安を抱える場合がある。その際、地域包括支援センターとの連携が可能となるよう、地区社協構成員に呼びかける。例えば、民生児童委員協議会や福祉推進員研修会に出席し、地域包括支援センター業務を説明し、センター広報紙を配布する。これらの目的は、専門職が、インフォーマルの早期発見機能を活用するためである。

　第三は、地域ケア会議への地区社協構成員の参加である。制度に規定された地域ケア会議に住民参加を求めるのだが、そこでは、緊急度の高い事例も扱う。以下は、典型的ケースである。民生児童委員が、介護サービス利用を拒否している高齢者を見守っていた。いわゆる困難事例に該当する。地域ケア会議を開催し、公私連携の見守りネットワークを構築した。ある日、体調不良に気づいた民生児童委員は、地域包括支援センターに連絡し、高齢者は病院に搬送となった。重症との診断であったが、結果として、緊急時の早期発見・専門職通報が可能となった。

　これは地域ケア会議の具体を示すために記した一事例ではある。しかし、地域包括支援センター組織全体として、見守りネットワークにインフォーマル活動者を加えることに意図的である。事業計画には「困難事例への対応については、積極的に民生児童委員、福祉推進員、町内会長、公民館、ケアマネジャー等と連携し、地域ケア会議をする」と記載している。

　最後に具体的な数字を挙げておく。以上のような、地域包括支援センターと地区社協とが協働した活動は、1年間（2017（平成29）年度）で223件実施されている。

3 考察——見守りネットワークの仕組みと公私連携の形成要因

　前節では、2点についてみた。地区地域福祉活動計画の内容分析と専門職による地区社協支援、である。本節では、これを踏まえて、①見守りネットワークの仕組み、②見守りネットワークにおける公私連携の形成要因、の2つについて論じる。

1 見守りネットワークの仕組み——地区社協の活動構造と専門職の機能

①地区社協による見守りネットワークは三層構造になっている

　まず、地区社協の内部の仕組みについて説明する。インフォーマルの側が見守りネットワークを維持・継続している構造を説明する、とも換言できる。従来の研究では、個々の見守りネットワークの仕組みは説明されてきた（例えば、Aさんを取り囲むネットワークがどう形成されているか）。しかし、ここでは、地域に点在する個々の見守りネットワークの総体を支える、さらに上位の組織的構造（があると見なし、それ）にも着目する。

　端的にいうと、見守りネットワークは三層構造により成立している。

　第一層は、特定の「個人」を対象とした見守りネットワーク活動である。福祉推進員、民生児童委員、自治会構成員らが、近隣住民の見守り活動を行っていた。個別支援であり、直接的見守り機能が働いているといってよい。**表3**でいうと、「①見守り活動」が該当する。

　第二層は、「組織」を単位とする見守りネットワーク活動である。住民が構成員となる組織の活性化に重点が置かれる。**表3**の「②支え合い・交流活動」が該当する。高齢者・障害者・子育てのサロン、世代間交流行事、障害児をもつ親の会の組織化、有償ボランティアによる生活支援、などがあった。いずれも個別の見守りネットワーク活動を補強する。ニーズ把握と早期発見の機能による補強である。例えば、サロンに参加した独居高齢者が生活不安を抱えていることが分かり、見守りネットワーク活動の対象者にもなる、といったことである。見守りネットワーク活動にも「個別支援（第一層）」と「地域支援（第二層）」の2つがあり、相互に関連している[14]。

　見守りネットワーク活動をこの2つに分ける根拠をもう1つ示す。29地区の活動プログラム数は、1364であった。そのなかから、地区社協が「ネットワーク」と名付けた活動の一覧を作成した（**表4**）。合計27ある（もちろん、これ以外の活動プログラムもネットワーク活動となっている）。大別すると、左端欄のように「個別の見守りネットワーク活動」と「組織的な見守りネットワーク活動」の2つになる。

表 4　地区社協がネットワークと呼称する活動一覧

	活動名称	内容
個別の見守りネットワーク活動	声掛け、見守り、助け合いのネットワークづくり	福祉推進員による要援護者宅への訪問活動。交番警察官と消防署員も同行。訪問後は、三者で情報交換を行う。
	高齢者見守りネットワークの充実	見守り・訪問、サロン、夏休み期間中の児童と高齢者との交流行事、などを実施。
	見守りネットワーク	複数の事業から構成される。民生児童委員が中心となるネットワーク会議、福祉推進員による独居高齢者の見守り、などがある。
	小地域福祉ネットワーク推進体制の整備	自治会単位での事業。各自治会に福祉推進員を配置する。
	小地域ネットワークの構築	自治会単位での座談会、高齢者・子ども・災害時要援護者支援マップの作成、自治会単位での支え合い活動、などを行う。
	八雲あんしんネットワーク	高齢者、障害者、支援が必要な人などを見守る体制を構築している。相談窓口も設置している。生活困窮者の実態把握も検討。
	小地域見守りネットワーク	民生児童委員、福祉推進員、地区社協の三者で構成。要援護者の把握、見守り活動を実施。要援護者支援会議（市から10万円の補助）の設置も行う。
	見守りネットワークづくり	民生児童委員、福祉推進員、自治会構成員が、支援が必要な独居高齢者らを対象に、見守り・訪問を行う。新聞配達業者、郵便局も加わる。
	見守りネットワーク活動	福祉推進員による独居高齢者等の見守り活動である。実態調査も行う。福祉推進員と民生児童委員とが連携して見守りを行うための情報交換会も実施。
	城北地区支援会議ネットワーク	災害時要援護者支援のため、自治会に設けられる会議体である。
	小地域ネットワークの構築	自治会単位での福祉活動を指す。活動としては、「班」単位での座談会、「自治会」単位の座談会、支援が必要な世帯が分かるマップ作成、がある。
組織的な見守りネットワーク活動	活動団体・組織のネットワーク化	地区社協が行う障害者支援活動の総称である。あったかスクラム事業への取り組み、障害当事者と地区社協とが協働する行事などを展開する。
	子育て支援ネットワークの再構築	小学生の下校時の見守り活動。参加者は、自治会、子ども会、子ども見守り隊など。
	障がいを持った人達のネットワーク	障害をもつ人と住民との交流会を開催する。公民館活動とも連携して取り組まれる。
	子育て中の母親のネットワークづくり	子育て中の母親の座談会、障害児をもつ母親の会の組織化、子育て講演会、子育て支援ボランティア養成といった、子育て支援のための活動を実施。
	子育てネットワーク	障害児をもつ親の会の組織化活動を行う。
	子育てネットワーク会議	子育て中の母親が集まれる場を運営したり、料理教室を開催したりしている。子育て支援の情報を掲載した「子育ちやくも」も発行している。
	地域福祉のネットワーク活動	住民が主体的に活動するための学習会・話し合いを行う。
	市社協と連携をとり障がい者のネットワークづくり	障害児をもつ親の会の組織化活動を指す。

組織的な見守りネットワーク活動	小地域福祉ネットワーク推進への基盤整備	自治会、福祉推進員、民生児童委員、高齢者クラブの四者による福祉啓発活動を行う。
	子育て中の親のネットワークづくり	子育て中の親を、主任児童委員、子育てボランティア、母子保健推進員らが支援する。母親のニーズ調査、障害児をもつ親の会の組織化、などを実施。
	児童の見守りネットワークづくり	青色防犯パトロール隊や農作業中の住民が、定期的に下校時の子どもの見守りを行う。
	ボランティアネットワーク会議	ボランティアグループによる会議体を結成している。
	小地域見守りネットワーク会議	まずは座談会を開催し、福祉課題を抽出する。次に、明らかとなった福祉課題について、複数の組織が集まり検討する会議である。
	福祉のネットワーク推進大会	地区社協を構成する各種組織が、各年度の活動を報告する。これにより、各組織が互いの情報を共有し、また連携することを目的とする。
	地域の団体のネットワークづくり	児童分野の関係者の連携を指す。関係者とは、公民館、子育て関係団体、地域の諸組織、学校、である。これら組織による情報交換などが行われる。
	子育て支援ネットワーク活動	地区社協、公民館、人権同和推進協議会、母子保健推進員、主任児童委員、保健師によるネットワーク組織である。子育てに関する講演会等を行う。

出典：29地区の計画書をもとに筆者作成。

　第三層は、見守りネットワーク活動の基盤強化である。これは、**表3**の「③福祉教育」「④広報活動」「⑤組織体制構築」が一括して該当する。いずれも、第一層と第二層の活動の基盤となる。福祉教育では、研修会や認知症サポーター養成講座が開催される。広報活動では、福祉推進員活動が住民に周知される。これらを通じて、見守りネットワーク活動の担い手を増やしている。組織体制構築では、地区社協の財源確保活動及び計画策定活動があった。1つの地区社協の予算が約231万円であった。財源は、市社協（拠出者は行政）からが33％、住民拠出67％の割合であった。また、地区社協の事務局をもつ公民館も、約510万円の住民拠出財源をもち、地区社協活動にも支出していた。こうした少なくない金額を毎年得るためには、広報と福祉教育による住民への還元（活動内容周知と知識修得の場の提供）が欠かせない。住民の理解と納得のためである。

　最終的には、上記活動総体が、地区地域福祉活動計画に書き込まれる。①福祉ニーズは何か、②活動プログラムを何にするか、③担い手は誰か、④対象は誰か、⑤財源は何か、が策定委員会で議論され、計画書で可視化されるのである。

　以上をまとめて述べると、個別ネットワーク活動（第一層）に対し、組織ネットワーク活動（第二層）及び基盤強化活動（第三層）が支援機能を有する。この3つから地区社協活動が成立している。また計画策定プロセスを通じて、この仕組みを維持している、となる。

②専門職は三層構造に対して2つの機能を展開している

　前節**5**で、専門職が、地区社協を支援する事例を5つみた。この専門職による支援には、2つの機能があることを述べる。

　第一は、「インフォーマルへの支援」である。これは、先の三層構造にならうと、さらに3つに分けられる。1つは、見守りネットワーク活動を担う地区社協構成員「個人」への支援である。「見守りチェックリスト」を利用した研修会などを行っていた。2つめには、活動「組織」への支援である。民生児童委員協議会へ働きかけたり、専門職会議体と地区社協との研修会を行ったりしていた。3つめは、活動の基盤強化のための支援である。財源提供、活動メニュー提示、計画策定支援などがあった。他方、インフォーマルの裁量も重視していた。

　第二は「インフォーマルへの協力依頼」である。具体的には、課題把握、要援護者把握、地域ケア会議参加、の3つについて、インフォーマルに協力を依頼していた。もちろん、一方的な「協力依頼」にとどまらない。結果的には、住民の見守り活動を円滑にしており、インフォーマルへの「支援」にもなる。

　以上から、専門職は、地区社協へ支援を行いつつ、一方でインフォーマル活動により自らの業務を補っているといえる。そうした相互の関係性が、公私連携の実質ともなっている。

❷ 「住民主体の活動」と「専門職活動」との役割整理が公私連携の形成要因となる

　見守りネットワーク形成にあたり、地区社協（インフォーマル）と専門職（フォーマル）の両者の果たす機能をみてきた。最後に、両者による連携の形成要因について述べたい。

　まず、インフォーマル活動について要言する。地区社協は、計画策定を通じて、見守りネットワークに関する種々の活動を主体的に定める。制度・専門職が強制して1364もの活動を並べることは不可能である。専門職は、計画策定を支援したり、財源・活動事例を提供したりはする。だが、計画策定・活動実施にかかる裁量の多くは地区社協が有していた。こうして、地区社協は見守りネットワーク活動を主体的に展開している。

　次に、フォーマル活動についても振り返る。地区社協の諸活動は、要援護者の見守り機能として有効である。しかし、見守りにあたり、住民活動だけでは限りがある。例えば、虐待や緊急搬送といった事態が発生したときである。専門職は、そうした際、自らが連絡・連携先になる、ということを繰り返し周知していた。各種組織対象の研修会、「見守りチェックリスト」活用の研修会、地域ケア会議、といった場を利用して、であった。地域包括支援センターも事業計画のなかで、「困難事例への対応」に際し、地

区社協が地域ケア会議に参加することを「積極的に」推進すると定めていた。

　これらがなぜ重要か。住民の側からみれば、見守りネットワーク活動に取り組むにあたっての「安心感」が得られるためである。専門職の側からいえば、見守りネットワーク活動を維持・継続していくため、住民の負担・不安を減じる、という点に着目して活動している。インフォーマルが担うことが困難な領域の活動を専門職が引き受ける、ということである。また、見守りネットワーク活動に参加する住民に「地域でできること」「専門職に委ねること」の2つがあることを、周知しているともいえる。

　専門職は、どのような場合も、住民が対処することを求めてはいない。見守りネットワーク活動をめぐるさまざまな場において、「緊急時の対応は専門職が行う」と伝え、役割分担を図ろうとしていた。住民主体の活動と専門職活動との役割分担を、多様な地域福祉活動を通じて、公私が整理する。これが、公私連携を形成する要因である、というのが本章の結論である。

4 ｜ 本研究の課題——地区社協をもたない市町村のネットワーク形成方法とは

　本章では、地区社協を設置する市を扱った。ただ、地区社協などを置く市町村は、全国で50.9％である[15]。全社協は、地区社協などを「地域福祉推進基礎組織」とも呼称する。しかし、約半数の市町村には地域福祉推進基礎組織がない。理由は、過疎地域では集落単位組織が福祉機能の一部を担っていたり、都市部では多様性のある住民を組織化しにくかったり、とさまざまであろう。地域福祉推進基礎組織の有無により、ネットワーク形成の方法も異なる。組織をもたない市町村における方法論については、次の課題としたい。

文献

1）　高齢者介護研究会『2015年の高齢者介護——高齢者の尊厳を支えるケアの確立に向けて』2003.

2）　地域包括ケア研究会『地域包括ケアシステム研究会報告書——今後の検討のための論点整理』2009.

3）　二木立『地域包括ケアと地域医療連携』勁草書房，6頁，2015.

4）　森本佳樹「地域包括ケアと地域福祉——小規模多機能拠点の意義」高橋紘士編『地域包括ケアシステム』オーム社，119～129頁，2012.

5）　小松源助「ソーシャル・サポート・ネットワークの実践課題——概念と必要性」『社会福祉研究』第42号，19頁，1988.

6）　山手茂「社会福祉実践とネットワーキング」『社会福祉学』第30巻第2号，31頁，1989.

7）　さらなる研究史の詳細は，松岡克尚『ソーシャルワークにおけるネットワーク概念とネットワーク・アプローチ』関西学院大学出版会，2016. を参照されたい.

8）　村社卓「高齢者の孤立予防を目的としたコミュニティカフェに参加する住民ボランティアの継続特性——ボランティアの『楽しさ』に焦点を当てた定性的データ分析」『社会福祉学』第58巻第4号，32～45

　　　　頁，2018.

9）　前掲5）

10）　山田宜廣「大都市における『地区社協』の必然性の考察」『社会福祉学』第52巻第3号，15 〜 27頁，2011.

11）　榊原美樹・平野隆之「小地域福祉の推進における地域組織とワーカー配置に関する研究──6県比較調査研究から」『日本の地域福祉』第24巻，33 〜 44頁，2011.

12）　松江市「公民館区別（29地区）　高齢者人口等統計表（平成29年）」2017.

13）　上野谷加代子・斉藤弥生・松端克文編著『「対話と学び合い」の地域福祉のすすめ──松江市のコミュニティソーシャルワーク実践』全国コミュニティライフサポートセンター，2014.

14）　地域支援の議論については，野﨑瑞樹「住民による見守りネットワークとキーパーソン支援──ミクロレベル・メゾレベルの連動」『保健福祉学研究』第14号，9 〜 17頁，2016. も参照.

15）　全国社会福祉協議会地域福祉部『「社協・生活支援活動強化方針」地域における深刻な生活課題の解決や孤立防止に向けた行動宣言と第2次アクションプラン』21頁，2017.

謝辞

　松江市社会福祉協議会の職員の皆さまには、資料およびご助言を賜りました。記して深く感謝申し上げます。

松江市における見守りネットワーク支援政策の展開と課題

要旨

　松江市では、高齢者や障害のある人などの支援体制を構築することを目的に、各地域の実情に応じた要配慮者支援組織の立ち上げを推進している。

　また、松江市では災害が発生した場合等、安全、迅速な避難を行うために支援が必要な人の名簿を作成しているところであり、体制の整った町内会・自治会や要配慮者支援組織などと協定を結び、名簿の提供を進めている。

　その他、民間事業者等の協力により、高齢者等の見守り活動が行われている。

🔑 キーワード

　松江市要配慮者支援推進事業　地域で見守り助け合い事業

基本情報

松江市の当該事業担当課	
松江市要配慮者支援推進事業……………………………福祉部　福祉総務課	
地域で見守り助け合い事業…………………………………福祉部　福祉総務課	
地域における高齢者見守りネットワーク事業………健康部　健康政策課	
自主防災組織育成事業………………………………………防災安全部　防災安全課	
町内会・自治会関係事業……………………………………市民部　市民生活相談課	
松江市の福祉関係の審議会設置状況及び担当課	
松江市社会福祉審議会（委員20名）……………………………福祉部　福祉総務課	
〃　　　　　民生委員審査専門分科会（委員6名）…福祉部　福祉総務課	
〃　　　　　児童福祉専門分科会（委員12名）………子育て部　子育て政策課	

1 松江市要配慮者支援推進事業

松江市では、要配慮者（高齢者や障害のある人など）が、住み慣れた地域で、いつまでも安心・安全に暮らしていけるよう、地域コミュニティを活用した平常時及び災害時の支援体制（共助）を構築することを目的に、各地域の実情に応じた要配慮者支援組織の立ち上げを推進している。

1 取り組みの経緯

要配慮者支援組織の設置は、2011（平成 23）年度から開始した。これは、各地で発生している自然災害や高齢化の進展による問題等に対応するため、日頃からの備えとして地域の支え合いの体制を構築することが必要不可欠であるとの考えによるものである。

2 事業の内容

地域においては、地域福祉を担う民生児童委員や福祉推進員など日常的な活動を通して、要配慮者に対して支援活動が行われているところであるが、高齢化の進展や地域におけるコミュニティ意識の低下などにより、個々の活動では十分な対応が難しくなりつつある。

そこで、既存の町内会・自治会や自主防災組織などの「地域のつながり」を基にして、要配慮者支援組織をつくり、平常時から地域の要配慮者の把握や情報の共有化を図り、支援活動（見守り、声かけ、交流活動など）の実施や、災害発生時などの緊急時に備えた支援の在り方を検討し活動を行っている。

なお、組織立ち上げに際し上限 10 万円、運営支援として構成世帯数に応じて上限 10

図1　組織イメージ図

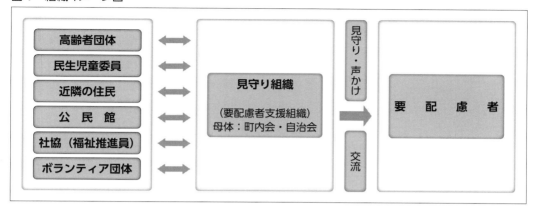

万円の補助を行っている。

❸ 事業の実施状況

　松江市における要配慮者支援組織は、町内会・自治会等を母体として組織化されているが、設置状況は、2019（平成31）年3月末現在で178団体、松江市の世帯のカバー率は36.7％（3万2910世帯）となっている。

　2023（令和5）年度には、世帯カバー率70％を目指し、単年度あたり世帯カバー率の増加を7.3％（約6500世帯）と定め、取り組みを進めている。

❹ 課題

　大震災のような大規模な災害が発生した場合、交通網の寸断、通信手段の混乱、火災の発生などで消防や警察の早急な救助を得ることが困難な場合がある。

　そこで、松江市においては、地域の人々が協力し合って防災活動を進めることが大切であり、自分のまちは自分たちで守るという心構えで「地域防災のための組織」として、自主防災組織を結成している。松江市においては、現在約600の自主防災組織が結成されている。

　この自主防災組織と要配慮者支援組織はともに、町内会・自治会等を母体として結成されており、役割が重複する部分があるなど、町内会・自治会役員等にとって、要配慮者支援組織の役割が分かりづらい状況となっている。

　また、地域によっては、町内会・自治会においてすでに「声かけ」「見守り」等の要配慮者への支援活動が行われており、あらためて組織の構築に取り組む必要性を感じていない地域もある。

図2 地域において松江市が主導して設置している組織と自治会等との関係

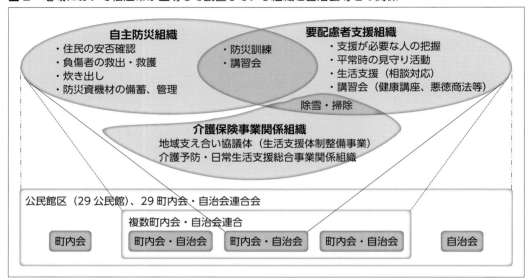

5 今後の方向性

　各地域には、町内会・自治会を母体として自主防災組織、福祉関係団体など、さまざまな住民組織が存在する。これら地域にある住民組織の歴史的経過や役割も踏まえて、要配慮者支援組織の目的や役割を、今後より一層丁寧に説明していく必要がある。

　松江市においては、町内会・自治会は市民部が所管し、自主防災組織は防災安全部、要配慮者支援組織は福祉部が所管している。

　2018（平成30）年、三部合同で、「共創・共同のまちづくり市民ワークショップ」や、町内会・自治会連合会、公民館長会、地区社会福祉協議会会長会の「三団体合同研修会」において、本事業をテーマに議論を重ねた。その結果、要配慮者支援組織の意義等についての理解も深まり、世帯カバー率単年度増加目標7.3％のところ10.7％の増加となった。

　今後も、行政の縦割りを排除し各部が連携しながら、地域における実効性のある共助・支えあいの体制づくりを進めていく考えである。

　また、町内会・自治会や民生児童委員、福祉推進員など福祉関係者による見守りの仕組みがすでに構築されている地域もあるため、各地域の実態に即した共助・支えあいの体制づくりを住民の皆様とともに進めていく考えである。

2 ｜ 地域で見守り助け合い事業

　災害対策基本法では、高齢者、障害者、乳幼児その他の特に配慮を要する者を「要配

慮者」といい、また、要配慮者のうち、災害が発生し、または災害が発生するおそれが
ある場合に自ら避難することが困難な者であって、その円滑かつ迅速な避難の確保を図
るため特に支援を要するものを「避難行動要支援者」（以下、「要支援者」）という。
2013（平成25）年に災害対策基本法が改正され、「要支援者」の名簿を作成することが
市町村に義務づけられた。

　松江市では、要支援者に名簿情報提供に関する同意確認を行い、平常時から地域全体
で要支援者を支援していく取り組みを推進している。

1 取り組みの経緯

　本事業は、2008（平成20）年度から、国の「災害時要援護者の避難支援ガイドライ
ン」に基づき、災害発生時に支援が必要となる人の任意登録制度としてスタートした。

　災害対策基本法の改正によって、避難行動要支援者名簿の作成が義務づけられたこと
により、2016（平成28）年には松江市地域防災計画を改定し、「要支援者」の範囲を定
め、その後、災害発生時に備えて、松江市災害対策本部や地区災害対策本部（各支所、
公民館）に名簿を配置した。

　2017（平成29）年度には、避難行動要支援者名簿掲載者（約2万5000人）に対し
て、平常時からの名簿情報提供の同意確認を行った。（約1万4100人から回答あり。う
ち約1万300人が同意の回答）

　要配慮者支援組織等の避難支援等関係者の求めに応じて同意者名簿を提供し、災害発
生時はもとより日頃からの支援体制の構築をすすめている。

2 事業の内容

①要支援者名簿の種類と活用について

種類	全体名簿	同意者名簿
掲載対象	①75歳以上の一人暮らしまたは75歳以上の高齢者のみの世帯に属する人 ②療育手帳（A、B）の交付を受けている人 ③身体障害者手帳の交付を受けている人 ④精神障害者福祉手帳1級又は2級の交付を受けている人 ⑤要介護認定3〜5を受けている人 ⑥その他、市長が特に必要と認めた人 ⑦従来からの制度（災害時要援護者避難支援登録制度）の登録者	全体名簿に掲載された人のうち、避難支援等関係者（※）に名簿情報を提供することについて、本人から同意を得た人のみを掲載 （※）避難支援等関係者 消防機関、警察機関、民生児童委員、自治会、市社会福祉協議会、地区社会福祉協議会、自主防災組織、要配慮者支援組織
保管先	市の関係課（福祉総務課、防災安全課） 各支所、公民館（旧松江地区）	避難支援等関係者 ※同意者名簿は避難支援等関係者の求めに

		応じ、市から提供
		提供の際には個人情報の保護など、松江市と協定を結ぶ
活用内容	災害発生時の安否確認・避難支援に活用	平常時からの見守り・声かけ、交流活動、防災訓練
		災害発生時の安否確認・避難支援に活用

②同意者名簿に掲載される事項

氏名、生年月日（年齢）、性別、住所、連絡先（本人、家族）、避難支援を必要とする理由

❸ 事業の実施状況

「全体名簿」については、災害発生に備え、2017（平成29）年に災害対策本部や地区災害対策本部（各支所、公民館）に設置した。

「同意者名簿」については、要配慮者支援組織等の避難支援等関係者の求めに応じて提供し、災害発生時に備えた平常時からの支援体制構築に向け活用している。

現在、松江警察署及び松江市社会福祉協議会には、同意者全員の名簿を提供している。

その他、自治会、要配慮者支援組織等については、該当する地域に居住する同意者名簿を提供し平常時からの見守り活動に活用いただいている。

各地域の同意者名簿の提供状況は、40団体に対し約4700人分（同意者の約45％）の情報を提供している。提供団体の内訳は、自治会が16団体、要配慮者支援組織12団体、民生児童委員協議会8団体、その他4団体となっており、多様な主体により地域での見守りが行われている。

このことは、前節の要配慮者支援組織でも述べたとおり、地域の実情により、さまざまな主体による地域での見守り活動が行われていることの1つの表れではないかと考えるところである。

❹ 課題

松江市と名簿の提供を受ける地域の避難支援等関係者とは、個人情報の保護等に関する協定を結んでいるところであるが、地域住民からは、個人情報の保護や管理に不安を感じ、名簿提供に積極的になれないとの声も出ている。

また、提供した名簿を基にした、地域での見守り活動や個別の支援計画の作成など、具体的な取り組みや理解が十分に進んでいない面もある。

5 今後の方向性

　名簿情報は、その情報を活用し、日頃からの見守り、支えあい活動を行う避難支援等関係者があって初めて活かされるものである。

　松江市には、自治会や自主防災組織、要配慮者支援組織などさまざまな住民組織があり、共助の見守り、支えあいの活動を行っている。

　これらの団体に対し、名簿情報を日頃から活動に役立ててもらえるよう、引き続き丁寧な説明を行うとともに、名簿情報の適切な管理や利用について、支援者向けのマニュアルを整備していく考えである。

　また、名簿情報の活用について、同意確認書の未返送者等に対する広報等も行い、同意者数が増加するよう対策を進めていきたいと考えている。

3 ｜ その他の取り組み

1 地域における高齢者見守りネットワーク事業

　高齢者の生活に密接に関わる事業者や団体と松江市が、高齢者の見守りに関して協定を結び、日常業務の範囲のなかで、地域の高齢者に対して「さりげない見守り」を行っている。

　新聞や郵便物がたまっていたり、家の明かりがずっとついたままになっているなど、何らかの異変を発見したときに、地域包括支援センター等に連絡をして支援につなげられるよう連携協力をしている。

　現在、協力事業所は、松江中央郵便局、中国電力松江営業所、松江市上下水道局、松江市 LP ガス協会松江支部、松江市ガス局など全 27 事業所となっている。

2 新聞配達員による見守り活動

　松江市においては、新聞販売店と地域団体（民生児童委員協議会連合会、地区社会福祉協議会会長会、公民館長会、福祉推進員代表者会）とが協定を結び、「新聞配達員による見守り活動」が地域主体の活動として取り組まれている。

　具体的には、①新聞配達員が配達先において新聞の滞留状況等で異変を感じた場合、民生児童委員に通報する、②通報を受けた民生児童委員は、必要に応じ地域の関係者、警察等の関係機関と連携し、安否確認、状況把握を実施する、というものであり、配達先住民の日常生活の異変並びに事件事故等の早期発見と早期対応を目指すものである。

　この取り組みは、これまでのさまざまな地域の見守り活動の補完的な役割を担うものであり、重層的な見守り体制の構築を地域自らが企画し、実現、実施しているものである。

4 | まとめ ──三者合同研修会で提示された意見と期待

　松江市には29公民館区があり、地区社会福祉協議会（以下、地区社協と称する）や町内会・自治会連合会の事務局が各公民館区内に1か所ずつ置かれている。いわば地域福祉の拠点としての役割を、地区公民館区が果たしている。毎年、地区公民館長、地区社協会長、地区町内会・自治会連合会長の三者合同研修会が開催され、2018（平成30）年度は、研修テーマを「見守り・支え合いの場　より一層広げよう」とし、9つのグループに分かれてワークショップが催された。その際、松江市の見守りシステムの周知方法や進めるうえでの課題を話しあった。「見守りの仕組みを全市に広げるためにはどうすればよいのか」という設問に対し29の地区公民館長、地区社協会長、地区町内会・自治会連合会長から提出された意見は**表1**のようにまとめることができる。

■1 29のすべての地区に見守りネットワークを

　従来、地縁組織の代表的存在である町内会・自治会（以下、自治会と称する）は3つの機能をもつとされてきた。1つは「問題対処機能」であり、地域問題の解決に関する活動で、交通安全、防犯・非行防止、青少年育成、防火・防災、消費者保護や資源回収、福祉、生活改善などである。2つには「環境・施設維持機能」であり、地域の施設と環境の維持・管理に関する活動で、集会所等の維持・整備、環境・美化、清掃・衛生などである。3つは「親睦機能」であり、地域の人びとの交流と親睦の促進に関する活

表1　三者合同研修会ワークショップに提出された意見（2018（平成30）年11月21日開催）

組織づくり	人づくり	行政による支援
○松江市一律のルールではなく、地域特性に応じた組織づくり ○地区組織（地区公民館、地区社協、地区町内会連合会）の活動の1つとして見守り活動を盛り込む ○災害を意識し地域自主防災組織からつなげる ○長期的視野に立って地道に見守り活動を続ける ○自治会加入率の向上 ○モデル地区の指定による各地区への組織の普及 ○各町内会自治会単位の見守り活動をできるところから実践する	○有償ボランティアの確保 ○見守り人材養成研修 ○地元企業への協力依頼 ○見守り活動事例を踏まえた地域住民に対する研修会の実施 ○モデル地区から学ぶ研修会の開催 ○子どもへの福祉・防災教育 ○地域や個人の自助・互助意識を高める研修会を行う	○行政による後方支援（地域住民や組織に対する情報発信やPR） ○わかりやすい広報 ○行政による各地区への説明会の実施や協力依頼 ○行政からの助成金の増額 ○行政職員による各地区への協力 ○福祉教育の場をつくる ○地域ケアシステムに見守り活動を組み込む

動で、祭礼・盆踊り、運動会、文化祭などが含まれる[1]。しかし、いずれの自治会においても、地域の人間関係の希薄化が表れ、①自治会加入率の低下、②近所付き合いの希薄化、③地域活動の担い手不足が生じている。また高齢化に伴い、孤立した高齢者の増加による①支援が必要な住民への対応、②防災面の取り組みなど見守りネットワークに対する新たな期待が生じている。

　三者合同研修会では、いずれも自治会の保持する3つの機能をバランスよく保ちつつ、見守りネットワークという新たな課題を三者（公民館・自治会連合会・地区社協）で取り込んでいくためにどのように対応していけばよいのか活発な意見交換がなされた。

　それぞれの単位自治会によって地域事情は異なり、その地域特性に応じた組織づくりが求められてくる。しかし、単位自治会で取り組むには人的にも財政的にも困難な課題でもある。そこで提案されたのが、地区組織（地区公民館、地区社協、地区自治会連合会）の活動の1つとして見守り活動を積極的に盛り込んでみてはどうかというものであった。これは各公民館区にそれぞれ地域見守りネットワークを形成し、人的資源や物的資源を整備していくものである。加えて、人的資源や物的資源の開発、一般企業や福祉事業所（福祉施設職員や配食弁当屋、新聞配達員、運送事業者や郵便物配達員など）との連携、地域包括支援センターや警察・消防署への連絡調整、そして専門職による個別ケアへの対応まで、幅広く公民館単位で組織化することである。そのためにも、先進的な取り組みを行っている公民館をモデル指定し、実践例を学ぶことも新しいシステムづくりにつながるのではないだろうか。

　このような組織づくりに際して、行政から財政的支援や専門職の派遣、各地区への説明会の実施やPR活動を積極的に行うことが求められよう。

2 地域のボランティアをどのようにして育成するのか

　2013（平成25）年、政府は、介護保険の対象者から要支援者と呼ばれるケアの必要度が比較的軽い人たちに対する生活支援サービスを市町村に委ねることとした。これは社会保障制度を合理化して、かかる費用を節減するため、介護保険制度によるサービスを重点化し、市町村の地域力で柔軟に支え合っていこうと企図するものである。したがって、要支援者や介護予防者を市町村が、どううまく支えていくのか重要な課題となる。そこで注目されたのが「互助」という名のボランティア活動である。ただし、ボランティア活動は本人の意思で行うものであり、公的負担金の軽減・節約のためにボランティアを行う人は少ないといえる。なぜボランティアに取り組むのかといえば、そのほうが対象者である高齢者の楽しみが増し、効果も大きく、さらにボランティア自身も生きがいを得て元気になれるからである。事実、ボランティアによるふれあい活動を通し

て、要介護高齢者が要支援へ、さらに自立へと身体機能を回復していった例がある。また、ボランティアを行った高齢者が元気をもらったという報告もある[2) 3)]。すなわち、互助の仕組みで支えるということは、費用負担の軽減だけではなく、そのことが高齢者本人やボランティア自身の幸せにつながるのである。介護予防とボランティア活動をどう組み合わせていくのか。行政や専門職と対象高齢者本人とボランティアをどのように結び付けていくのかが課題となる。

事実、近隣住民によるボランティア活動に期待する声が多く聞かれる。ある松江市内の公民館区のボランティアに関するアンケート結果によれば、「手助けしてほしい」より「手助けしたい」と回答する人が圧倒的に多く、「近隣住民ボランティアとして何かお手伝いできないか」「ボランティアとしてできることを教えてください」といった、ボランティア活動への参加意向が強くうかがえる。ボランティアの内容としては、声かけや見守り、簡単な家事支援（庭掃除やゴミ出し）、雪かきなど、隣近所の顔見知りとして、「困ったときはおたがいさま」の気持ちでお手伝いする住民が多い。また多くの住民は無償ボランティアとしての活動を希望している。その理由としては、ボランティア活動を通して生きがいや元気なエネルギーを得ることができるが、有償化するとサービス提供にかかる責任を強く求められ精神的負担感が増すと答えている。

一方、有償ボランティアに対する期待も多くある。なごやか寄り合い活動への支援や生活支援作業（簡単な家事支援、買い物支援、外出支援、庭の手入れ）など一定の作業時間や労力を有する作業については有償ボランティアのほうが利用者は頼りやすい。

このように、近隣住民によるボランティアを育成することは、近所付き合いが低下している現状では、近隣住民の信頼関係を培い、助け合いを再生していくことにつながる。そのなかで、手助けを必要とする人と手助けをする人とをどう結び付けていくのか。結び付け役（コーディネーター）をどう確保するのか。こうした地域福祉活動を効果的に運用していくためにも「生活支援コーディネーター」の役割には期待するものがある。

三者合同研修会にみられた意見では、「地域や個人の自助意識や互助意識を高める研修会」の必要性を示している。松江市では「松江市地域における高齢者見守りネットワークのてびき」というガイドブックを作成している。こうしたテキストをもとに、自助・互助意識を高める研修会を各地区単位で開催してはどうだろうか。また、「子どもへの福祉・防災教育」の体験型の研修会を、共生のまちづくりの視点から大人と子どもが一緒になって実施することも考えられる。このような研修会に対し、行政から専門職を派遣し、ボランティアフェスティバルの開催を行政と公民館で協働して行うなど、より強力な支援が求められよう。

❸ 地縁組織による見守り活動の成果とその限界

　松江市が2018（平成30）年４月に改正した「松江市地域における高齢者の見守りネットワークのてびき」の「４　関係機関の役割」によれば、「市民、民生児童委員・福祉推進員、協力事業所等日常生活や業務の中で、高齢者を"さりげなく"見守り、気になることや異変を感じた場合は、地域包括支援センター等、相談・支援機関へ連絡をします。ただし、生命の危険性がある等、緊急性が高いと判断されるときは、警察署や消防署へ連絡する等、必要な対応を行う」とされている。また「３　見守りの方法」では、「①普段からの挨拶や地域の行事などを通して、顔の見える関係づくりをしましょう。②日常生活で、隣近所に変わったことがないか、気にかけましょう」となっている。これは、高齢者の異常や異変にまず気づき、第１発見者として地縁組織である自治会の地域住民、民生児童委員・福祉推進員への期待を表しているものといえる。

　地域における見守りの主体となっている人材は、民生児童委員や福祉推進員である。福祉推進員の役割は、①見守り活動、②専門機関・自治会など地域組織との架け橋、③地区社協・公民館や市社協との連携となっている[4]（松江市内では2017（平成29）年度は1600名程度）。一方、民生児童委員は主任児童委員を含めると498名（2017（平成29）年度）、その活動目的は、地域住民の実情把握に加え、見守り確認、相談に応じ自立を支援していくことである。したがって、見守り訪問を行い安否確認をすることは民生児童委員の基本業務といえる。2017（平成29）年度の見守り訪問（家庭訪問して面談し、安否確認する、生活状況を把握する）回数は３万9144回、訪問しても不在で会えなかった回数は１万5047回となっている。民生児童委員１人当たり年間108回の家庭訪問を行っているのである。そして関係機関（地域包括支援センター・市役所・警察・病院など）への連絡調整回数は１万4493件となり、民生児童委員１人当たり年間29件となっている。対象者は高齢者・障害者・子どもなど幅広く、多くは社会的に孤立し、生活課題を抱えている地域住民である。また、年ごとに訪問回数や関係機関への連絡調整件数が増加しているのも事実である。

　一方、民生児童委員や福祉推進員の見守り対象として把握された人の他に、多くの潜在的見守り対象者が存在していることも事実である。民生児童委員に通報があるのは隣近所の住民からであり、その第１発見者は近隣住民である。「夜間明かりがついていない」「新聞が何日もポストに滞っている」「回覧や広報が回らない」「自治会費が未納」など日常生活の困難性が社会生活の途絶につながって、はじめて民生児童委員に連絡される。できれば、早めの連絡を願いたいのだが近隣住民にとっては、毎日の生活に追われ、また近隣関係の希薄化によりどうしても緊急の場合に限ってしまうことが多い。

　従来、近隣住民間では見守りを行うことは自然な関わりのなかで行われ、互いの顔が見える関係のなかで行われていた。しかし現在では、社会的に孤立化した高齢者は、そ

のような関係に基づいた人付き合いが形成されていないため、周りがその存在を認知できない状態か、もしくは会う機会をつくれない状態になっている。また、単なる見守りだけでは解決できない問題もある。なぜなら、人間関係としてのつながりに介入することは信頼関係がない限りできないからである。いくら制度化された福祉サービスで緊急時の対応の準備ができたとしても、そのサービスは人的交流を目的とされていないために、人間関係の構築は期待できず、孤立した状態は改善されないままとなる。自治会加入率の低下により、自治会員を対象とする見守りが中心の地縁組織の活動では、未加入者への見守り活動は行われず、その把握や確認には困難性が伴うといえる。

　また、自治会に自主防災隊（2017（平成29）年度は松江市内の全自治会に対し7割・630組織）をもうけ、要配慮者として登録された対象者へ、平常時の見守り活動を実施する自主防災隊員の活動も行われている。しかし、自主防災隊を組織しても見守り活動を行う人材不足に悩んでいる自治会も多い。以上のように地縁組織による見守り活動にも一定の限界が表れているといえよう。

❹ 地域住民と専門職の円滑な協働を目指して

　三者合同研修会においても、近隣住民による見守り活動の限界を克服していくために、地域住民と地域包括ケアシステムの専門職が協力・連携した支援体制を構築してはどうかという意見が示されている。

　地域包括ケアシステムは、高齢者個人のケア体制を構築することを目指すこと、地域内における支援システムを構築することの両目的があり、これを実現するために、①地域課題の発見と社会資源の把握、②地域の関係者による対応策の検討、③対応策の決定・実行というプロセスが示された。この地域包括ケアシステムの構築のプロセスにおいて、地域の課題を明らかにする方法として地域ケア会議が位置づけられた。地域住民や民間福祉団体が参加するこの地域ケア会議の役割として、支援困難事例等を通じた多職種・多機関連携・協働と課題の共有化、地域課題解決に向けた行政への政策提言の必要性が述べられている[5]。

　また、地域ケア会議は「①高齢者個人に対する支援の充実と②それを支える社会基盤の整備とを同時に推進し『地域包括ケアシステム』を実現するための重要な一手法」でもある[6]。

　一方、2017（平成29）年度に導入された、生活支援体制整備事業では、市町村レベルの第1層協議体と地域住民レベルの第2層協議体の設置を提案している。「生活支援体制整備事業を進めるための市町村ガイドブック」によれば、協議体は「地域で活動している個人や団体などの地域住民を中心としながら、関係の深い専門職や組織などが一緒になって地域の支え合いを発展させ、地域づくりを進める場」とし、地域ケア会議と

の違いは、①目的の違い…協議体は地域支援（地域づくり）、地域ケア会議は個別支援、②立ち位置の違い…協議体は当事者（行動主体）、地域ケア会議は支援者、③主な構成員の違い…協議体では住民が主体で専門職多機関行政等は側面から支援する、地域ケア会議は専門職や機関・行政が主たる構成員であるとしている[7]。

　地域ケア会議では、支援が必要な高齢者に共通する問題点や現状の社会資源では解決できない事例（例えばひきこもりや介護予防、見守りなどの地域福祉活動や、地域福祉拠点の整備など）も多く表出される。これらの課題を整理するために日常生活地域ごとの第2層協議体が開催される。そこで示された課題に対して、地域包括支援センターへフィードバックするだけでなく、地域を担当する行政に施策の実施を提言することを目的とした第1層協議体が市町村レベル、地域全体規模で開催されるのである。

　これまで保健師や在宅介護支援センター・地域包括支援センター等の相談員が、日々、制度を利用する必要性のある高齢者を発見し、具体的な支援につないできた。ただし、専門の職員だけで高齢者のすべてを網羅することは困難である。そのため、地域住民や地域福祉団体と協働して、支援が必要な高齢者を早期に発見し、専門職へとつなげていく仕組みを構築する必要がある。ただし、地域住民や地域福祉団体との結びつきだけにその役割を負わせるような体制では、その問題点は表出してくるだけにとどまり、解決に向かうとは考えにくい。三者合同研修会で出された意見の多くは、「地域住民の見守り活動が円滑に実施できるように、専門職が必要に応じて、活動支援できる体制を構築してほしい」というものである。これまで地域福祉への行政支援は、個別ケア重視の福祉活動支援と地域福祉団体への運営支援に二分されていたといえる。しかし、自治会などの地縁組織や地域住民が求めていることは、地域住民の地域福祉活動が行いやすいような専門職との協働体制である。専門職が個別ケアのために住民活動を活用するだけでは、その持続性にも限界がある。専門職とのより円滑な協働関係をつくり、運営支援の観点から、住民の地域福祉活動に対する意欲を支え維持継続するための、行政による具体的な支援が必要となる。例えば、地域団体が活躍できる福祉拠点（空き家利用）を整備すること、住民活動と高齢者を結びつけるコーディネーター（生活支援コーディネーター）の地区社協への常勤化を図ること、住民による地域福祉活動や地域福祉団体への財政的支援を積極的に行うことなどである。また、その際に、地域住民と専門職が協議できる第2層協議体を定期的・持続的に開催し、住民の情報と専門職の支援の融合が図れる機会をもつことも、1つの方法ではないだろうか。

文献

1）　菊池美代志「町内会とは何か」『帝京社会学』第15号，2002.
2）　「2015年度〜2017年度　松江市高齢者生きがい事業の報告集」

3) 「2017 年度　松江市淞北台いきいきライフを推進する会報告書」

4) 松江市福祉推進員代表者会・松江市社会福祉協議会地域福祉課編『2017（平成 29）年度版福祉推進員活動の手引き』

5) 和気純子「38　総合相談システム」岩崎晋也・岩間伸之・原田正樹編『社会福祉研究のフロンティア』有斐閣，160 〜 163 頁，2014.

6) 長寿社会開発センター『地域ケア会議運営マニュアル』2013.

7) 『生活支援体制整備事業を進めるための市町村ガイドブック』全国コミュニティライフサポートセンター，2017.

付記

　本章の「1　松江市要配慮者支援推進事業」「2　地域で見守り助け合い事業」「3　その他の取り組み」は松江市福祉部福祉総務課、「4　まとめ――三者合同研修会で提示された意見と期待」は髙橋憲二（大阪健康福祉短期大学特任教授）が執筆した。

松江市法吉地区の「災害時における地域での助け合い」
～学び合いを活かした実践事例から～

要旨

　松江市法吉地区で 2006（平成 18）年に立ち上げた、災害時における、要配慮者への地域住民等による安否確認・避難所までの誘導といった助け合いの仕組みと、その後の定着化に向けての取り組みについて紹介する。

🔑 キーワード

　災害時　助け合い　安全・安心　まちづくり

基本情報

■島根県松江市法吉地区
（2019 年 3 月 31 日現在）

指標	法吉地区	松江市全体
人口	12,531 人	200,389 人
世帯数	5,343 世帯	89,551 世帯
65 歳以上人口	2,654 人	58,961 人
高齢化率	21.43%	29.42%
高齢者世帯数	1,256 世帯	25,413 世帯
うち一人暮らし高齢者	666 人	14,401 人

出典：松江市統計情報データベースから

■松江市法吉公民館の概要

　法吉公民館は松江市立法吉小学校の校区と、城北小学校と内中原小学校の校区の一部をエリアとしている。地区内の各種団体の代表者で構成する公民館運営協議会が、松江市指定管理者として運営を受託し、いわゆる「公設自主運営方式」で運営を行なっている。

　地域住民が直接公民館の運営に参画することにより、公民館活動は、社会教育・生涯学習

の場にとどまらず、地域の安全・安心、地域福祉、青少年の健全育成、子育て支援、環境問題などの地域課題を学習・実践して解決する「地域づくりの拠点」となっている。

■法吉地区社会福祉協議会の概要

　法吉公民館を拠点（事務局）として、地域住民の福祉向上を目的に事業を推進している。

1 ｜ はじめに

　松江市法吉地区では、地区社会福祉協議会と公民館が中心となって、2006（平成18）年に「災害時における地域での助け合い事業」を立ち上げ今日に至っている。

　災害が起きた時、「自分の力で避難できるかどうか心配」といった不安を抱える一人暮らしの高齢者や障害のある人などの安否確認・避難誘導を、地域の近隣住民や民生児童委員などで行うものである。平常時からの見守り活動も行い、「住み慣れた地域でだれもが安全で安心して暮らせるまちづくり」を目指している。

　発足以来13年余を経過したが、この間、幸いにも大きな自然災害もなく経過している。しかし、災害はいつ発生するか予断を許さないだけに、イザといった時に備え、地区及び関係者の意識・関心を維持するため、いくつかの施策を講じている。

　この事業は、立ち上げから今日まで、公民館を拠点として、住民による「学び合い」と「参加・行動」をベースに推進している。

2 ｜ 松江市法吉地区と公民館活動

　法吉地区は、島根県の県庁所在地である松江市の北部に位置している。1948（昭和23）年に旧法吉村と松江市が合併した地区、当時は農村地帯であったが、昭和40年代半ばより団地造成や宅地開発が進んで人口の流入が続き、新旧住民が混在する地域社会を形成するようになった。平成に入ってからも新たな団地造成やマンションの建設が続き、1948（昭和23）年の合併当時、世帯数400・人口2000人足らずであったものが、2019（平成31）年3月現在、世帯数5343・人口1万2531人と大幅な増加をみている。

　地区の高齢化率は21.43％と、松江市の平均を大きく下回っているが、一部の住宅団地等では45％を超えるなど高齢化が進み、高齢者の一人暮らしや高齢者のみの世帯も増加しつつある。

　当地区には、中世に、毛利と尼子の戦場となった真山、白鹿山があるなど歴史の舞台も存在するし、春には地名のもとになった法吉鳥（ウグイス）の声が聞かれ、夏には蛍が飛び交う小川が流れるなど緑も豊かで、歴史と自然に恵まれた地域といえる。

地域の生活環境は中心市街地に近く、幹線道路の整備も進み、バスなどの公共交通にも比較的恵まれている。スーパー、コンビニエンスストアなどの商業施設、金融機関、福祉施設、保育園等も整備され、日常生活の利便性は高い。

伝統的に公民館を中心に、自治会を始めとする諸団体が連携して「まちづくり活動」を活発に展開している。地区内には、まちづくり推進協議会、地区社会福祉協議会、体育協会など住民による多くの地域団体が設立され、それぞれ機能を発揮し、地区が目指している「住みたい・住み続けたいまち法吉」の実現に向け着実に歩んでいる。

活発な活動には活発な学習の裏づけがある。2019（令和元）年度の「公民館運営方針重点項目」の第1項に、「多様化する地域課題を学習し、解決に向けて実践に取組みます」と掲げており、趣味などの一般的な文化教室の他に、公民館や諸団体の主催で、子育て、環境問題、人権教育、安全・安心、地域福祉、健康など、多様化する地域課題について、講座や先進地視察、ワークショップなどにより学習し、解決に向けての行動につなげている。

3 取り組みのきっかけは

松江市では2004（平成16）年3月に、行政計画としての「地域福祉計画」と市民としての活動の方向を示す「地域福祉活動計画」が、「まつえ福祉未来21プラン」の名で策定された。

計画の重点目標として、各地区に、総合相談・ケアマネジメントの機能をもつ拠点として「地域福祉ステーション」を設置する構想があった。

まったく新たな取り組みであるため行政としては、市内の特色のある2地区（公民館区）をモデル的に指定して試行することになり、法吉地区は同年秋に、「新興団地やマンションを抱える新旧住民の混在地域」としてその指定を受けることになった。

地域福祉ステーション事業は、①相談体制の整備と②地域生活支援会議の設置が中心であるが、この他に、地域としての福祉課題を把握してこの解決を図ることとされていた。

地区の住民に行政も加わり、地域課題についての検討・学び合いを行った。

取り組みを開始した2004（平成16）年は、7月の新潟・福島の豪雨をはじめ、台風10号から23号の襲来、新潟県中越地震など全国各地で多くの自然災害が発生し、大きな被害をもたらした。しかも、これらの災害による犠牲者の多くは、高齢者や障害者など「災害時要配慮者」と呼ばれる人たちで占められているとのことを学んだ。

また法吉地区は、①人口の流出入が多い地区であること、②防災意識が高く、消防団や自主防災組織が整備されている地域であること、③公民館を中心として各種団体の連

携が密接な地域であること、④過去に何度か豪雨により浸水被害を経験していること、などから、地域課題の解決として取り組んだのが「災害時における要配慮者対策」である。

4 立ち上げまでの学び合いと活動

こうした経緯で法吉地区はモデル地区に指定され、災害時要配慮者への対策を検討し、安全で安心して暮らせるまちづくりを目指すことになった。

実施主体は、法吉地区社会福祉協議会であったが、事務局を法吉公民館が担っていたので両者が中心となり、これに行政、市社会福祉協議会が加わって取り組みを開始した。

行政と地域とで打ち合わせたモデル事業の具体的な取り組み内容は次のとおりであった。

①ワーキンググループを結成し、災害時の要配慮者への対応、要配慮者自身の対応をマニュアル化するとともに、要配慮者の名簿作成（登録制）などの手法を検討する。
②地域での協力・支援体制を確立し、要配慮者参加による小訓練等を実施する。

1 ワーキンググループの結成

第一段階として2005（平成17）年1月に地域と行政、市社会福祉協議会を中心とした「ワーキンググループ」を結成し検討を開始した。構成は、地区社会福祉協議会、公民館、民生児童委員、福祉推進員[注1]、自治会、消防団、自主防災隊、あったかスクラム法吉親の会[注2]、地元住民代表（以上が地元）、障害者団体、松江市福祉部と防災担当、松江市社会福祉協議会、松江市ボランティアセンター等に加え、学識経験者として島根大学からの参加も依頼した。

会議ではまず、事務局から事業全体構想の説明を行い、取り組みへの合意形成を進めた。そして、災害時における要配慮者のニーズや要配慮者の情報把握をどのように行うか、などを検討したが、これらは「高齢者部会」と「障がい者部会」とに分かれて行った。

2 被災地への視察研修

検討を進めるうえで、メンバーの問題意識を共有するため被災地への視察研修を行うこととし、阪神淡路大震災の被災地であった神戸市長田区の真野地区を訪問先とした。

真野地区は、震災当時約2200世帯、5700人で、全半壊の家屋が58％、死者19名と

いう尊い犠牲がでている。こうしたなかで、住民による火災の初期消火と崩壊したビルからの救出活動が行われ、それに続き、いち早く災害対策本部が立ち上げられたことで全国から注目された。

研修では、真野地区まちづくり推進会事務局長の清水氏から、災害発生直後は、地区の住民自身の手による救出・救援活動が最も有効であることを教わった。また、その後の避難所の運営から生活再建・復旧へ向けての歩みを聞いたが、これらを支えたのは、30数年にわたる住民主体のまちづくり、すなわち「地域力」であることを学んだ。

この視察研修により、災害発生時の救出などの対応は地元の力が最も有効であることと、これを支えるのは「地域力」であることを学び、メンバーの意識の共有化が大きく前進した。

3 個人情報保護法の勉強会

検討中の2005（平成17）年4月に、「個人情報の保護に関する法律」が施行された。

助け合いの仕組みは個人情報との関わりが深いので、勉強会を開き、メンバーの1人であった島根大学の加川講師（当時。現在は准教授）を講師に、個人情報についての理解を深めた。

4 地域の理解を深めるために

この事業は地区住民の理解が何よりも大切であるとの思いで広報活動に大きなエネルギーを費やした。地区社会福祉協議会会長と公民館長とで、自治会長会など地域の諸会合に積極的に出席し、事業の趣旨と地域での助け合いの大切さを説明し、協力を要請した。

5 モデル事業の実践

1年半近くにわたるこうしたプロセスを経て、自治会を中心に要配慮者の把握とリスト作りが進み、2006（平成18）年3月に、要配慮者150名、支援者220名が登録され、公民館に関係者が集合し事業のキックオフを行った。

5 | 事業の仕組みと取り組み

1 事業の仕組みは

事業の仕組みは**図1**のとおりである。

災害が起きた時、「自分の力で避難できるかどうか心配」といった不安を抱える一人暮らしの高齢者や障害のある人など、支援を希望する人たちを「おねがい会員」といっ

図1　事業の仕組み

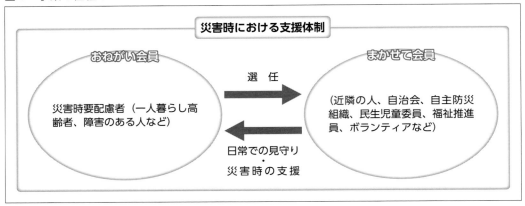

ている。一方、近隣住民や民生児童委員、福祉推進員など、支援を提供する人たちを「まかせて会員」と呼んでいる。そしてイザといった時、まかせて会員によりおねがい会員の安否確認・避難誘導を行うほか、平常時にも見守りを行い、「住み慣れた地域でだれもが安全で安心して暮らせるまちづくり」を目指すものである。

❷ おねがい会員とは

　「おねがい会員」は、次の人たちのうち、支援を希望し、支援に必要な個人情報を地域の支援者に開示することに同意した人たちである。

　　・一人暮らしの高齢者など
　　・障害のある人

❸ おねがい会員の登録手続きは

　「おねがい会員」のリストアップから登録までの手続きは自治会単位で行っている。

　　自治会ごとに、自治会役員、民生児童委員、福祉推進員、自主防災組織による会合をもって、まず対象者のリストアップを行う。

　　対象となる高齢者はおおむね65歳以上の「一人暮らし」や「高齢者世帯」で、日頃から民生児童委員、福祉推進員の見守りの対象になっている人や、自治会などで把握している配慮が必要と思われる人たちである。

　　障害者についても、自治会や民生児童委員、福祉推進員などで把握している人たちであるが、事業立ち上げ時には地区での把握が困難で、行政を通して呼びかけを行った。

　　「あそこのお婆ちゃんは支援が必要だ」「あの家は夫婦二人暮らしだけど、このところお爺さんの具合が悪いらしい」などの話し合いを行い、対象者をリストアップした。リストにあがった対象者には、顔なじみの自治会役員・民生児童委員・福祉推進員などで、事業の説明と登録の呼びかけを行い、登録を承諾した人には「おねがい会員登録申

請書兼登録台帳」により登録願っている。

4 まかせて会員とは

「まかせて会員」は、次の人たちで構成している。

- ・近所の人（地域支援者）
- ・自治会
- ・民生児童委員
- ・福祉推進員
- ・自主防災組織
- ・ボランティア

5 支援の内容と役割

災害発生時の安否確認と避難所までの誘導と、平素の声かけと見守りである。

あくまでも善意により、災害時や日常生活において困っている人を支援するもので、責任を課すものではない、としている。

具体的な役割

(1) 災害発生時には

災害が発生しそうな場合や発生した場合は、災害の情報を伝えるとともに、安否を確認する。避難が必要な場合には、一緒に避難施設または一時避難所まで誘導する。このため日頃から、避難施設または一時避難所の位置や避難経路の確認を依頼している。

(2) 平常からの声かけと見守り活動は

「まかせて会員」には、災害時だけでなく普段からの近所付き合いのなかで、声かけや見守りを依頼している。特に決まった方法はなく、通りがかった時に声をかけるなど日常生活のなかで実施している。また、新聞、郵便物などがそのままになっている、夜電気が点いていないなど気になることがあれば、地域の民生児童委員、福祉推進員、自治会役員に連絡するよう要請している。

6 まかせて会員の選任・登録手続きは

「おねがい会員」1名に対して2名以上の「まかせて会員」を選任している。「まかせて会員」は、地域支援者（近所の人）や民生児童委員、福祉推進員などで構成しているが、うち1名には、必ず地域支援者が加わっている。

地域支援者は「おねがい会員」自身が選ぶが、適当な候補者がない場合は自治会に一

任願う。この場合、自治会内の福祉関係者で協議し、近所の人などから適任者を選び、趣旨を説明のうえ登録している。

「まかせて会員」の就任を承諾した人からは、「まかせて会員登録申請書兼登録台帳」の提出を受けている。

6 | 期待される効果

被災地への視察研修で、災害発生時には地域での助け合いが何よりも大切で有効であることを学んだ。事業の発足間もない2006（平成18）年7月に、豪雨による浸水被害が発生したが、いち早く「まかせて会員」による「おねがい会員」の安否確認が行われた。避難までには至らなかったものの、多くの「おねがい会員」から、「大きな心の支えになった」との感謝の言葉が寄せられた。

「おねがい会員」は、平常時にも気にかけてあげる必要のある人たちであり、この事業を通して日頃から確認し合える体制づくりができた。

「向こう三軒両隣」での助け合いの復活も目指している。従来、福祉活動は民生児童委員や福祉推進員といった公的な人たちの役割といったイメージがあったが、この事業を通して、地域住民誰でも参加できるとのメッセージを伝えることができた、との思いである。

7 | 定着化に向けて

この種の事業は風化することが最も気がかりであり、「定着化」が大きな課題である。

災害はいつ発生するか予測できないだけに、平素から地区及び「まかせて会員」など関係者の意識・関心を維持するための、さまざまな工夫・施策を行っている。

まず、平常時の見守りを始め、定期的に「まかせて会員研修会」を実施している。また、毎年防災訓練も実施し、このなかで「おねがい会員」の安否確認と避難所までの誘導訓練などを行っている。

■ まかせて会員研修会

2006（平成18）年3月、この事業立ち上げ時に、当時、松江市地域福祉計画・活動計画策定委員長であった同志社大学の上野谷加代子教授による記念講演会を行った。以後毎年、各界から講師を招き、いかにして地域防災力を高めるか、地域での共助の大切さなどを学んでいる。

研修会の実施状況は**表1**のとおりで、毎回の参加者は100名前後となっている。

表1　講演・研修会

年度	演題	講師
2006 （平成18） 立ち上げ時	「助け上手・助けられ上手のまちづくり」	同志社大学社会学部教授 上野谷加代子　氏
2006 （平成18）	「支え合う心豊かなまちづくり ～いま私たちにできること～」	日本福祉大学助教授 原田　正樹　氏
2007 （平成19）	「おねがい／まかせて……『支援の輪』の形成と『地域力』の向上」	桃山学院大学准教授 松端　克文　氏
2008 （平成20）	「災害犠牲者ゼロのまちづくり」	群馬大学大学院教授 片田　敏孝　氏
2009 （平成21）	「地域の防災力を高めよう！ ～災害救援NPOの現場から～」	特定非営利活動法人レスキューストックヤード 栗田　暢之　氏
2010 （平成22）	「地域防災力を育てる～地域を支える地域の力～」	サカモトキッチンスタジオ　主宰 坂本　廣子　氏
2011 （平成23）	「老若男女で減災のまちづくり」	NPO政策研究所専務理事 元神戸新聞社論説委員 相川　康子　氏
2012 （平成24）	「竜巻に備える～気象災害と防災情報～」	独立行政法人産業技術総合研究所特別研究員 下瀬　健一　氏
2013 （平成25）	「問われる災害時における地域の共助力 ～東日本大震災の支援活動を通して～」	法政大学現代福祉学部教授 宮城　孝　氏
2014 （平成26）	「地域における支え合い活動の大切さ」	日本福祉大学学長補佐 原田　正樹　氏
2015 （平成27）	「たすけられ上手・たすけ上手に生きる ～災害時も平常時も～」	同志社大学大学院社会学研究科教授 上野谷加代子　氏
2016 （平成28）	「安全・安心な地域づくりと医療の役割 ～阪神淡路大震災から学ぶ地域での助け合い～」	新須磨病院理事長・院長 澤田　勝寛　氏
2017 （平成29）	「災害に強い地域づくりは『ふだんの暮らし』から～3.11から学んだこと～」	ご近所福祉クリエーター 酒井　保　氏
2018 （平成30）	「地域共生社会での新しい助け合い」 ～地域住民の参画と協働による・誰もが支え合う共生社会の実現～	日本福祉大学学長補佐 原田　正樹　氏

※講師の肩書きは当時のもの

❷ 防災訓練の実施

　法吉地区では2002（平成14）年以来、毎年防災訓練を実施しているが、2006（平成18）年の事業立ち上げ後は訓練に、「まかせて会員」による「おねがい会員」の安否確認・避難誘導を取り入れている。

訓練は毎年充実し、行政・他地区から注目され、2018（平成30）年度は、島根県総合防災訓練の実施場所として当地区が指定された。多数の住民参加のもとに、「おねがい会員」の安否確認・避難誘導、避難所運営訓練等を実施し、高い評価を得た。

　これまで実施した訓練の内容は次のとおりで、防災意識の高揚、対応スキルの取得など、体験と学びの場となっている（①②③は毎回実施、室内訓練はテーマを変えて毎回実施）。

　　①地区災害対策本部の立ち上げと運営訓練
　　②「おねがい会員」の安否確認と避難誘導
　　③炊出し訓練
　　④自衛隊による東日本大震災救援派遣活動の報告と野外炊飯等
　　⑤避難所開設訓練
　　⑥室内訓練として、防災講演会やAED、車いすの使い方など災害時における対処法
　　　・危険箇所や避難経路の確認（地図の作成）
　　　・HUG（避難所運営ゲーム）
　　　・クロスロードゲーム

❸ 定期的な見直しの実施

　「おねがい会員」は、施設への入所・転居等による地区外への転出や死亡などによる異動がある一方で、新たに支援が必要な人もでてくる。同じように「まかせて会員」にも異動がある。

　このため毎年、自治会を中心に定期的な見直しを実施しているが、近年、「おねがい会員」の施設への入所が多く、2019（平成31）年3月現在で「おねがい会員」89名（高齢者84・障害者5）、「まかせて会員」118名となっている。また、各自治会では適時、自治会・民生児童委員・福祉推進員等関係者による情報交換も行っている。

❹ 防災マイマップの作成

　地区を5つのエリアに分けた「白地図」を作成して全世帯に配布している。各世帯で、「おねがい会員」宅や避難経路など、各自に必要な事項を記入して、「マイマップ」として活用している。

　その他、地区独自な「防災パンフレット」を作成・配布するなど、地域の安全・安心についての広報活動を行っている。

8 地域の安全・安心は地域の力で

　こうした取り組みは各地で行われており、決して先駆的なものでないが、多くは行政主導で行われている。法吉地区では、立ち上げから登録、定着化など、事業の推進はすべて住民が中心に、学び合いを通して「手づくり」で行い、このことを誇りとしている。このため、地域住民の防災に対する意識・関心が高まり、自主防災組織の立ち上げが進むなどの成果が現れたし、日常の見守り活動により要配慮者との間で、日頃から確認し合える関係づくりができたとの声も聞いている。

　この事業は、行政を始め関係方面から高く評価され、各地から視察や問い合わせが相次いだ。また、メディアにもしばしば取り上げられたことにより、地域にとっていい刺激となり、誇り・自信にもつながった。

　また、この事業の推進は、法吉公民館、地区社会福祉協議会、そして自治会など、地域の各種団体の重要課題として定着しているし、毎年、研修会、防災訓練を実施していることが今日まで継続し得ている要因であろう。

　目指すところは法吉地区の住民が、「住み慣れた地域で、安全で安心して暮らしていけるまちづくり」で、日常の見守り活動や、定期的な研修会・防災訓練の実施等を通し、「地域の安全・安心は地域の力で守ろう」を確認し合っている。

注

注1　福祉推進員とは自治会長の推薦で、松江市社会福祉協議会の会長から委嘱された無報酬のボランティアである。高齢者への見守り活動をはじめ、地域内の福祉課題について民生児童委員や関係機関と連携して解決に努める他、地区社協が実施する各種事業に参画するなど、福祉のまちづくりを推進する役割を担っている。

注2　あったかスクラム親の会とは、障害のある子どもをもつ親の会で、公民館を拠点として定例会を毎月実施している。活動内容はそれぞれの地域において、文化祭への参加、遠足、災害時の宿泊体験、音楽会など、特色のあるさまざまな活動がなされている。(「第4次松江市地域福祉計画・地域福祉活動計画」91頁より)

参考文献

・加川充浩「住民自治の推進における地域福祉計画の役割と課題──松江市地域福祉計画の実践事例から」『地域福祉研究』第35巻，2 ～ 11頁，2007.
・松江市地域福祉計画・地域福祉活動計画「まつえ福祉未来21プラン」2004.

第16章

急性期病院における救急外来経由の入院高齢患者の現状と地域包括ケアにおける課題

要旨

　松江赤十字病院は急性期の医療を提供する地域の基幹病院である。当院の各科輪番制をとっている救急外来経由の入院高齢患者の特性として、再入院リスクがあること、高齢者のみの世帯が一定数存在すること等が挙げられる。一方で、海外文献では、高齢者の包括的評価やチーム介入、普遍的な移行期ケアによる、再入院回避のための取り組みに関した報告が散見される。再入院を回避し、高齢者がその人らしく地域で生活を送っていくにあたっては、身体管理のみでも、社会的側面からのアプローチのみでも十分ではなく、予測性や包括的な視点、連携を通じて、対象者理解を深め支援していく必要がある。その点について単身高齢者の症例を元に、演繹的に提示する。そして、質の高い移行期ケア、すなわち切れ目のない、多領域からの包括的アプローチ・見守り体制構築の必要性と、具体的提言を加える。

🔑 キーワード

高齢者　再入院　急性期病院　移行期ケア　対象者理解

基本情報

■松江赤十字病院
病床数　　599 床（一般：552 床、第一種感染症：2 床、精神：45 床）
診療科数　27 科
法的指定
救命救急センター指定病院　地域がん診療連携拠点病院　地域医療支援病院　等
（2019（令和元）年 6 月現在　病院ホームページ公開情報）

1 | はじめに

　当院は、三次救急も含めた急性期医療を提供する地域の基幹病院である。そして、高齢化率が高い島根県の現状を反映する形で、救急外来受診者の特性としても、高齢者が多くを占める。そのようななか、誤嚥性肺炎、尿路感染症、脱水症等の高齢者に多くみられる疾患による入院の他、救急外来において診断不詳だが帰宅困難な身体・社会的事由を抱えた入院患者も多い。このような高齢者総合診療領域[注1]の症例について、当院では、非当該科が輪番制で担当する体制をとっている。

　筆者は、日本NP教育大学院協議会認定の診療看護師[注2]として、このような症例に対し、医療の質の担保にあたっての診療支援、多職種協働支援等のほか、質を担保しながらの早期退院調整等を行っている。

　本章では、これらの入院高齢患者の統計データ、文献、具体的な症例の支援内容等を元に、高齢患者に対する支援の現状について述べる。そして、単身高齢者急増等の問題があるなかで、高齢者が地域でその人らしい生活が送れる地域包括ケアの実現にむけて私見を加える。

2 | 入院高齢患者の現状と対策

■1 入院高齢者は退院後も再入院リスクがある

①入院高齢患者に関するデータ

　表1は、上述した当院の高齢者総合診療領域の症例における再入院率に関する介入研究内のデータではあるが、普遍的な入院高齢患者の特性をある程度反映したデータと思われたため、一部改変し抜粋した[1]。

　加齢とともに各機能が衰退する高齢者が若年者と比べ、相対的に入院しやすく重症化する傾向にあるのは想像に難くないだろう。加えて問題となるのは、入退院を反復する「再入院」である。その原因疾患の代表格が誤嚥性肺炎や尿路感染症といったものである。**表1**からも、高齢者では再入院症例が一定数存在することがうかがえ、約10人に1人は6週間以内に再入院することがわかる。そして、入院前・退院後について、本書の主題でもある単身者、あるいは高齢者のみの世帯が全体の1〜2割を占めている。

②重症化予防のための構造的な体制づくりが必要

　ただでも再入院しやすい高齢者のなかで、さらにハイリスクといえる単身者・高齢者世帯といった事例については、地域でのその人らしい生活を送っていくにあたり、より一層の支援が求められることは想像に難くない。**表1**において、疾患別にみても、肺

炎や尿路感染症、脱水症が多く、これらを念頭においた予防的ケア及び構造的な体制を地域のなかで構築していく必要があるかもしれない。

　また、疾患特性とは別に、在院日数の短さという急性期病院の特性も再入院リスクに影響しているかもしれない。急性期病院では、"ある程度"病状が安定化すれば即退院となる分、受け皿である地域、それは家族や福祉系スタッフ等であったりするが、その「負荷」は当然増すこととなる。例えば、誤嚥性肺炎での退院後であれば、継続的なリハビリや嚥下面・症状再燃のモニタリングであったり、吸引といった医療処置を要すケースなど、これらのある種、医療的側面を地域が担うこととなる。もちろん退院時には、患者の状態が退院先の機能や特性と見合うものか否かについて、患者本人や家族を含め、病院と退院先双方との検討は行う。しかし、それらの検討も万事うまくいくわ

表1　当院における高齢者総合診療領域の輪番制入院患者の基本特性

全症例　n = 706（%）	
年齢（歳）	85.6 ± 7.2
性別（男／女）	276/430
介護度	
要支援・未申請	197 （27.9）
要介護	509 （72.1）
退院時診断名	
肺炎	354 （50.1）
尿路感染症	114 （16.1）
腎盂腎炎	68 （ 9.6）
脱水症	32 （ 4.5）
その他	138 （19.5）
入院前居住地	
高齢者世帯または独居	123 （17.4）
同居（高齢者世帯以外）	226 （32.0）
施設	339 （48.0）
病院	18 （ 2.5）
退院先	
高齢者世帯または独居	80 （11.3）
同居（高齢者世帯以外）	163 （23.1）
施設	285 （40.4）
病院	115 （16.3）
死亡退院	63 （ 8.9）
再入院率	
1週間以内再入院	24 （ 3.4）
30日以内再入院	62 （ 8.0）
6週間以内再入院	78 （11.0）

※連続変数については、平均±標準偏差で表記
※順序・名義変数はn数で表記

出典：本田香・太田龍一「診療看護師の介入は入院高齢患者の再入院率を減少させる——後方起点型コホート研究」『日本NP学会誌』第2巻第2号，33〜50頁，2018. 掲載分より一部改変し、抜粋。

けではない。併存疾患が多数ある高齢者の経過は多様であり、退院時には予測しきれない新たな問題が生じる。煩雑な業務、機能面・設備の限界、職種特性の違いからのレディネスの制約があるなかで、医療的な観察や介入の側面を、介護系スタッフや家族が完璧に担うことには限界もあるであろう。だからこそ、地域包括ケアシステムの概念のとおり、病状悪化時の受け皿が病院であるといわれればそれまでであるが、その入退院の頻度や間隔は問題となってくるだろう。

　もちろん、このような課題に対し、急性期後の療養の場としての後方支援病院や地域包括ケア病棟がシステム上は存在する。しかし、それらが円滑に機能しているとは言い難いというのが現場の実状である。

　このような現状に対し、例えば、地域ケア会議とは別に、個別のケースについて気軽に地域から病院へ相談し、重症化を未然に防げるようなコンサルテーションシステムがあってもよいかもしれない。あるいは、退院後カンファレンス、ミクロからマクロレベルの勉強会・協議会の開催等も一考かもしれない。

　つまり、時期や人にかかわらず、病院と地域との"透過性"がこれまで以上に高まるような構造的体制が構築されることがのぞましいのではないだろうか。

② 必要なのは質の高い移行期ケア

①海外の再入院対策はすすんでいる

　高齢者の再入院率について、日本での研究報告は少ない。一方で、海外、例えば米国の在院日数は日本よりさらに短期間で、かつ重症度も高いといった差異はあるものの、古くより再入院率に影響する要因として、元の状態の再発、新たな問題の発生、初期の病気の合併症、投薬の問題、終末期ケアの必要性、介護者の問題、サービスの問題等が指摘されている[2]。また、オバマケアの一環として、Hospital Readmissions Reduction Program（HRRP）に代表される再入院予防プログラムが有効であった報告や[3]、Comprehensive Geriatric Assesment（CGA）といった高齢者の総合機能評価とチーム介入が有効であったという報告がある[4]。

　また、異なる療養の場に移る際等に、ヘルスケアの調整と連続性を保証するためにデザインされた実践は移行期ケアと呼ばれ、移行期は特に複雑な状況下におかれる高齢患者にとって、有害事象や不適切なケアを受けるリスク等、注意を要する時期とされている[5]。そして移行期ケアは再入院予防に有効であったとの報告もある[6]。

②切れ目のない包括的なアプローチが重要

　以上の海外の報告から、再入院を回避し、住み慣れた場で、高齢者がその人らしい生活を送っていくにあたっては、身体管理のみでも、社会的側面からのアプローチのみで

も十分ではないことがいえる。また、病院からすれば、入院時・退院時といった移行期に特に留意する必要があり、移行期の院外スタッフや本人・家族との情報共有のあり方は慎重であるべきである。

つまり、生活の場にかかわらず、身体的・社会的側面等を統合した、"切れ目のない、多職種・住民等からの包括的アプローチ・見守りの体制"が重要であることと、改めていうことができ、単身者といったハイリスク例はさらにその必要が増すであろう。

❸ その人らしい生活を送れる「場や状況」を十分に考える必要性

①入口出口問題―急性期病院の困りごと

「この症例は、本当に救急病院入院の適応か」「退院後どこで療養するのか、どこでどのような最期を迎えたいのか、退院先が見つからない」という、地域包括ケアシステムにおける、急性期病院から見た、いわゆる入口出口問題の整理も重要である。

本来、地域包括ケアシステムにおける急性期病院の位置づけは、少なくとも長期的な生活の場や看取りの場ではない。その人らしい生活を取り戻せるよう、急性の状態が安定化するまでの短期的な治療・療養の場である。

しかしながら、上述のとおり、型どおりに地域包括ケアシステムが円滑に機能しない面も多々ある。というのも、例えば、後方支援病院、地域包括ケア病棟への転院一つ例にとっても、さまざまな理由で受け入れを断られるケース、あるいは受け入れ先が決まっても、日数的にすぐには転院できず、その間に病状が再燃し退院延期となる等、転院の敷居は決して低くない。また、急性期病院への入院を契機として、退院先の選定に際し微妙な見極めを余儀なくされるケースもある。例えば、「ほぼ在宅、時々入院」ならぬ「ほぼ入院、時々在宅」となりつつあるのでは？　といった見極めを要するケース、あるいは、退院後必要とされる医療処置の程度、看取り体制の有無、経済事情、家族のニーズと、本人の全体像との折り合いがつかないケースなど、施設選定にあたり退院調整に難渋することは非常に多い。

地域包括ケアシステムの限界として、その地域の背景や実状にそぐわない場合、うまく機能しないリスクをはらんでいる印象を受ける。当院をとりまく地域の現状としては、病院の機能分化や地域の受け皿の整備という点において、醸成途上にある。そのような背景や実状があるなか、特に本書の主題でもある単身高齢者においては、入院を契機に身体・社会的事由から元の生活の場に戻ることが不可能となり、退院調整に難渋するケースを臨床上高頻度に経験する。在院日数延長をきたしやすいこれらのケースは、急性期病院にとっては機能面・経営面からも課題となりやすい。

②急性期病院は高齢者に害を与えうる

急性期病院への入院適応かどうかという入口問題を考えた際、よくいわれるのは救急搬送に際しての蘇生適応や集中治療の是非といったことであるが、ここでは、急性期病院という治療環境についてふれておきたい。

単身高齢者に限ったことではないが、急性期病院という治療環境は、高齢者にとって害を与える危うさも有す。筆者の経験上、その最たる例は、認知症症例における併存疾患の治療目的入院である。現状認知困難な症例にとっては、採血や吸引といった入院生活における日常的な処置や看護師のケアひとつとっても過大侵襲となり、入院契機となった主病態の治療への支障のみならず、短期的・長期的にも、逆に生活の質に悪影響をもたらす例が少なくない。

米国では Choosing Wisely といった、エビデンスに基づく各学会等の勧告なるものが存在し、そのなかにおいては、AMDA という協会が、「個人の看護目標と可能な利益と負担を明確に理解することなく、虚弱な高齢者のための、積極的または病院レベルのケアは勧めるべきでない」としている[7]。つまり、対象者の"全体像"を理解したうえで、少なくともわれわれ医療・福祉に携わる者ならびに国民は、高齢者にとって入院自体が脅威かつ害を与えうることを認識すべきである。

そのようななか、日本でも呼吸器学会が、肺炎も"治療しない"という選択肢があることを提唱した[8]。これは抗菌薬耐性化の背景もあってのことではあるが、高齢化のなかで倫理面の問題も踏まえると、このような治療選択についても考慮の必要があるだろう。

高齢者の肺炎は単なる疾患なのか、必ずしも入院という治療環境のみが選択されるべきなのか……。日本では、人生の最終段階における医療・ケアについて、本人が家族等や医療・ケアチームと繰り返し話し合うプロセスである Advance Care Planning（ACP）が普及しないなかではある。しかし、本人の事前意思に基づく生命維持治療に関する医師の指示書である海外の Physician Orders for Life Sustaining Treatment（POLST）の存在や、自然看取りが一般的な欧米豪の現状からも[9]、単身高齢者も含め、今一度、国民レベルでそういった高齢者に対する倫理的側面についても熟考した地域包括ケア体制が求められるのではないだろうか。

3 | 症例提示

本項では、臨床上高頻度に経験する単身高齢者について、象徴的な内容を仮の症例として立て、解説を加える。

1 症例

症例：Aさん　80歳代　女性（仮）

日常生活動作は自立。夫は要介護で施設入所中、本人は単身生活をしていた。もともと両膝痛があり、近医の整形外科を不定期で受診している。既往に、骨粗鬆症、腰椎圧迫骨折、膀胱炎がある。

X − 7 日より咳嗽、微熱あり。発熱とともに両膝と足関節の疼痛が増悪。X 日に膝痛のため体動困難となり、本人が救急要請し、救急外来受診となった。

来院時は、軽度の意識障害、血圧 182/94mmHg、脈拍 90 回／分、両膝の熱感と圧痛があった。血液検査では炎症反応は極軽度であったほか、軽度の低カリウム血症を認める程度で、他特記すべきものはなし。レントゲンでは骨折はない。

救急外来で鎮痛剤使用後も疼痛の改善が乏しく、本人からも自宅生活困難を事由に入院希望があり、偽痛風疑いとして入院方針となった。

入院後は、鎮痛薬の定期内服とリハビリテーションにより、状態改善傾向となった。低カリウム血症に対し、カリウム製剤内服開始となった。

主治医意向で近日中に退院方針、看護師も基本的日常生活動作は自立しているとして、退院時の療養支援は不要との判断がされている。

このような症例は、しばしば遭遇する症例である。読者の皆さんは現時点でどう思うだろうか？

筆者はこのような症例に遭遇したときには、診療と看護の視点を併せもった生活支援をする専門職として、現象の批判的吟味と "能動的な" 情報収集を試みるようにしている——診断は本当に偽痛風か？　高齢者であり、主病名以外の隠れた身体的問題はないか？　低カリウム血症の原因は何か？　常用薬は？　過去の加療経過は？　偽痛風は反復しやすい疾患だが初発か？　身体的問題を誘発させるような生活上の問題はないか？　生活実態は？　家族の状況は？　生活環境は？　本人の思いは？　医師や看護師以外の職種の気づきや考えは？　単身生活だが、必要な退院後の支援は本当にないのか？——等々。

上記のような疑問を念頭に追加情報収集を行うと、以下のようにいろいろと判明するのが常である。

数年前に不明熱で総合診療科受診歴あり。その際、CT 撮像されており、画像を見返すと肺の気腫影がみられているがフォローはなし。内科のかかりつけ医はない。普段の

血圧は不詳。常用薬はないがサプリメント服用多数。

　現在喫煙していないが、元々ヘビースモーカーだった。入院前より時々息切れがある。介護保険利用なし。車の運転はしていない。夫は認知症がすすみ、最近グループホーム入所となった。夫や将来のことで不安がある。

　エアコンはあるが、節約のため夏も冬も未使用。膝痛はあるが畳での生活が基本、ベッドはない。

　日中勤務のある長男が市内に在住しているが、関わりは多くない、他は遠方。

　理学療法士からの情報では、リハビリ中息切れがみられ、収縮期血圧が180mmHgまで上昇することがあるとの談。

　本人としては、不安はあるが自宅で1人でやっていくしかない、介護保険の利用は考えていない。本人に対する長男の思いとしては、単身・高齢であることから、入院前よりどうすればよいか困っていたところであった。偽痛風や肺気腫という病気は聞いたこともない。

　その後、長男の同意を得て、地域包括支援センターに情報伝達し、同センター職員も含めた本人・家族・職種間でのカンファレンスを実施した。カンファレンスでは、今後の観察ポイントや退院後の生活に合わせた支援内容、具体的にはベッドの導入や内科のかかりつけ医をもつこと等を、病院・本人・家族・地域包括支援センターで情報共有した。その他、地域包括支援センターによる不定期訪問、本人・家族からの相談受付等の退院後支援について、同機関が引き継ぐ形となった。

② 解説

　本症例は、主疾患自体は重篤なものでなく、日常生活動作は自立レベルに戻り、介護保険も要しないとのことで、一見療養支援は不要そうである。しかし一方で、偽痛風再燃リスクや、呼吸負荷症状や血圧上昇もみられており、今後種々の身体的問題を背景とした退院後の再入院リスクがあるほか、単身、介護保険未使用、イコール第三者による支援体制が乏しいなか、身体・精神・社会的事由から生活困難リスクがある。よって、退院後の内科的フォローや生活面を支援する何らかの見守り体制が必要な症例である。

　このように、急性期病院の退院要件は満たしたが、介護保険や家族による支援が乏しく退院後の生活にわずかながらも不安が残る——そのような場合、筆者は、上述の移行期ケアの一環として、医療ソーシャルワーカーとともに、地域包括支援センターと連携を図るようにしている。言い換えれば、入院ということが1つの契機、いわば救急病院自体がスクリーニングのような機能も果たし、最終的には地域包括支援センターの介入に結びつけることで、単身者の孤立や生活上のリスクを最小限にとどめる体制の活用に

努めている。

　もちろん、上述のとおり急性期病院は、Diagnosis Procedure Combination（DPC）注3といった経営的側面からも、入院理由となった主病態をある程度安定化させることを退院目標として、早期退院を目指す傾向にある。よって、その特性上、主病態に関連しない身体的問題や予防的観点に関する情報、心理・社会的情報は、相対的には軽視される傾向にある。しかし、これらは生活者として対象者を理解する際は重要な情報であったりする。急性期の状態だからこそ得られる入院中の身体的・心理的・社会的情報もまた、退院後の生活支援のうえで有用なことも多い。重要なのは、それらの情報を急性期病院が自分たちの機能とは無関係なものとして退院までに切り捨ててしまうのではなく、次の場や関連機関に確実にバトンタッチすることである。

　よって、病院側は予測性をもった広い視点が必要である。そのためにも、対象者自身の表面上の困りごとという浅いレベル、Wants レベルではない、Needs レベルまで深く踏みこんだ視点が本来のぞましい。言い換えれば、必要なのは、何より「対象者理解」である。

　そのためには、心理・社会面のみならず、身体的リスクも統合した形で、対象者の"全体像"をとらえる試みを、各々の職種にあう形で実施されたい。「自分はこの対象者を本当に理解できているだろうか」と、常に自身の能力を謙虚に見つめるという態度スキルにはじまり、身体面、社会面の理解が及ばないのであれば、自身の職域の限界を踏まえたうえで、積極的に他職種、他部門、場を問わず連携を図っていくことも重要である。

4 ｜ 地域包括ケアシステム構築への具体的提言

　当院における入院高齢患者の定量的特性、文献、症例の検討を通じ、本書の主題である単身者急増等の高齢者をめぐる問題が山積するなかでの地域包括ケアについて、現場レベルの内容となるが、私見を加えたい。

　移行期ケアについては、病院と院外スタッフとの連携や、介護者への支援が必要となる。その際、急性期病院に携わるスタッフには、プライマリケアだけでなく、プライマリヘルスケアの視点も求められる。そのためには、本人・家族、地域における福祉がおかれている立場への理解を深める必要がある。地域での住まい1つを例にとっても、施設の多様性・特性に詳しい急性期病院のスタッフは、現段階では少ないように見受けられる。逆に、院外スタッフ等については、急性期病院の機能や現状について、今一度理解を得たいところである。病院と地域との相互理解と透過性の高まりも、現場レベルにおいては、地域包括ケアシステムが円滑に稼働する重要な要素であろう。

また、本章では、単身高齢者について、予後予測や重症化予防の視点を踏まえた、地域包括支援センターとの積極的連携を例に述べたが、移行期ケアを質の高いものにしていくには、上述のとおり、何より対象者理解と協働といった態度スキルが重要である。対象者理解を前提に、その他にも、病院医師―プライマリケア医との診療情報共有や連携のあり方、医療者―福祉間の入院時・退院前カンファレンス、退院後訪問、退院後の病院スタッフ等からの電話フォローといった、海外同様の普遍的な移行期ケアがあってもよいであろう。なお、筆者の経験上は、退院後訪問については、病院スタッフ単独ではなく、本人・家族・地域の福祉系スタッフ・地域包括支援センター・近隣住民・民生委員等、一堂に会し、退院後のニーズに対し、入院中の経過と統合する形で支援すると、より質の高い内容となる。

　また、一般的な救急外来の機能は、生命維持に関わる侵襲的状況の安定化と、暫定的な治療の提供、ならびに適切な診療科への導出といったことである。しかし同時に、かかりつけ医をもたない要支援・要介護予備軍の高齢者にとっては、救急外来は最後の砦でもある。その点を前提とするなら、入院患者だけでなく、救急外来受診帰宅者についても、地域へ戻っていくにあたっての療養支援スクリーニングの導入と、必要時に地域側へフィードバックのような仕組みもまた一考かもしれない。

　上述した入口出口問題については、すでに多方面で議論されているが、プレホスピタルの段階での国民・医療・福祉への教育的関わり、地域に向かって発信する構造的機会・工夫があることがのぞましい。あるいは、入院せずに済むような重症化予防の仕組みについて、上述したもの以外にも、海外の高度実践看護師同様の知識をもち合わせた看護師が活動すれば、救急車を呼ばずとも在宅という場で、かつ看護というレベルでもって、問題が完結できるケースもあるかもしれない。特に、島根県といった過疎化が進み往診医が不足するような地域においては、施設内や訪問看護のなかで、あるいは要請を受け病院から往診という形で、診断といったレベルに見合う知識や判断力及び生活モデルで対象者をとらえる視点をもちあわせた高度実践看護師によって、害を与えうる急性期病院への入院を減らし、高齢者が住み慣れた場でより長く過ごすことを可能にするかもしれない。

　最後に、地域包括ケアシステム構築に向けては、実際のところ、マクロの視点でいえば政策や診療報酬等の国・行政レベルでの体制に依存するところも大きい。一方で、現場レベルでも、現場でのアウトカムや検証を地道に重ねていくことも重要である。

5 | まとめ

・高齢者は、身体・心理・社会的事由を背景に再入院リスクがあり、住み慣れた地域でその人らしい生活を送ることが脅かされやすい。

・時として、病院という環境や治療選択が高齢者にもたらす悪影響や、その人らしい生活を送るうえで支障となる状況も知ったうえで、その人らしい生活が送れるような場や状況を十分に考慮する体制を構築する必要がある。

・高齢者がその人らしく地域で生活を送っていくにあたっては、身体管理のみでも、社会的側面からのアプローチのみでも十分ではなく、予測性や包括的な視点、連携を通じて患者理解を深め、支援していく必要がある。

・地域包括ケアにおける各機関の機能は考慮しつつも、自身の機関で完結しない課題については、互いの機能を見据えたうえでバトンタッチするといった、質の高い「移行期ケア」が重要であり、切れ目のない、多職種・住民等からの包括的アプローチ・見守り体制構築に向け、病院と地域との透過性が高まるよう、尽力していく必要がある。

注

注1　当院には、一般的な診療科名称である、高齢者総合診療科や老年科は存在しないが、症例の特性としては、これらの診療科の症例特性と類似していることから、高齢者総合診療領域として記載している。

注2　同協議会による定義としては、「日本 NP 教育大学院協議会が認可した大学院修士課程を修了し、同協議会が実施する NP 資格認定試験に合格した者で、かつ保健師助産師看護師法が定める特定行為を実施することができる看護師」を指す。

注3　診療群分類包括評価のこと。診療で行った検査や投薬などの量に応じて医療費が計算される「出来高払い方式」とは異なり、病名や手術、処置などの内容に応じた1日あたりの定額医療費を基本とした計算を行う。

文献

1) 本田香・太田龍一「診療看護師の介入は入院高齢患者の再入院率を減少させる——後方起点型コホート研究」『日本 NP 学会誌』第2巻第2号，33～50頁，2018.

2) E.I.Williams, F.Fitton, 'Factors affecting early unplanned readmission of elderly patients to hospital', *BMJ*,297:p784-787,1988.

3) Wasfy JH, Zigler CM, et al., 'Readmission Rates After Passage of the Hospital Readmissions Reduction Program: A Pre-Post Analysis', *Ann Intern Med*, 166(5):p324-331,2016.

4) Gideon A.Caplan,Anthony J.Williams,Barbra Daly,at al., 'A Randomized,Controlled Trial of Comprehensive Geriatric Assesment and Multidisciplinary Intervention After Discharge of Elderly from the Emergency Department-The DEED II Study', *JAGS*,52:p1417-1423,2004.

5) Coleman EA,Boult C, 'Improving the quality of transitional care for persons with complex care needs', *J Am Geriatr Soc*,51:p556-557,2003.

6) Le Berre M, Maimon G, Sourial N,et al., 'Impact of Transitional Care Services for Chronically Ill Older Patients: A Systematic Evidence Review', *J Am Geriatr Soc*,65(7):p1597-1608,2017.

7) Choosing Wisely

8)　呼吸器学会「成人肺炎診療ガイドライン 2017」

9)　宮本顕二・宮本礼子「欧米豪にみる高齢者の終末期医療」『日本呼吸ケア・リハビリテーション学会誌』
　　第 24 巻第 2 号，186 ～ 190 頁，2014.

第17章

松江市国民健康保険来待診療所における中高年単身者などの支援
～国保直診としてのアドバンテージを活かす～

要旨

　松江市国民健康保険来待診療所は来待地区唯一の医療機関で、予防医療から看取り、学生教育まで、小児から老人まで幅広く対応し在宅診療も行っている。来待診療所は「健康の里」の中心施設である宍道健康センター内にあり各部署と互いに連絡をとりやすい体制にある。見守り活動のネットワークに診療所が積極的に関わることによって、専門的、迅速な対応が可能になる。個人情報保護の問題もあるなか、情報を適切に収集、管理し、各部署のスタッフとの顔の見える関係づくりを心がけ、自然災害等大規模災害への対応や新たな制度、事業との連動も今後の課題である。

🔑 キーワード

　地域包括ケアシステム　国保直診ヒューマンプラン　ACCCA　多職種連携

基本情報

■松江市宍道町来待地区

　旧宍道町東部の地区で旧松江市内まで車で約 20 ～ 30 分のところに所在する。

　人口：約 3,000 人（約 1,000 世帯）

　65 歳以上高齢化率：宍道町 35.54%[1]、来待地区はそれよりも更に高いと思われる。

■松江市国民健康保険来待診療所

　無床の第 2 種へき地診療所に該当する国民健康保険診療施設。来待地区には他に歯科も含めて医療機関や院外薬局はない。

---

1 松江市国民健康保険来待診療所の紹介

　来待診療所の歴史は古く、1950（昭和25）年来待村国民健康保険組合直営診療所として設立され、1955（昭和30）年の町村合併（宍道町、来待村）にて宍道町国民健康保険来待診療所、2005（平成17）年の市町村合併（松江市、宍道町他八束郡6町村）で松江市国民健康保険来待診療所と名称を変え今に至る。旧宍道町時代の1996（平成8）年に診療所が現在の場所に移転新築され、1997（平成9）年には健康センターが併設された。また「健康の里」構想のもと、近隣に諸々の施設が整備されていった。1999（平成11）年にはプール（B&G海洋センター）、2000（平成12）年に食事提供施設（いろり茶屋）、2001（平成13）年に温泉（大森の湯）、2003（平成15）年にはトレーニングルーム（B&G海洋センター）が完成した（**図1**）。

　2019（令和元）年現在、来待診療所の職員は常勤医師は筆者1人（土曜日に整形外科、眼科専門医の診療が隔週であり）、看護師6名、事務員3名である。筆者の医師としての活動内容は外来診療、検査（上部消化管内視鏡検査、腹部・心臓超音波検査等）、訪問診療・往診（患者宅、施設）、健診（特定健診、後期高齢者健診、就学時・雇用時健診等）・検診（がん検診等）、予防接種、介護認定審査会の出席、産業医活動（職場巡

図1 「健康の里」と来待診療所

視、労働衛生教育、健診後指導）、町内にあるスポーツクラブ（NPO法人）役員としての会合出席、住民対象の講演会の実施、医学生実習の受け入れ等多岐にわたる。予防医療から看取り、学生教育まで、また年代も小児から老人まで幅広く対応しているが、患者層はやはり高齢者が多い。高齢者では自力で受診できない患者も多く、在宅診療も行っている（往診、訪問診療、訪問看護）。

来待診療所は第2種へき地診療所（第1種へき地診療所に該当しない施設であって当該診療所を中心としておおむね半径4km以内に他の医療機関がない地域の診療所のこと、ちなみに第1種へき地診療所は離島振興法、奄美群島振興開発特別措置法等の指定区域内（特定地域）に所在する施設で当該施設から通常の交通機関を利用して30分以内に他の医療機関がないものまたは特定地域以外の地域内に所在する施設であって、30分以内に他の医療機関がなく、かつ、当該施設を中心としたおおむね半径4kmの他の医療機関がないもの[2]）に該当する国民健康保険診療施設（以下、略称「国保直診」）であり、一般的なクリニックとは少し趣を異にしている。国保直診は、市町村が国民健康保険を行う事業の1つとして設置したもので、地方自治法に基づき設置された「公の施設」であると同時に国民健康保険法に基づき設置された「病院、診療所」である。公立の病院、診療所は、医療水準の向上や民間医療機関の進出が期待できない地域の医療確保等の必要性から設置されているが、国保直診はこれらの事情に加えて、国民健康保険制度を広く普及するため無医地区等の医師不足の地域をなくす目的で設置されている[3]。

2 | 見守り活動と地域包括ケアシステム、国保直診ヒューマンプラン、ACCCA

国保直診は、医療サービスを提供することに加えて保健（健康づくり）、介護、福祉サービスまでを総合的、一体的に提供する「地域包括ケアシステム」の拠点として活動することを目標とし、「国保直診ヒューマンプラン」を活動の指針に掲げ、地域住民のために活動することとしている[4]。

地域包括医療・ケアとは、全国の国保診療施設運営の「基本理念」として全国国民健康保険診療施設協議会において定められたもので、次のように定義している[5]。

・地域に包括ケアを、社会的要因を配慮しつつ継続して実践し、住民（高齢者）が住みなれた場所で、安心して一生その人らしい自立した生活が出来るように、そのQOLの向上を目指す仕組み
・包括医療・ケアとは、治療（キュア）のみならず保健サービス（健康づくり）、在

宅ケア、リハビリテーション、福祉・介護サービスのすべてを包含するもので、多職種連携、施設ケアと在宅ケアとの連携及び住民参加のもとに、地域ぐるみの生活・ノーマライゼーションを視野にいれた全人的医療・ケア
・換言すれば保健（予防）・医療・介護・福祉と生活の連携（システム）である
・地域とは単なる Area ではなく Community を指す

　国保直診ヒューマンプランとは①国保直診は、当該地域の地理的、社会的条件並びに診療圏域内の他の医療機関の配置状況に応じ、地域住民のニーズにあった全人的医療の提供を行う、②国保直診は、超高齢社会における保健・医療・介護・福祉の連携、統合を図る地域包括ケアシステムの拠点としての役割機能をもつ、③国保直診は、既存の保健福祉施設との機能連携を図るとともに、国保総合保健施設を設置し、あるいは、地域包括支援センター、在宅介護支援センター、訪問看護ステーション、介護老人保健施設などの保健福祉施設を積極的に併設していくとしている[6]。

　診療を行ううえで、地域包括医療・ケアの考え方、国保直診ヒューマンプランに加えプライマリケアの理念である ACCCA という考え方も大切にしている。ACCCA とは、Accessibility（近接性）、Comprehensiveness（包括性）、Coordination（協調性）、Continuity（継続性）、Accountability（責任性）のことを指し[7]、具体的には次のとおりである（**表 1**）。「国保直診ヒューマンプラン」の概念と似ている。

　当診療所は Comprehensiveness（包括性）の観点から、専門科を問わずさまざまな疾患に対応することが求められており、地域のかかりつけ医として、何か問題があればまず診察し、さらに高度の検査、治療が必要となれば適切に高次医療機関へ紹介するというスタンスで活動している。そのため身体的、精神的問題を抱えた人がまず赴くのが当診療所ということも日常的によくある。すなわちフォーマルのサービス利用や各保健、介護、福祉機関との関わりの起点が当診療所（医療）からということも多い。

　当診療所でも、在宅ケアをしている患者を支援することを大きな目標としており、他職種と連携して行う見守り活動は診療所機能を維持するために重要な要素である。先の

表 1　ACCCA

Accessibility：近接性（①地理的、②経済的、③時間的、④精神的）
Comprehensiveness：包括性（①予防から治療・リハビリテーションまで、②全人的医療、③ Common disease を中心とした全科的医療、④小児から老人まで）
Coordination：協調性（①専門医との密接な関係、②チーム・メンバーとの協調、③ Patient request approach（住民との協調）、④社会的医療資源の活用）
Continuity：継続性（①「ゆりかごから墓場まで」、②病気の時も健康な時も、③病気の時は外来─病棟─外来へと継続的に）
Accountability：責任性（①医療内容の監査システム、②生涯教育、③患者への十分な説明）

ACCCA のなかでも特に Continuity（継続性）、Accountability（責任性）、Coordination（協調性）の視点が必要になってくる。中途脱落することのないように継続した診療をするよう見守り、働きかけ（継続性）、自力受診できない患者にはこちらから往診、訪問診療をする、必要があれば他職種や高次医療機関へ適切に紹介する等、責任をもって関わり（責任性）、その責任のある継続した医療を展開するには多（他）職種連携（協調性）が極めて大切である。また患者が亡くなってもその家族（配偶者、子、孫等）や親戚、近隣住民との付き合いが続いていく。患者のみならず地域との継続性である。

　来待診療所は「健康の里」の中心施設である宍道健康センターの中にある。宍道健康センター内には松江市宍道支所所属の保健師、宍道介護センター所属のケアマネジャー、ヘルパー、湖南地域包括支援センターサテライト（松江市社会福祉協議会）の事務所があり、互いに連絡をとりやすい体制にある。宍道健康センター内の職員とは随時連携することができ、それ以外にも当診療所の要介護、要支援患者の約 8 割を担当す

写真 1　当診療所でのケアマネジャーとのカンファレンス

写真 2　患者宅でのカンファレンス

る宍道介護センターを含めた2か所の居宅介護支援事業所（ケアマネジャー）と月1回ずつカンファレンスの時間をとっている（**写真1**）。疾患増悪時や介護サービスのプラン変更時等はケアマネジャー、サービス提供スタッフとともに患者宅に赴いてカンファレンスを行うこともある（**写真2**）。そのカンファレンスの時間を含めて、診療して見守りが必要そうな患者（まだ要介護認定の申請をしていない、していても家族がいない等介護力に欠ける患者）を地域包括支援センターサテライトのスタッフや保健師に報告し情報共有することもある。逆に健診異常者やアルコール依存、認知症等の問題があったり、近所、民生委員から相談されたりした患者を保健師、地域包括支援センターから、診療所につなげてもらう等の双方向の情報伝達がとれる。独居の救急患者の場合、ケアマネジャー、地域包括支援センターに連絡して身元引受人を確認してもらい、病状説明、治療方針を身元引受人に伝え、病院へ出た後の片付け整理（ヘルパーにも協力を頼む）を依頼するといったこともよくある。

　見守り活動のネットワークに診療所が積極的に関わることによって、医学の専門的な見地から全体を見て各部署に指示できるうえに、迅速な対応が可能になると自負している。

3 ｜ 来待診療所を中心とした見守り活動の実際

　見守りの導入は①本人から支援を求められる場合、②近所、親戚等周囲の者から支援を求められる場合、③他職種から支援を求められる場合、④当診療所から他機関に見守り（支援）を要請する場合等がある。患者、近所等周囲の住民、診療所、他機関が各々双方向で情報を伝達しながら見守りの導入につながる。当診療所で経験した代表的なケースについて提示する（本人の了解を得て掲載）。

事例1（まだ要介護認定の申請をしていない患者で申請につなげたケース）

　80代男性、妻、息子夫婦と同居。前立腺肥大症等で当診療所受診中。他疾患で他市A病院に通院していたが、倦怠感、左方へ倒れるような感じがありA病院に紹介。脳梗塞の診断で入院後自宅退院。幸い明らかな麻痺も残らなかったが、誤嚥性肺炎のリスクが高く、また意欲、認知機能低下、低栄養もあったため、介護保険サービスのデイサービス、デイケア等の通所系サービスを利用し、リハビリや他者との交流を行うことによって筋力低下、認知症の進行予防を図るよう、受診時に家族に提案した。受診後、その足で地域包括支援センター、保健師の部署に行って要介護認定の申請をしてもらい、ケアマネジャーも決定しデイサービス利用につながった。同時に栄養指導も家族に行い、食欲も増進し体重増加も確認できた。これまでのところ肺炎も見られていない。

このように当診療所では本人、家族が受診の際にすぐ保健師や地域包括支援センターに相談、申請に行き、迅速なサービス利用につなげられる。

事例2（要介護認定の申請をしていない患者でいつ申請してもよいように地域包括支援センターに連絡を取ったケース）

80代男性、独居。泌尿器科疾患で当診療所、市内のB病院に通院していたが以前からあった膀胱結石のため排尿時痛が増強し、B病院で膀胱結石摘出術を予定された。この頃から体力が落ち、これまで自力で乗れていたバスを利用したり待ったりすることが苦痛になり、患者から依頼があり往診をするようになった。また、親族が時に差し入れをしていたようだが頻度が少なく、自宅もやや辺鄙な場所にあったことから同意のうえ、保健師、地域包括支援センターに連絡し見守りを行ってもらうようにした。その後、無事手術も施行され退院。退院後は痛みもとれ、体力が回復し再びバスで通院、買い物にも行けるようになったが、独居であることには変わりなく、引き続き保健師、地域包括支援センターによる見守りは続いている。

事例3（介護保険サービス利用中だが更なる見守りを検討したケース）

90代男性と80代女性の夫婦。夫は泌尿器科疾患で膀胱内留置カテーテル挿入中、妻は骨粗鬆症等にて夫婦でタクシーを利用して来院していた。夫の頻回なカテーテルトラブルや夫婦とも不定愁訴、服薬困難がみられるようになり、他の訪問看護ステーションによる訪問が行われていたが、ケアマネジャーとも相談し、当診療所からの訪問看護に切り替えるよう提案した。主治医と同施設からの訪問看護により、緊急時やトラブル時には即座に主治医の指示のもと、以前より頻回に訪問できるようになった。また細かな症状の変化が主治医にも伝わるようになった。

事例4（訪問診療中だが精神症状が悪化し家族が困り果て地域包括支援センターが中心となり最終的に精神科専門病院入院に至ったケース）

80代男性、妻、兄弟と同居。高血圧、呼吸器疾患、認知症で訪問診療をしていたが、家族への暴力がみられるようになり、家族から何とかしてほしいと診療所に連絡があった。ケアマネジャー、地域包括支援センター職員と共に訪問し家族と面談。家族は今の状態では介護できないと話し、また暴力の被害もエスカレートする可能性があり、精神科専門のC病院に紹介、入院することとし地域包括支援センター職員に搬送してもらった。この際、家族への暴行の可能性もあったことから地域包括支援センターからあらかじめ駐在所への連絡もしてもらった。結果的に警察の出動はなかったが、最悪のことも想定して連携できたことはよかった。

事例 5 （訪問診療中で在宅サービス利用中、状態悪化にて他サービス利用を勧めるも 拒まれたケース）

　60代男性、妻、娘夫婦と同居。脊髄疾患のため、四肢の筋力低下があり、膀胱内留置カテーテル挿入中で訪問診療をしていた。もともとはデイケアにも行っていたが、カテーテル挿入した頃から諸々の理由でデイケアに行かなくなった。そのため下肢の拘縮が進行し、立位、歩行もできなくなってきた。再三リハビリの重要性を説明し、ケアマネジャーにも頻回に訪問してもらい本人への説得も試みた。だが、やはりデイケアには出られなかった。やむなく在宅でのリハビリを導入することとし、ケアマネジャーにプランの変更を依頼し、他事業所の訪問看護ステーションから看護師とリハビリスタッフに訪問してもらいリハビリを続けてもらうようにした。四肢の拘縮、筋力低下進行のリスクがあり、回避したいところだったが、短時間の介入では元の状態には戻らなかった。ベストではなかったかもしれないが、ケアマネジャー、訪問看護で見守りを強化し、ある程度の進行予防はできたのではないかと考える。こちらが最善のサービス利用を提案しても納得されない場合、次善の別のサービスで補完し合い、状態悪化が最小に留まるよう見守っていくことも必要である。

事例 6 （受診中だが地域住民からの連絡で保健師、地域包括支援センターが関わり 当診療所からも改めてアプローチしたケース）

　70代女性、息子と同居。高血圧症等で受診していたが徐々に物忘れがみられるようになり、まだあるはずの薬がなくなったと言って来院したり、薬の飲み方が分からなくなったりしてきた。当初その頻度は少なく来院時は認知症の症状は目立たなかったため、経過観察をしていたが、近所に同じようなことを何度も聞きに行ったりすることが増えてきたため、近隣住民から民生委員を通じ、保健師、地域包括支援センターに相談があった。診療所にも情報が伝わり、精査を進めるため息子と来院してもらい市内のD病院に紹介することとした。同時に民生委員から近隣住民に対し、精査中であること、本人、家族に対して注意したり怒ったり、攻撃的な態度は慎むこと等理解を求めるように伝えた。認知症が進行しても住み慣れた地域でいつまでも過ごしていけるような地域づくり、住民への教育、啓蒙が必要であると痛感させられたケースである。

　事例1、事例3、事例5のようなケースは一般的なクリニックでもよく見られるケースかもしれないが、事例2、事例4、事例6のように多（他）職種で警察や近隣住民とも関わり早期に動ける体制は当診療所の強みである。

　以上のような高齢者だけでなく、精神疾患を抱えたり育児不安をもつ若夫婦のケースでは保健師から連絡があり予防接種の接種漏れを防ぐようスケジュール管理をしたり、

予防接種時に虐待等の問題がないか確認したり、独居精神障害者のケースでは、同じく保健師と連携しながら専門医療機関へ早期受診するよう紹介したり、アルコール多飲、ヘビースモーカー等の問題を抱える壮年期のケースも保健師と連携をとりながら家族にも協力してもらい、生活習慣病の悪化を防ぐよう栄養士による食事指導を導入したりしたことがある。

　定期受診ができている人は診療所側から保健師、地域包括支援センターに情報提供できるが、定期受診さえできていない人は保健師、地域包括支援センターに依頼して自宅訪問し、安否確認、受診勧奨をしてもらっている。要介護認定の申請をしてもサービス利用につながらないと、受診も自己中断した場合、医療、介護、保健のスタッフの誰もが気づかぬまま状態が悪化（認知症、合併症の進行等）していることがある。そのようなことがないように定期的に情報を交換し、フォローアップすることも重要である。

4 ｜「オール診療所」で取り組む見守り活動

　先述のように当診療所では訪問看護（医療保険、介護保険どちらにも対応）も行っている。看護師の負担が偏らないように、また患者の情報を共有するため全看護師が交代で訪問している。病院退院時等に医師と相談のうえ、ケアマネジャーが計画立案し導入される場合と、通院中に疾患が増悪し医師の判断で導入される場合とがある。前者は要介護認定を受けていない患者、定められた難病や末期の悪性腫瘍、人工呼吸器を使用している患者は医療保険、それ以外は介護保険対応となる。後者の場合も保険の区分は同様だが、増悪時ということで医療保険対応となる場合が多い。どちらにしても訪問看護は主治医と密に連携を取りながら行われなければならないが、当診療所の訪問看護は同じ診療所の医師が主治医であるため、連携を取りやすい。他の訪問看護ステーションであれば少数の限られた人員で多くの主治医と連携せざるをえず、また訪問スケジュールもあらかじめ密に組んであり、急遽訪問というのは難しいことだろう。診療所の場合は点滴等必要な物品を受け取りに他の医療機関に行かなければならないということもなく、診療所にある物品を駆使し即訪問できる。医師一人体制で即刻、往診に出るということも常時できないため、訪問看護は医師にとって大変貴重な戦力である。

　事務員も大切な見守り要員である。例えば、まだ薬が残っているはずなのに、「薬がなくなった」などと言って来院したり、医療費精算時の計算間違い（お金の出し間違い）、眼鏡や杖、鞄の忘れ物等受付での言動は認知症の発見に役立つ。また、受診の送迎に来た家族のことは、むしろ受付担当の職員のほうがよく知っているということも多い。看護師、事務員を含めた「オール診療所」体制で見守り活動をしているということになる。

5 ｜ 顔の見える関係づくり

先述のように見守り活動には多（他）職種連携が非常に大きなキーワードとなる。ケアマネジャー、保健師、地域包括支援センター職員のほか、他医療機関の職員、ヘルパー、デイサービス、デイケア職員のようなフォーマルなサービスのスタッフだけでなく民生委員、自治会役員、駐在所（警察）、消防署（救急）等多くの職種と連携していくことが必要である。宍道地区では、以前から顔の見える関係づくりを目指して、宍道町内の医療機関、介護施設、保健師等行政、地域包括支援センターを含めた社会福祉協議会のスタッフが集う「しんじワーキング倶楽部」という集まりがある。定期的に勉強会等ミーティングや懇親会が開かれており、互いを知ってもらったり、情報共有したりする場として活用されている。今後は「顔」だけでなく、互いがどういう考えで活動しているのか、どんなスキルをもっているのか、どんなフットワークをしているのか「心」「腕」「足」も知ってもらう場になれば連携も深化すると思う。事業所によっては職員数や人件費の問題、事業所の規則により個人個人の希望、理想はあっても、実際には活動できないということはよくあることである。

6 ｜ 見守り活動を行ううえでの課題

1 個人情報保護の問題

個人情報保護法が施行されてから良くも悪くも簡単に個人情報を手に入れづらくなった。高齢者であれば特に認知症、若年層では悪性腫瘍、引きこもりや登校拒否、精神疾患等の場合は本人のみならず家族も情報提供に抵抗を示しがちである。われわれも他職種に情報を伝える必要があると判断した際はその都度、本人、家族に承諾を得るようにしているが、小さな地域であるが故に患者、スタッフも同じ地域に居住していたりすると情報を漏らさないでほしいと希望する患者もいる。丁寧に情報共有の重要性を説明し承諾を得ていくしかないだろう。

2 市町村合併の影響

市職員である保健師、社会福祉協議会の職員等は転勤がありうる。市の規模が大きくなり、これまで宍道町、来待地区に縁のなかった職員が配属されることがある。そうなると地域を知ることから始まり、職員同士、患者との関係づくりに時間がかかる。また慣れてきた頃に転勤ということにもなる。筆者を含めて当診療所の職員の勤務期間が比較的長くなってきたため、診療所を中心に健康センター内の連携づくりをしていかなければならないと思っている。

❸ 自然災害等大規模災害への対応

　当地域の通常時の見守り活動は、程よい人口規模であることや多職種連携により、これまでのところスムーズに行えている。しかし当診療所だけでなく、他施設も宍道町外在住のスタッフが多く、自然災害時は早期に集合することもままならない。日頃の避難訓練だけでなく、災害時に住民にどう対応するのかも、考えておかなければならない喫緊の課題である。

7 ｜今後の展望──種々の制度・事業との連動

　独居の高齢者、老老介護家庭が増えていくなか、親世代と離れて暮らす子世代への働きかけも重要である。独立行政法人福祉医療機構 2018 年度社会福祉振興助成事業「介護離職防止のための遠距離介護を支える事業」は注目に値する。全国国民健康保険診療施設協議会では、それを構成する国保直診のなかで全国 8 ブロックの各拠点施設において、要介護または要介護予備群の親と離れて暮らす子を対象に「遠距離介護支援セミナー」を開催し、離れて暮らす子から親の居住地の地域資源へのアクセスが容易となるモデル活動を実施し、その方法、課題をまとめている。遠距離介護は介護離職の原因の1 つと考えられ、また逆に介護のために子が親を呼び寄せることが、地域の人口減少につながり過疎化を進展させたり空き家の増加の問題にも関わってくるのではないかと懸念もされている[8]。これまでは筆者自身、要介護者の近くにいない子等との連絡のやり取りは、よっぽど大きな問題（疾患の急変時、災害時等）が起こらない限りあまり行っていなかったと反省をしている。個々のケースごとに応じることももちろん大切なことだが、時間を多く割けないなか、こうしたセミナー形式の会合を設けて子世代との面会をし、当地域のサービスの紹介や遠距離介護の心構えを伝授し、不安の軽減になるのなら当地域で行っている見守りと有機的につながって大変意義のあるものになる。まだ緒に就いたばかりの事業だが参考になりうる事業だと思っている。

　また松江市では、「松江市要配慮者支援推進事業」（2015（平成 27）年 4 月に「松江市要援護者支援推進事業」から名称変更）において、各地域の実情に応じて防災や福祉、保健、医療等の関係者や組織が連携し、地域の共助力の向上の取り組みを進めることを目的とする支援組織（自治会単位を基本）を結成、活動することに対して補助金を交付（立ち上げ支援・運営支援）している。独居高齢者や障害者が、住みなれた地域でいつまでも安心・安全に暮らしていくためには、災害時はもとより、平常時から自治会などの地域コミュニティを活用した、「共助」による支え合いの仕組みをつくることが大切との理念から開始されたものである[9]。この事業への関わりも今後考えていく必要がある。例えば各地区で研修会が開かれるならば、そこへ講師として診療所はじめ福

祉、保健、医療スタッフが出向き、見守り体制の必要性、ノウハウを講義するなどして、見守りの充実につなげられると思う。そのことで平時の認知症高齢者等への接し方の住民教育にも寄与すると考えられる。

8 | おわりに──敷居は低くアンテナは高く

　見守り体制の構築は、診療所が関係することだけでも医師である筆者一人だけでは到底対応できない。看護師だけでなく事務員も含めた「オール診療所」体制で対応し、患者、他職種からみた敷居の低さを意識し（近接性）、情報収集のアンテナを高くしておく準備が必要であるとつくづく実感している。

文献

1) 松江市ホームページ「公民館区別（29地区）高齢者人口等統計表（平成30年)」
2) 厚生労働省ホームページ「へき地医療」
3) 公益社団法人全国国民健康保険診療施設協議会ホームページ「国保診療施設とは」
4) 前掲3)
5) 公益社団法人全国国民健康保険診療施設協議会ホームページ「地域包括医療・ケア」
6) 公益社団法人全国国民健康保険診療施設協議会ホームページ「国保直診ヒューマンプラン」
7) 一般社団法人日本プライマリ・ケア連合学会ホームページ「プライマリ・ケアとは？（医療者向け)」
8) 公益社団法人全国国民健康保険診療施設協議会ホームページ「介護離職防止のため遠距離介護を支える事業」
9) 松江市ホームページ「松江市要配慮者支援推進事業」

第  部

見守りネットワークと
救急医療とのつながりの考察

見守りネットワークによる緊急時対応をした人とその構造
～傷病と虐待の高齢者の第一発見者、対応者、地域包括支援センターへの連絡者の分析より～

要旨

　見守りネットワークによる緊急時対応をした人とその構造を明らかにするために、地域包括支援センター職員が緊急時対応をした傷病 46 人、虐待 35 人の第一発見者、対応者、地域包括支援センターへの連絡者を調査した。クラスター分析により分類し、コンボイモデルを用いて模式化したところ、専門職の位置が大きかった。地域住民の位置は専門職より小さかったが、ある程度の役割を果たしていた。市区町村の見守りネットワークのなかに、専門職とそのネットワークを的確に位置づける必要があることが示唆された。

🔑 **キーワード**

　　見守りネットワーク　緊急時対応　プロセス　傷病　虐待　構造

1 ┃ 研究の目的と方法

1 緊急時対応をした人、その構造には未知の部分が多い

　見守りネットワークを含む地域での支えあいには、日常（通常時）、緊急時、災害時の３つの機能・役割がある[1]。それらは重なりつつも、相対的に独立している。緊急時対応を必要とする事態（以下、緊急事態とする）は、見守りの対象により異なる。地域在住高齢者にとって重要であるのは、急な傷病・異変、虐待、徘徊、孤立死などである。いずれも、①できる限り早期の発見・気づき、②相談・通報、③緊急性判断、④見守りと支援活動、の４つのプロセスが必要となる[2]。これにより、例えば、急病であれば早期の治療、虐待や徘徊であれば早期の保護が可能になるであろう。さらには、再

発・再燃の減少、居宅居住期間の長期化につながると考えられる。

　見守りを誰がしているか（見守りの主体）については、その方法と関連させて、①地域住民、事業所による緩やかな見守り、②町会・自治会、協定事業所、NPOなどが行う担当による見守り、③専門職、専門機関、行政による専門的見守り、の3つに分類されている[3)4)]。この分類は、主に日常の見守りを念頭に置いたものである。見守りネットワークによる緊急時対応を有効に機能させるには、まず、緊急時対応を必要とする人を、誰が発見し、その後どのようなプロセスで、誰が対応しているのか、それらの構造はどのようであるかを明らかにする必要がある。換言すれば、3つの分類のなかの、あるいはこれら以外のどのような人や組織・機関が、どの程度の役割を担っているのかを明らかにすることが課題となる。

　見守りネットワークによる緊急時対応を主たる研究対象としているわけではないが、緊急時対応が必要になることが多い事態の種類別に、特定の専門機関・専門職の立場から、緊急事態などの分析の一環として、発見者などを検討した研究は比較的多い。急な傷病・異変としては、病院に入院した単身世帯の脳卒中患者[5)6)]、救急車により救命救急センターに救急搬送された患者の調査がある[7)]。高齢者虐待に関しては、厚生労働省による年次調査報告[8)9)]、介護支援専門員などの専門職[10)11)]、民生委員が通報・相談した被虐待者の特性などの研究がある[12)13)]。認知症の徘徊研究としては、県警が受理した捜索願と市町村調査[14)]、警察に行方不明届を出した認知症者家族[15)]から得られた行方不明者の特徴と発見者、徘徊発見時の地域住民の対応意識[16)]などの検討がある。孤立死では、法医剖検例高齢者の第一発見者[17)]、世帯形態など[18)]の分析がある。

　緊急時対応が必要となることが多い事態の発見者、通報・相談者などの検討は重要である。しかし、筆者の知る限り、それ以降に関する研究はされていない。そこで、本研究では、専門機関・専門職としては地域包括支援センターとそこで働く職員、緊急事態の種類としては傷病と虐待を取り上げ、緊急時対応のプロセスの3つの時点において、誰が対応をしたか、その構造はどのようであったかを明らかにする。

　地域包括支援センターは、地域包括ケアを構築し、有効に機能させるために、職員がチームで活動し、地域住民とともにネットワークを構築しつつ、個別サービスのコーディネートをも行う地域の中核機関である[19)]。ネットワーク構築には、見守りネットワークも含まれるし、前述のようなさまざまな緊急事態の対応は、優先順位の高い業務である。傷病、虐待を取り上げるのは、今回実施した調査結果において、2つが多数を占めていたためである（後述）し、全国的にも発生数が多いと考えられるからである。また、それぞれの特徴があると考えられ、緊急事態の種類別の対応のプロセス、構造を示すことが期待できるからである。緊急時対応のプロセスの3時点とは、緊急事態の発見、その後の対応、地域包括支援センターへの連絡である。以下では、この3時点の実

施者を、第一発見者、対応者、地域包括支援センターへの連絡者とする。これらは、前述の４つのプロセスのうち、緊急時対応として重要である発見・気づき、相談・通報、緊急性判断と、４つ目の見守りと支援活動のなかの緊急の支援[20]を下敷きとし、これに経験年数の長い地域包括支援センター職員による助言を加味して設定した。

　これにより、見守りネットワークによる緊急時対応のプロセスにおいて、民生委員や近隣住民などの地域住民、専門職、民間事業所などがどのような位置にあるのかを、傷病、虐待それぞれに評価することができる。そして、地域住民と専門職などの位置の異同を踏まえたうえで、緊急時、さらには日常の見守りネットワークにおける協働への示唆を得ることができよう。

２ ４つの用語の定義

　本研究における主要な用語の定義は次のとおりである。

①地域包括支援センター職員による緊急時対応

　　他の業務に優先して、予定になかった初動対応を当日中に行うこと
②第一発見者

　　緊急時対応を必要とした人や事態（様子）を発見した人。事態（様子）の例としては、連絡がとれない、大きな声や音がする、転倒した、姿は見えるが動かないなど
③対応者

　　発見と同時、またはその後の 119 番通報者、民生委員や家族・親族などへの連絡者など
④地域包括支援センターへの連絡者

　　緊急事態の地域包括支援センターへの連絡者

３ 調査の対象と方法

　調査対象地域は、島根県松江市である。2015（平成 27）年国勢調査の松江市人口は20 万 8613 人、高齢化率は 28.2％である。松江市の見守りネットワークは、全国の市区町村のなかでは比較的高い水準にある（後述）。

　調査対象は、2017（平成 29）年 4 月 1 日から 2018（平成 30）年 2 月末日までの 11か月間に、松江市内の地域包括支援センター職員が緊急時対応をした全数である。市内には 6 つの地域包括支援センターと 2 つのサテライトがある。すべて松江市社会福祉協議会が事業委託を受けている。調査方法は、緊急時対応を行った職員による、調査フォーマットへのデータ入力である。このフォーマットは、調査に先立ち、筆者らが作成した。2017（平成 29）年 4 月 1 日現在の地域包括支援センター職員総数は 31 人（社

会福祉士等19人、保健師等6人、主任介護支援専門員6人）であった。

　調査内容は、担当職員氏名、緊急時対応を必要とした人の年代、性別、世帯構成、要介護度、生活保護受給の有無、別居家族や友人・知人、近隣住民との関係、医療・介護サービスなどの定期利用、緊急時対応後に担当職員が判断した緊急事態の種類、その第一発見者、対応者、地域包括支援センターへの連絡者などである。3時点の実施者の選択肢は、松江市の高齢者見守りネットワーク[21]、松江市要配慮者支援推進事業、松江市社会福祉協議会の見守りネットワーク事業などに参加する人、それに家族・親族、友人・知人、高齢者本人などを加え、14の人とした。このなかの「福祉推進員」「民生委員」「それ以外の近隣の人」は地域住民、「医療・介護などの専門職」「地域包括支援センター職員」は専門職と、それぞれまとめられる。なお、「福祉推進員」とは、松江市社会福祉協議会が委嘱する福祉委員のことである。

　社会的孤立に関しては、斉藤の操作的定義である「同居以外の他者との対面・非対面を含めて『週1回以上』の接触」がない状態[22]を参照し、「交流のある別居の家族」「日頃交流のある友人・知人」「あいさつ以上の交流のある近隣」の全部に「なし」と回答した人とした。

　調査終了後に、欠損や明らかな入力間違いが判明した場合は、担当職員に可能な範囲での修正を依頼した。「その他」の回答のうち次の3つに該当するものは、アフターコーディングをした。

①第一発見者、対応者、地域包括支援センターへの連絡者の回答で、選択の間違いと考えられるものは回答を変更した
　　例）「その他」で具体的回答が「介護支援専門員」の場合は、「医療・介護などの専門職」に変更
②第一発見者、対応者、地域包括支援センターへの連絡者の「その他」の具体的回答のうち、同一あるいは類似の回答が多かった項目については、新たな選択肢を設定し、回答を振り分けた
　　例）「その他」で、具体的回答が「警察」の場合は、新たに「警察官」の選択肢を作成し、変更
③緊急事態の種類のうちの「その他」は、「その他」の具体的回答と特記事項の記述をもとに、次のように振り分けた
　「傷病」には、疑いと精神疾患を加え、「傷病（精神疾患を含む。疑いを含む）」とした。「虐待」も、疑いのある人を含め「虐待（疑いを含む）」とした。新たに「精神的不安・混乱」を追加し、例えば、具体的回答が「妻の入院で混乱」で、さらに特記事項に精神疾患に関する記述がない場合は、この分類とした。

調査対象期間中に、地域包括支援センター職員による緊急時対応を受けたのは114人で、いずれのデータにも大きな欠損はなかった。地域包括支援センター担当部署責任者によると、1人は、同時に2つの地域包括支援センターが緊急時対応を行っていたため、実人数は113人であった。分析結果には大きな影響がないと判断し、最初は114人を、中心的にはこのうちの傷病と虐待の全数を分析対象とした。

◢4 分析方法

見守りネットワークにより、緊急時対応を必要とした人の基本属性、緊急事態の分類などに関しては、単純集計と2次クロス集計を行った。

緊急事態の種類のうち傷病、虐待を取り上げ、竹本ら[23]、中尾ら[24]の方法に従い、次の手順で、第一発見者、対応者、地域包括支援センターへの連絡者の構造を明らかにした。最初に、それぞれをクラスター分析により分類した。距離測定法は平方ユークリッド距離、クラスター構成法はward法を用いた。解析には、College Analysis Ver.7.0を使用した。分類の後、コンボイモデルを用いて模式化し、第一発見者、対応者、連絡者の構造を示した。コンボイモデルとは、人が自らを取り巻くさまざまな関係の人に守られながら、人生の局面を乗り切っていく様子を護送船団（コンボイ）になぞらえたものであり、親密さの程度の異なる人々が、三層をなして取り囲む様子を図式化している。親密度は、内層が最も高く、中層、外層の順となる[25] [26]。コンボイモデルの中心（内層のさらに内側）は、第一発見者と対応者の構造では、緊急時対応を必要とした高齢者とし、地域包括支援センターへの連絡者の構造では、地域包括支援センター職員とした。

分析・考察に際しては、前述の中尾らの研究[27]を参照し、第一発見者、対応者、地域包括支援センターへの連絡者それぞれの内層、中層、外層に誰が位置したか、その理由は何であったかを重視した。

◢5 倫理的配慮

調査開始前に、松江市地域包括支援センター職員に対して、調査の趣旨、調査協力の自由意思の保障、調査により得られた情報は研究以外に使用しないこと、データは統計的処理をしたうえで公表するため個人の特定はできないことなどを説明し、書面により同意を得た。なお、本調査は、公立大学法人県立広島大学研究倫理委員会（三原キャンパス）の承認（第16MH043、研究代表者・金子努）を得たうえで実施した。

2 │ 結果

◢ 緊急時対応を必要とする人の多くは高齢、世帯構成はさまざま

①緊急事態で多いのは、傷病と虐待

　全114人の属性は**表1**のとおりである。性別は女性が多く、ほぼ全員が60歳代以上、世帯構成は単身が最も多かった。担当職員が事後的に判断した緊急事態の種類は、「傷病（精神疾患を含む。疑いを含む）」（以下、傷病とする）が46、次いで「虐待（疑いを含む）」（以下、虐待とする）35、3番目は「精神的不安・混乱」「とくに問題はない」であり、ともに12であった。

表1　緊急時対応を必要とした人の属性

(n = 114)

	件数
性別	
男	46
女	68
年代	
50歳代以下	2
60歳代	16
70歳代	39
80歳代	49
90歳代以上	8
世帯構成	
単身	44
夫婦のみ世帯	27
子どもと同居	34
その他	9
緊急事態の種類	
傷病（精神疾患を含む。疑いを含む）	46
徘徊	3
虐待（疑いを含む）	35
精神的不安・混乱	12
死亡	3
とくに問題はない	12
その他	3

②傷病には単身で交流の少ない人が多く、虐待には同居でサービス利用者が多い

　緊急事態の種類で1位、2位となった傷病と虐待の人を取り上げ、属性を比較する（**表2**）。傷病の人には男性、虐待の人には女性が多かった。年代はどちらも70歳代、80歳代が目立った。要介護度は両方とも非該当（自立）が多かった。傷病には生活保護受給者が見られた。世帯構成は傷病に単身が多く、虐待には同居が多かった。交流の

表 2 傷病と虐待の人の属性

(n = 46) (n = 35)

	傷病（精神疾患を含む。疑いを含む）	虐待（疑いを含む）
性別		
男	26（56.5%）	5（14.3%）
女	20（43.5%）	30（85.7%）
年代		
50 歳代以下	0（ 0.0%）	0（ 0.0%）
60 歳代	7（15.2%）	1（ 2.9%）
70 歳代	12（26.1%）	17（48.6%）
80 歳代	24（52.2%）	12（34.3%）
90 歳代以上	3（ 6.5%）	5（14.3%）
要介護度		
非該当（自立）	24（52.2%）	13（37.1%）
総合事業対象者	1（ 2.2%）	1（ 2.9%）
要支援 1・2	9（19.6%）	4（11.4%）
要介護 1・2	10（21.7%）	10（28.6%）
要介護 3 以上	0（ 0.0%）	3（ 8.6%）
不明	2（ 4.3%）	4（11.4%）
生活保護の受給		
受給している	3（ 6.5%）	0（ 0.0%）
受給してない	42（91.3%）	35（100.0%）
不明	1（ 2.2%）	0（ 0.0%）
世帯構成		
単身	26（56.5%）	1（ 2.9%）
夫婦のみ世帯	10（21.7%）	10（28.6%）
子どもと同居	7（15.2%）	20（57.1%）
その他	3（ 6.5%）	4（11.4%）
交流のある別居家族		
あり	26（56.5%）	22（62.9%）
なし	14（30.4%）	9（25.7%）
不明	6（13.0%）	4（11.4%）
日頃交流のある友人・知人		
あり	11（23.9%）	10（28.6%）
なし	20（43.5%）	12（34.3%）
不明	15（32.6%）	13（37.1%）
あいさつ以上の交流のある近隣		
あり	14（30.4%）	14（40.0%）
なし	18（39.1%）	11（31.4%）
不明	14（30.4%）	10（28.6%）
医療・介護などのサービスの定期利用		
利用している	16（34.8%）	21（60.0%）
利用してない	30（65.2%）	14（40.0%）
社会的孤立		
あり	6（13.0%）	0（ 0.0%）
なし	36（78.3%）	35（100.0%）
不明	4（11.4%）	0（ 0.0%）

ある別居家族があるのはどちらも6割前後であった。交流のある友人・知人、近隣住民があるのは、ともに2〜4割と少なかったが、不明も多かった。サービスの定期利用は、傷病は約3割、虐待では約6割と、虐待のほうが多かった。社会的孤立は傷病では約1割、虐待には見られなかった。

③傷病と虐待の人の3時点の実施者（複数回答）

表3に、傷病、虐待の人の第一発見者、対応者、地域包括支援センターへの連絡者を示した。傷病では、3つとも「医療・介護などの専門職」が最も多く、次いでやはり3つとも「家族・親族」が多かった。虐待では、第一発見者の最多は「家族・親族」、次に「医療・介護などの専門職」、対応者は「地域包括支援センター職員」「医療・介護などの専門職」の順であった。地域包括支援センターへの連絡者は「行政職員」が最多であり、次いで「医療・介護などの専門職」「警察官」「家族・親族」が同数であった。

表3　傷病と虐待の人の第一発見者、対応者、地域包括支援センターへの連絡者

（n = 46）　　　　　　　　　　　　　　　　　　　　（n = 35）

	傷病（精神疾患を含む。疑いを含む）			虐待（疑いを含む）		
	第一発見者	対応者	連絡者	第一発見者	対応者	連絡者
福祉推進員	1	2	0	1	1	1
民生委員	3	4	5	1	1	2
それ以外の近隣の人	6	4	1	5	4	2
医療・介護などの専門職	16	14	15	10	6	6
配食サービス配達員	3	1	2	0	0	0
新聞・郵便・飲料などの配達員	0	0	0	0	0	0
ガス局・水道局・電力会社などの職員	1	0	0	0	0	0
警察官	1	3	1	2	5	6
行政職員	1	1	1	0	4	11
地域包括支援センター職員	2	9	2	0	10	0
家族・親族	11	11	10	13	4	6
友人・知人	1	0	0	0	0	0
本人	0	0	5	3	0	3
その他	1	2	3	0	0	0
合計	47	51	45	35	35	37

※複数回答

❷ 緊急時対応の３時点の実施者の構造を分析

①傷病の人の第一発見者、対応者、連絡者のクラスター分析の結果

　傷病の人の第一発見者、対応者、地域包括支援センターへの連絡者を分類するために、クラスター分析を行った。第一発見者（**図１**）の第１クラスターは「福祉推進員」「ガス局・水道局・電力会社などの職員」「民生委員」など11の人、第２クラスターは「それ以外の近隣の人」「家族・親族」、第３クラスターは「医療・介護などの専門職」で構成されていた。対応者（**図２**）の第１クラスターは、「配食サービス配達員」「行政職員」など６つ、第２クラスターは「福祉推進員」「警察官」など５つ、第３クラスターは「地域包括支援センター職員」「家族・親族」「医療・介護などの専門職」の３つであった。地域包括支援センターへの連絡者（**図３**）の第１クラスターは「それ以外の近隣の人」「配食サービス配達員」など10の人、第２クラスターは「民生委員」「本人」の２つ、第３クラスターは「医療・介護などの専門職」「家族・親族」の２つで構成されていた。

図１　傷病の人の第一発見者に関するクラスター分析の結果

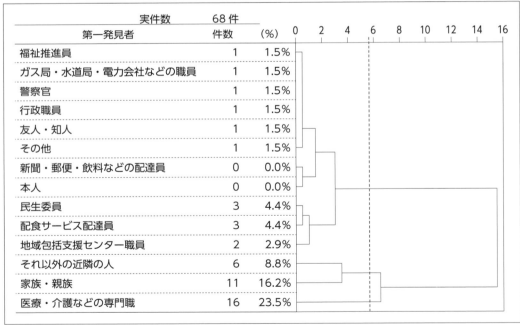

第一発見者	件数	(%)
福祉推進員	1	1.5%
ガス局・水道局・電力会社などの職員	1	1.5%
警察官	1	1.5%
行政職員	1	1.5%
友人・知人	1	1.5%
その他	1	1.5%
新聞・郵便・飲料などの配達員	0	0.0%
本人	0	0.0%
民生委員	3	4.4%
配食サービス配達員	3	4.4%
地域包括支援センター職員	2	2.9%
それ以外の近隣の人	6	8.8%
家族・親族	11	16.2%
医療・介護などの専門職	16	23.5%

実件数　68件

図2 傷病の人への対応者に関するクラスター分析の結果

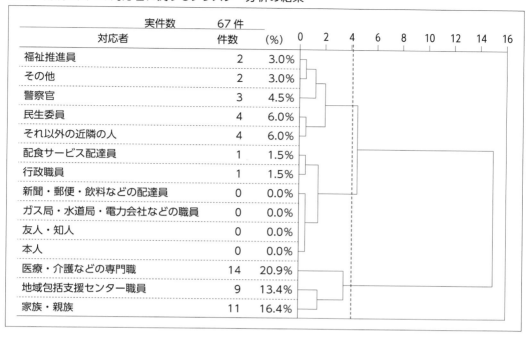

対応者	件数	(%)
実件数　67件		
福祉推進員	2	3.0%
その他	2	3.0%
警察官	3	4.5%
民生委員	4	6.0%
それ以外の近隣の人	4	6.0%
配食サービス配達員	1	1.5%
行政職員	1	1.5%
新聞・郵便・飲料などの配達員	0	0.0%
ガス局・水道局・電力会社などの職員	0	0.0%
友人・知人	0	0.0%
本人	0	0.0%
医療・介護などの専門職	14	20.9%
地域包括支援センター職員	9	13.4%
家族・親族	11	16.4%

図3 傷病の人の地域包括支援センターへの連絡者に関するクラスター分析の結果

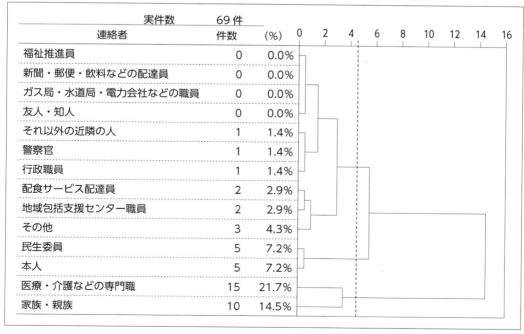

連絡者	件数	(%)
実件数　69件		
福祉推進員	0	0.0%
新聞・郵便・飲料などの配達員	0	0.0%
ガス局・水道局・電力会社などの職員	0	0.0%
友人・知人	0	0.0%
それ以外の近隣の人	1	1.4%
警察官	1	1.4%
行政職員	1	1.4%
配食サービス配達員	2	2.9%
地域包括支援センター職員	2	2.9%
その他	3	4.3%
民生委員	5	7.2%
本人	5	7.2%
医療・介護などの専門職	15	21.7%
家族・親族	10	14.5%

②虐待の人の第一発見者、対応者、連絡者のクラスター分析の結果

　虐待の人の第一発見者、対応者、地域包括支援センターへの連絡者の分類のために、クラスター分析を行った。第一発見者（**図4**）の第1クラスターは「福祉推進員」「民生委員」など9つ、第2クラスターは「警察官」「本人」など3つ、第3クラスターは、「医療・介護などの専門職」「家族・親族」で構成されていた。対応者（**図5**）の第1クラスターは、「福祉推進員」「民生委員」など8つ、第2クラスターは「それ以外の近隣の人」「行政職員」「警察官」など5つ、第3クラスターは「地域包括支援センター職員」であった。地域包括支援センターへの連絡者（**図6**）の第1クラスターは「民生委員」「それ以外の近隣の人」「本人」など10の人、第2クラスターは「医療・介護などの専門職」「警察官」など3つ、第3クラスターは「行政職員」であった。

図4　虐待の人の第一発見者に関するクラスター分析の結果

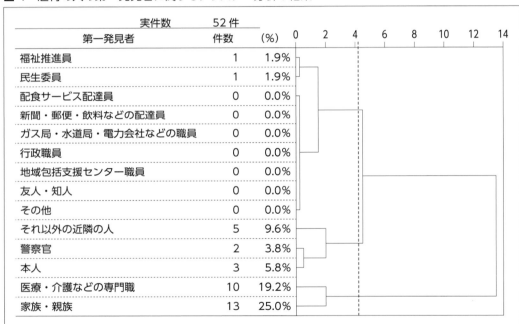

第一発見者	件数	(%)
福祉推進員	1	1.9%
民生委員	1	1.9%
配食サービス配達員	0	0.0%
新聞・郵便・飲料などの配達員	0	0.0%
ガス局・水道局・電力会社などの職員	0	0.0%
行政職員	0	0.0%
地域包括支援センター職員	0	0.0%
友人・知人	0	0.0%
その他	0	0.0%
それ以外の近隣の人	5	9.6%
警察官	2	3.8%
本人	3	5.8%
医療・介護などの専門職	10	19.2%
家族・親族	13	25.0%

実件数　52件

図5 虐待の人への対応者に関するクラスター分析の結果

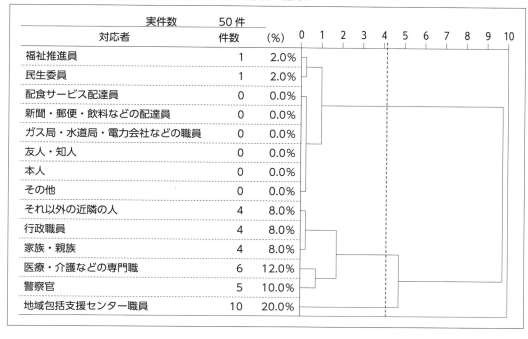

対応者	実件数 50件 件数	(%)
福祉推進員	1	2.0%
民生委員	1	2.0%
配食サービス配達員	0	0.0%
新聞・郵便・飲料などの配達員	0	0.0%
ガス局・水道局・電力会社などの職員	0	0.0%
友人・知人	0	0.0%
本人	0	0.0%
その他	0	0.0%
それ以外の近隣の人	4	8.0%
行政職員	4	8.0%
家族・親族	4	8.0%
医療・介護などの専門職	6	12.0%
警察官	5	10.0%
地域包括支援センター職員	10	20.0%

図6 虐待の人の地域包括支援センターへの連絡者に関するクラスター分析の結果

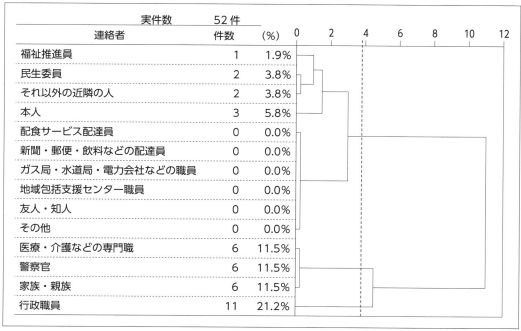

連絡者	実件数 52件 件数	(%)
福祉推進員	1	1.9%
民生委員	2	3.8%
それ以外の近隣の人	2	3.8%
本人	3	5.8%
配食サービス配達員	0	0.0%
新聞・郵便・飲料などの配達員	0	0.0%
ガス局・水道局・電力会社などの職員	0	0.0%
地域包括支援センター職員	0	0.0%
友人・知人	0	0.0%
その他	0	0.0%
医療・介護などの専門職	6	11.5%
警察官	6	11.5%
家族・親族	6	11.5%
行政職員	11	21.2%

３ 緊急時対応をした人の構造を模式化

①傷病の人の３時点の実施者の構造（コンボイ図）

　傷病の人の第一発見者、対応者、地域包括支援センターへの連絡者について、クラスター分析の結果をもとにコンボイモデルを用いて模式化すると、**図７〜図９**の構造が想定された。

　第一発見者の内層には「医療・介護などの専門職」が、中層には「それ以外の近隣の人」「家族・親族」が位置していた。対応者の内層には、やはり「医療・介護などの専門職」が、他に「地域包括支援センター職員」「家族・親族」が位置していた。中層には、「福祉推進員」「民生委員」「それ以外の近隣の人」という地域住民、「警察官」などが位置していた。地域包括支援センターへの連絡者の内層には「医療・介護などの専門職」「家族・親族」が、中層には「民生委員」「本人」が位置していた。３時点とも外層に位置していたのは、「配食サービス配達員」「新聞・郵便・飲料などの配達員」「ガス局・水道局・電力会社などの職員」「行政職員」「友人・知人」であった。

図７　傷病の人の第一発見者の構造

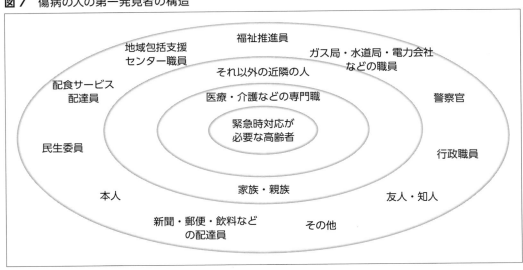

図8　傷病の人への対応者の構造

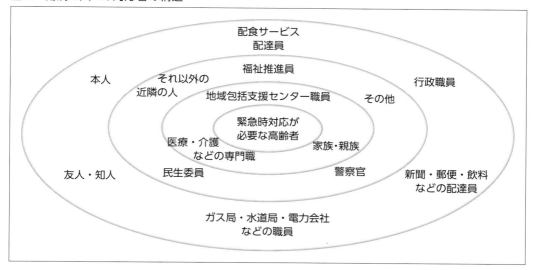

図9　傷病の人の地域包括支援センターへの連絡者の構造

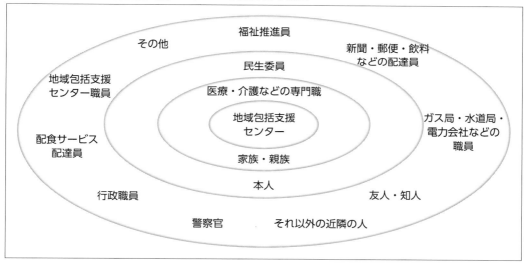

②虐待の人の3時点の実施者の構造（コンボイ図）

　虐待の人の3時点の実施者を、クラスター分析の結果をもとにコンボイモデルを用いて模式化したところ、**図10 ～図12** の構造が想定された。

　第一発見者の内層、対応者と地域包括支援センターへの連絡者の中層には、「医療・介護などの専門職」が位置していた。対応者の内層には、「地域包括支援センター職員」が位置していた。第一発見者の内層、対応者、連絡者の中層には「家族・親族」が位置していた。第一発見者の中層には「本人」が位置していた。第一発見者、対応者の中層には、「それ以外の近隣の人」が位置していた。3時点の中層には「警察官」、対応者の

中層と連絡者の内層には「行政職員」が位置していた。3時点とも外層であったのは、「福祉推進員」「民生委員」「配食サービス配達員」などであった。

図10 虐待の人の第一発見者の構造

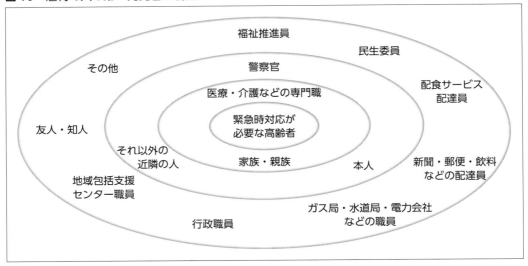

図11 虐待の人への対応者の構造

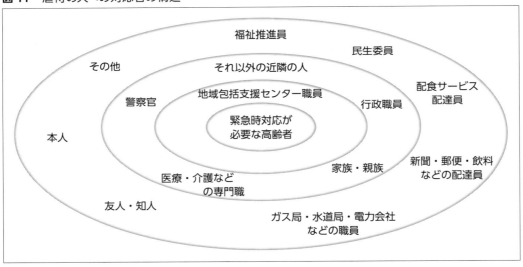

図12　虐待の人の地域包括支援センターへの連絡者の構造

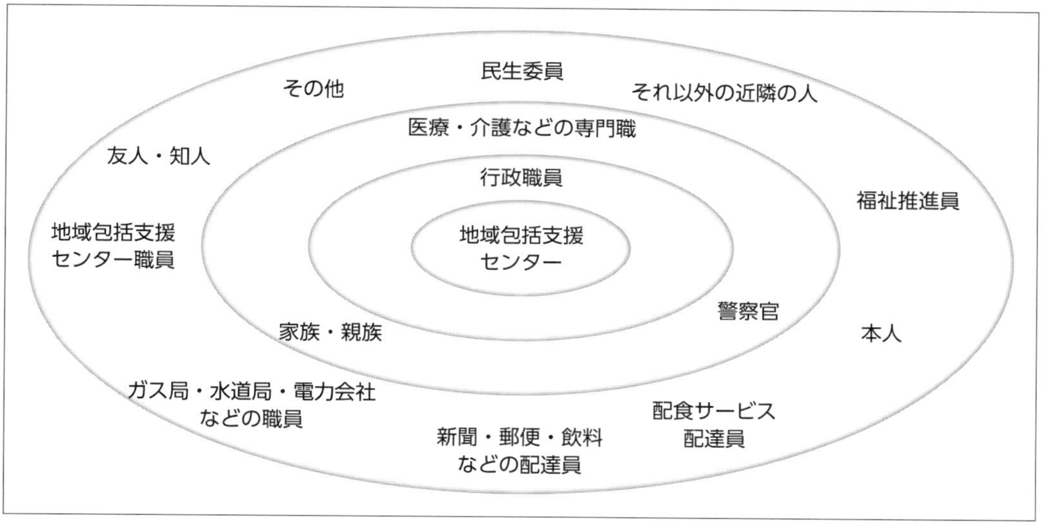

その他
民生委員
それ以外の近隣の人
友人・知人
医療・介護などの専門職
行政職員
地域包括支援
センター職員
地域包括支援
センター
福祉推進員
家族・親族
警察官
本人
ガス局・水道局・電力会社
などの職員
新聞・郵便・飲料
などの配達員
配食サービス
配達員

3 ｜ 考察

1 傷病は調査対象地域での発生のごく一部、虐待は相当数が対象

　2017（平成 29）年度 1 年間に、松江市消防本部救急隊が出動した高齢者（65 歳以上）の急病による搬送は 3730 件[28]であった。本調査対象期間は同時期の 11 か月間であるが、傷病は全部で 46 人であり、しかも救急車による搬送はこのうちの一部（13 人）であった。本調査対象の傷病の人の多くは単身であった。市全体の高齢救急搬送者には、単身以外の高齢者も含まれていることを考えても、本調査対象の傷病の人は、当該地域において緊急時対応を必要とする傷病の高齢者のうちのごく一部と考えられる。

　2017（平成 29）年度 1 年間の松江市内の養護者による高齢者虐待相談・通報件数は実数で 84 件、そのうち 69 件は虐待の事実があると判断された[29]。本調査では、同年度の 11 か月間の虐待の人は 35 人であった。これらから、本調査対象の虐待の人は、当該地域における高齢者虐待全体の半数近くを占めていたと考えられる。

2 先行研究の発見者との共通点・相違点

①傷病の人では家族・親族、専門職による発見は共通

　発見者には先行研究があるため、本調査結果との比較を行う。介護職常駐の施設や住居以外で暮らす単身脳卒中急性期患者 46 人（うち高齢者は 32 人）の来院契機は、自力で救急要請可能であった「自力来院」が 23.9 %、誰かに発見され救急搬入された「他力来院」は 76.1 %であった。後者の内訳は「自宅外（職場や屋外）で発症」21.7 %、「同

僚が不審に思い訪問し、発見」17.4％、「親族・ヘルパーの定期訪問時に発見」41.3％であった[30]。救命救急センターに救急車で搬送された単身高齢者のうち、自宅から救急要請のあった114人を調査したところ、「本人」から要請45％、「第三者による発見」20％、「家族の訪問による発見」約15％であった[31]。

2つの先行研究とも、患者本人が来院または救急車要請した人が2～4割程度見られた。また、家族・親族やヘルパー、第三者による発見も見られた。本調査では、第一発見者の外層の1つが「本人」であったため、この点は大きく異なる。内層に「医療・介護などの専門職」、中層に「家族・親族」が位置していたが、先行研究の区分とは大きく異なるため、比較は困難である。しかし、家族・親族や専門職が発見者となっている点は共通している。

先行研究、本調査とも高齢で単身世帯の人が主な調査対象である。本調査における本人の位置の小ささの理由の1つには、調査対象者の重症度の違いがあり、おそらく本調査対象者のほうが重症度は高いと考えられる。他の理由としては、本調査対象者には、医療・介護などのサービス利用者や日常の見守りの対象になっている人が一定数含まれているが、先行研究の対象者には、そうした人は多くないことが考えられる。

②虐待の人では発見者には専門職が多く、民生委員は少ないことが共通

本調査とほぼ同時期を対象に、厚生労働省が実施した養護者による高齢者虐待全国調査では、第一発見者を調査していない。相談・通報者は調査しており、最も多いのは「介護支援専門員」28.1％、次いで「警察」23.0％、「家族・親族」9.1％の順であった[32]。養護者による高齢者虐待を発見した後に通報するのは、介護支援専門員、訪問介護員の半数強である[33][34]。これらから、前述の厚生労働省調査における相談・通報者の一定程度は、本調査でいう緊急事態の第一発見者でもあると考えられる（以下でも同じ）。本調査の第一発見者の内層には「医療・介護などの専門職」が位置していたことから、この結果は共通しており、発見者における専門職の役割は大きいと考えられる。

先の厚生労働省調査の通報・相談者では、「近隣住民・知人」「民生委員」は3％程度[35]と少なかった。民生委員のなかで虐待を把握している比率は6.8％[36]、把握したことのある比率は10.4％[37]と低かった。本調査では、第一発見者の中層に「それ以外の近隣の人」、外層に「民生委員」が位置していた。これらから、地域の住民、なかでも民生委員が第一発見者になりにくい傾向は共通していると考えられる。

❸ 発見、対応、地域包括支援センターへの連絡（3時点）の実施者とその関連

①傷病の人では同一の場合も、異なる場合も

　緊急時対応の第一発見者、対応者、地域包括支援センターへの連絡者の関連の検討から、緊急時対応のプロセス及びその理由を考察する。3時点のいずれの内層にも、「医療・介護などの専門職」が位置していた。これより、専門職が第一発見者になった場合、最も多いのは、引き続き同一の専門職が対応し、地域包括支援センターへの連絡をするというプロセスと推察される。その理由は、専門職には、緊急性の判断やその後の対応に関する知識・技術、病院・診療所などとのネットワークなどがあるからと考えられる。

　第一発見者と対応者の中層には「それ以外の近隣の人」が、対応者と地域包括支援センターへの連絡者の中層には「民生委員」が、対応者の中層には「福祉推進員」「警察官」が位置していた。このうち、「それ以外の近隣の人」には、主に3つの可能性があると考えられる。1つは日常の見守りの担当者、2つ目は傷病の人と以前からの顔なじみ、3つ目はその両方である。いずれであっても、「それ以外の近隣の人」が第一発見者になった場合、同一の人が対応者となることもあるが、「福祉推進員」「民生委員」「警察官」などに連絡し、その人たちが対応者になることもあると推察される。また、「民生委員」は連絡者になることも多いと推測される。3時点すべて、あるいは2時点で、地域住民が緊急時対応を継続して実施する理由は、2つあると考えられる。1つは、地域住民の119番通報、地域内の病院・診療所などの認知度は高く、そこへの連絡をしやすいからと考えられる。もう1つは、市社会福祉協議会などによる住民支援の成果により、地域住民間の役割分担が形成されているからと考えられる（後述）。

　第一発見者の中層、対応者、地域包括支援センターへの連絡者の内層には「家族・親族」が位置していた。これらから、第一発見者が「家族・親族」の場合、同一の人、あるいは同一家族・親族内の別の人が、その後の対応者、連絡者になることが多いと推察される。別居家族や親族が電話や訪問時に、連絡がとれないなどの状況から、傷病の発見に至ることが多いと考えられるが、何らかの交流はあることから、対応、連絡は引き続き実施できる関係にあることが理由と考えられる。もう1つの理由として、電話などはできても、地理的理由などにより直接の対応はできず、地域包括支援センターに連絡・依頼することが考えられる。

②虐待の人では3時点の実施者は異なることが多い

　第一発見者の内層は「医療・介護などの専門職」「家族・親族」、対応者の内層は「地域包括支援センター職員」、地域包括支援センターへの連絡者では「行政職員」であり、

3時点すべてで異なっていた。第一発見者の中層は「警察官」「本人」「それ以外の近隣の人」、対応者の中層には「それ以外の近隣の人」「行政職員」「家族・親族」「医療・介護などの専門職」「警察官」が、連絡者の中層には「医療・介護などの専門職」「警察官」「家族・親族」が位置していた。3時点全部の中層に位置していたのは「警察官」だけであった。これらから、虐待の人では、第一発見者、対応者、地域包括支援センターへの連絡者は変化することが多いと考えられる。

　比較的多いプロセスは、「医療・介護などの専門職」「家族・親族」「警察官」などが発見後に、地域包括支援センターに通報・相談し、「地域包括支援センター職員」「行政職員」が事実確認などをするものと推測される。同時に、第一発見者からまず「行政職員」（市担当課）に通報・相談をした後に、行政から地域包括支援センターに連絡することも多いと考えられる。

　この理由としては、高齢者虐待防止の法・制度の整備が大きいと考えられる。高齢者虐待防止法には、医療・介護専門職などによる虐待の早期発見（第5条）、発見者による通報（第7条）、地域包括支援センター職員などによる立入調査と警察官によるその援助（第11、12条）、の規定がある。また、松江市高齢者虐待予防対策事業実施要綱第4条では、通報等の窓口を規定している。虐待の通報・届出とその受理、被虐待高齢者の保護と養護者に対する支援の窓口は、地域包括支援センター、市担当課である。同第6条では、通報後の緊急性の判断、事実確認などを窓口に求めている[38]。これらが機能していたと考えられる。

❹ 専門職、地域住民、事業所などの位置の理由

①専門職の位置が大きい3つの理由

　傷病と虐待の人では異なる面もあるが、緊急時対応全般では、専門職は内層に位置することが多く、主軸となっていた。この理由は3つあると考えられる。第1は、緊急時対応を必要とした人には、すでに担当の専門職がいることも多く、緊急事態の発生時に、それらの専門職による緊急時対応が機能しやすいためと考えられる。傷病の人では1/3、虐待の人では約半数が医療・介護などのサービス定期利用者であった。また、サービスの定期利用をしていない人でも、以前にサービス利用をしていたり、不定期に専門職が訪問や見守りをしたりしている場合があり、それが専門職による緊急時対応につながったと考えられる。

　第2は、前述したことであるが、専門職には知識・技術、医療施設などとのネットワークがあり、地域住民などと比較して、独自に対応できる部分が大きいからと考えられる。

　第3には、地域住民による見守りの対象に関する意識が関連していると思われる。地

域住民が見守りに困難を感じる理由として多いのは、「本人から見守りを拒否される」「情報が得られにくい」などである[39]。本調査対象の傷病の人には、友人・知人、近隣との交流がない人が3〜4割程度いた。社会的孤立の人も1割程度含まれていた。虐待の人の場合も、友人・知人や近隣との関係は、傷病の人とほぼ同じであった。地域住民との関わりはそれほどなく、日常の見守りの対象になりにくい人も少なくないと思われた。そのため、その人たちに緊急事態が発生した場合は、前述の2つの理由とも相まって、専門職による対応が相対的に多くなったと考えられる。

②地域住民の位置の4つの理由

　緊急時対応全般のなかでの地域住民の位置は、専門職より小さかった。しかし、地域住民は中層に位置することも多く、ある程度の役割を果たしていた。その理由の第1は、地域住民の日常の見守りの担当になっている人、定期であれ、不定期であれ、サービス提供をする担当専門職のいない人、担当専門職がいる人であっても、訪問・通所などがない日時に緊急事態が発生した人などに、重要な役割を果たしていたためと考えられる。

　第2は、前述のように、発見の後は、必ずしも民生委員や福祉推進員以外の近隣住民が対応するとは限らず、民生委員や専門機関などにつないでいることと関連していると思われる。近隣住民に過度の負担をかけることなく、持続的に見守りや地域福祉活動との関わりをもてるようにするには、重要な役割分担であると考えられる。

　第3は、行政、市社会福祉協議会などによる住民支援（本書第13章・第14章参照）の成果が大きいと考えられる。第2に挙げた役割分担も、この支援により形づくられたと考えられる。見守り専門職を配置している地域と、そうでない地域との比較によると、見守り専門職を配置した地域では、見守りをする住民の負担感を軽減し、見守りの促進に役立っている[40]。住民支援を行うことで、見守りへの参加・関与の度合いを、住民自らが高めやすくなり、地域における共通課題に関心をもち、解決する方法を見出すことができるようになる。また、専門職にとってはネットワークができて活性化することで、地域から情報を得やすくなり、緊急対応や対応後の把握がしやすくなる[41]。

　第4は、虐待に限ったことであるが、民生委員は、専門職と比較して、被虐待者や家族、それらの人と関わりのある近隣住民に直接接したり、間接的に情報を得たりする機会が多いからと考えられる。虐待を受けていた時点、または過去から虐待を受けていた時点までの間に、介護保険サービス非利用だった人では、同サービスを利用していた人より、「民生委員」による通報・相談数が多かった[42]。付言すれば、民生委員は、専門職とは異なる種類の高齢者虐待を発見しやすく、この点で独自の役割を発揮している。介護保険居宅サービス事業者などが気づいた虐待のきっかけで最も多かったのは、「被

虐待高齢者の身体状況」であり、虐待の種類で多かったのは身体的虐待であった[43]。一方、民生委員による把握者には、専門職のような短期間の関わりでは把握が難しい心理的虐待が多かった[44]。

③水道、新聞、配食などの公的・民間事業所の位置の理由

「配食サービス配達員」「新聞・郵便・飲料などの配達員」「ガス局・水道局・電力会社などの職員」は、傷病、虐待とも、発見、対応、地域包括支援センターへの連絡の3時点のすべてで「外層」に位置していた。

これらの職員は、業務上の理由から、居宅に訪問し、その際に日常の見守りをしている場合もあると考えられる。しかし、訪問の回数は毎日、あるいは週・月に1度であっても、緊急事態が発生する日時と重ならなかった可能性がある。さらに、重なったとしても、その時に連絡先が分からなかった、分かっていても連絡してよいかどうか躊躇したなどの理由から、地域包括支援センターや警察、市役所などに連絡するまでには至らなかったとも考えられる。

⑤ 専門職の位置を過大評価する可能性は低い

緊急時対応全般において「医療・介護などの専門職」の位置が大きかったが、過大評価の可能性があるため、この点について検討する。

本調査では、3時点の実施者の選択肢は14とし、そのなかの専門職の選択肢は、「医療・介護などの専門職」と「地域包括支援センター職員」だけとした。医療・介護系の専門職には、介護支援専門員や訪問介護、通所介護などのサービス提供事業所職員、訪問看護ステーション職員などがあるが、それらを一括したためである。一方、例えば地域住民は、「民生委員」「福祉推進員」「それ以外の近隣の人」と3つの選択肢を設定した。前述の竹本ら[45]、中尾ら[46]の研究では、選択肢はすべて細分化されている。こうしたなかでは、「医療・介護などの専門職」が過大評価され、反対に地域住民などは過小評価される可能性がある。しかし、「医療・介護などの専門職」が内層に位置していた傷病の人の3時点、虐待の人の第一発見者の「医療・介護などの専門職」数は、「民生委員」「福祉推進員」「その他の近隣の人」の3つの合計数の1.5～3倍程度多かった。また、例えば「ガス局・水道局・電力会社などの職員」数は多いと思われるが、本調査の全体において小さな位置にあった。さらにいえば、前述のように、高齢者虐待の通報・相談者には「介護支援専門員」が約3割と最も多く[47]、そこから推測される第一発見者には、やはり介護支援専門員が多いと考えられた。これらから、仮に「介護支援専門員」「居宅サービス提供事業所職員」など、複数の選択肢を設定したとしても、専門職の位置が大きくなった可能性はやはり高いと考えられる。

❻ 緊急時対応を機能させるための協働への示唆

①見守りネットワークが比較的進んでいる地域でも専門職が主軸

　全市区町村社会福祉協議会のなかで、見守り支援活動（小地域ネットワーク活動）を
しているのは66.8％、住民活動の基盤となる地域福祉推進基礎組織（地区社会福祉協議
会、校区福祉委員会など）があるのは50.9％である[48]。本調査対象地域は、その両方に
当てはまる。加えて、行政、市社会福祉協議会、地域包括支援センターなどが構築して
きた見守りネットワークの仕組みが整備されている（本書第13章・第14章など参照）。
これらから、調査対象地域の地域住民などによる見守りネットワークは、全国のなかで
も比較的高い水準にあるといえる。そうしたなかにあっても、緊急時対応の主軸は専門
職であることから、このことは他地域にも当てはまる可能性が高い。

　見守りの方法と関連づけて整理された、誰が日常の見守りを行うか（主体）の分
類[49] [50] は、以下のとおりであった。

　　a. 地域住民、事業所による緩やかな見守り

　　b. 町会・自治会、協定事業所、NPOなどが行う担当による見守り

　　c. 専門職、専門機関、行政による専門的見守り

　これを援用し、緊急時対応は誰が行うのか（主体）を整理すると以下のようになろ
う。a. の地域住民、b. の町会・自治会は、緊急時にもある程度機能すると考えられる。
c. は、緊急時の主軸と考えられる。専門職には、地域包括支援センター職員だけではな
く、介護支援専門員や居宅サービス提供事業所職員も含まれるし、専門機関には警察署
などが入ると考えられる。

②3つのネットワークの構築・発展の基盤を行政が整備

　前述の3つの主体がそれぞれ、あるいは協働して、緊急時対応を有効に実施するに
は、以下の高齢者の見守りネットワークなどの連携が不可欠である。この4つは、高齢
者などの見守りネットワークを有効に機能させるための仕組みとしてまとめられた3つ
のネットワーク[51] に、医療・介護連携ネットワークを加え、他の記述も修正したもの
である。

　　a. 市区町村がつくるネットワークの基盤

　　　b. 〜 d. のネットワークが、それぞれの機能を発揮するための基盤の整備

　　b. 地域包括支援センター、高齢者見守り相談窓口がつくるネットワーク

　　　地域包括支援センターや高齢者見守り相談窓口が、地域のさまざまな資源、住民を

連携させて構築するネットワーク。ここには、高齢者虐待防止ネットワークも含まれる

c. 介護支援専門員、居宅介護サービス事業所職員、訪問看護ステーション職員などがつくる医療・介護連携ネットワーク

在宅医療・介護連携センターなどが構築する、主に居宅サービスに関わる専門職や、病院・診療所で働く専門職などのネットワーク。地域包括支援センターはこちらにも含まれる

d. 地域住民がつくるネットワーク

団地や町会・自治会などの単位で地域住民自らが地域で行うネットワーク。b. のネットワークの一員にもなる

　こうした重層的なネットワークの構築・発展により、日常の見守りだけでなく、緊急時においても、地域住民、専門職などの効果的な協働が可能になると考えられる。

4 ｜ まとめと今後の課題

■1 緊急時対応の3時点の多くで専門職が大きな位置を占めている

　単身高齢者などの増加に伴い、急な傷病・異変、虐待など、緊急時対応を必要とする人の数も上昇すると考えられる。しかし、これまでと同様、すべてを社会福祉・介護保険サービスなどの公助に頼ることは、人的資源、コストからいっても困難である。傷病と虐待では異なる面もあるが、見守りネットワークによる緊急時対応をした人とその構造の分析によって、緊急時対応のプロセスである発見、対応、地域包括支援センターへの連絡の3時点で、位置が大きいのは専門職であることが明らかになった。地域住民の位置は、専門職より小さかったが、ある程度の役割も果たしており、家族・親族、行政、警察などとともに、重要な立場にあることも明らかになった。互助である地域住民による見守りネットワークを維持・発展させ、緊急時対応が継続的にできるようにするには、市区町村内の高齢者などの見守りネットワーク全体のなかに専門職及びそのネットワークを的確に位置づけ、全体を市区町村が支援することが重要である。

■2 本研究の2つの限界と今後の課題

　本研究には、2つの限界がある。第1に、1市を対象地域とした調査であり、一般化には限界がある。第2は、地域包括支援センター職員による緊急時対応に限定した調査であることである。そのため、単身高齢者の急な傷病・異変でも、専門的見守りを担当している訪問看護ステーション職員などの医療系専門職、日常の見守りを担当している

地域住民が、直接、病院・診療所に搬送・同行し、地域包括支援センターには連絡しない例などは、調査対象外となった可能性が高い。

　今後の課題は、病院・診療所などを救急受診した地域在住単身高齢者などを対象に、緊急時対応をした人とその構造を調査・分析し、見守りネットワークによる緊急時対応における専門職、地域住民などの位置を、より一層明確にすることである。

文献

1) 山口麻衣・森川美絵・山井理恵「災害時，緊急時，日常における地域の支えあいの可能性と課題——大都市の団地居住高齢者の支えあい意識の分析」『日本の地域福祉』第 26 巻，53 ～ 63 頁，2013.

2) 小林良二「8 章　地域の見守りネットワーク」藤村正之編『シリーズ福祉社会学③　協働性の福祉社会学——個人化社会の連帯』東京大学出版会，159 ～ 181 頁，2013.

3) 東京都福祉保健局『高齢者等の見守りガイドブック（第 3 版）　誰もが安心して住み続けることができる地域社会を実現するために』3 頁，2018.

4) 野﨑瑞樹『住民による高齢者の見守り——ネットワークの展開と住民支援』みらい，33 頁，2017.

5) 渡部憲昭・藤井康伸「『ひとり暮らし』と脳卒中」『脳卒中』第 35 巻第 5 号，323 ～ 327 頁，2013.

6) 原田俊一・篠永正道・永山正雄「当院における独居脳卒中治療の現況」『Neurosurgical Emergency』第 18 巻第 1 号，35 ～ 41 頁，2013.

7) 宮崎弘志・中村聖悟・内倉淑男・大川卓巳・西村祥一・後藤正美・今泉純・古谷良輔「高齢者独居世帯における救急受診傾向の分析」『日本救急医学会関東地方学会雑誌』第 33 巻，59 ～ 60 頁，2012.

8) 厚生労働省「平成 29 年度『高齢者虐待の防止，高齢者の養護者に対する支援等に関する法律』に基づく対応状況などに関する調査結果」2019.

9) 厚生労働省「平成 29 年度『高齢者虐待の防止，高齢者の養護者に対する支援等に関する法律』に基づく対応状況などに関する調査結果（添付資料）」2019.

10) 伊藤薫「在宅高齢者虐待通報に関する要因の研究」『三重県立看護大学紀要』第 11 号，73 ～ 80 頁，2007.

11) 相山馨「ケアマネジメント実践者による高齢者虐待対応の現状と今後の課題——早期発見・早期対応を目指して」『高齢者虐待防止研究』第 9 巻第 1 号，114 ～ 127 頁，2013.

12) 佐佐木智絵・赤松公子・陶山啓子・前神有里「民生委員からみた家庭内での高齢者虐待の現状」『日本公衆衛生雑誌』第 55 巻第 9 号，640 ～ 646 頁，2008.

13) 柴田益江「愛知県 I 市における民生委員に対しての高齢者虐待の調査から」『名古屋柳城短期大学研究紀要』第 30 号，63 ～ 71 頁，2008.

14) 鄭丞媛・井上祐介・斎藤民・村田千代栄・鈴木隆雄「認知症の徘徊により行方不明になった人の特徴と自治体の徘徊対策の現状——A 県の全市町村を対象にした調査から」『日本認知症ケア学会誌』第 17 巻第 2 号，457 ～ 463 頁，2018.

15) 菊池和則・伊集院睦雄・粟田圭一・鈴木隆雄「認知症の徘徊による行方不明者の実態調査」『老年精神医学雑誌』第 27 巻第 3 号，323 ～ 332 頁，2016.

16) 土岐弘美・朝倉理映・國方弘子・中村光夫「認知症の人の徘徊に対する地域住民の意識と発見時の対応の選択——A 市 B 地区の地域住民に対する簡易版アンケートより」『四国公衆衛生学会雑誌』第 19 巻第 2 号，109 ～ 113 頁，2017.

17) 松澤明美・田宮菜保子・山本秀樹・山崎健太郎・本澤巳代子・宮石智「法医剖検例からみた高齢者死亡の実態と背景要因——いわゆる孤独死対策のために」『厚生の指標』第 56 巻第 2 号，873 ～ 879 頁，2009.

18) 森田沙斗武・西克治・古川智之・一杉正仁「高齢者孤立死の現状と背景についての検討」『日本交通科学学会誌』第 15 巻第 3 号，38 ～ 43 頁，2015.

19) 地域包括支援センター運営マニュアル検討委員会編『地域包括支援センター運営マニュアル（2 訂）　さ

らなる地域包括ケアの推進と地域共生社会実現に向けて』一般財団法人長寿社会開発センター, 57頁, 2018.

20) 前掲2)

21) 松江市健康福祉部介護保険課『松江市地域における高齢者の見守りネットワークのてびき～地域でともに支えあい いきいき暮らせるまちづくり～』2015.

22) 斉藤雅茂『高齢者の社会的孤立と地域福祉——計量的アプローチによる測定・評価・予防策』明石書店, 65頁, 2018.

23) 竹本与志人・内藤絵里・場塩智恵子・宗好祐子・橋本智江・濱口須美・忠田正樹・堀部徹・香川幸次郎「認知症高齢者のケアマネジメントにおける介護支援専門員の社会保障制度の理解と活用状況——医療職と福祉職の比較を通して」『厚生の指標』第52巻第6号, 15～20頁, 2005.

24) 中尾竜二・杉山京・三上舞・佐藤ゆかり・桐野匡史・神部智司・竹本与志人「地域包括支援センターが受診援助を行っている認知症の疑いのある高齢者の援助依頼者とその遠近構造」『厚生の指標』第63巻第11号, 39～45頁, 2016.

25) Kahn RL, Antonucci TC, 'Convoys over the Life Course: Attachment, Roles, and Social Support', *Life-Span Development and Behavior*, Vol.3, 253-286, 1980.

26) 前掲24)

27) 前掲24)

28) 松江市消防本部『消防年報 平成30年度刊行』2018.

29) 松江市『松江市高齢者虐待の防止と早期発見の手引き』2019.

30) 前掲5), 比率の一部は筆者計算

31) 前掲7)

32) 前掲9)

33) 前掲10)

34) 前掲11)

35) 前掲9)

36) 前掲12)

37) 前掲13)

38) 松江市『高齢者虐待対応マニュアル』2018.

39) 桝田聖子・大井美紀・川井太加子・臼井キミカ・津村智恵子「A市における地域住民を主体とした地域見守りネットワーク活動の現状——地域別比較を通して」『甲南女子大学紀要 看護学・リハビリテーション学編』第3号, 111～120頁, 2009.

40) 前掲39)

41) 前掲4), 155頁

42) 前掲8)

43) 赤松公子・前神有里・佐佐木智絵・山内栄子・陶山啓子「愛媛県における在宅高齢者虐待に関する現状と課題」『高齢者虐待防止研究』第3巻第1号, 100～109頁, 2007.

44) 前掲12)

45) 前掲23)

46) 前掲24)

47) 前掲9)

48) 地域福祉・ボランティア情報ネットワーク「社会福祉協議会活動実態調査等報告書」2015.

49) 前掲3), 3頁

50) 前掲4), 33頁

51) 前掲3), 5頁

謝辞

　本調査に当たっては、ご多忙ななか、松江市健康部、松江市地域包括支援センター、松江市社会福祉協議会の皆さまに、多大なご協力をしていただきました。心よりお礼申し上げます。

第 **18** 章

見守りネットワークによる緊急時対応をした人とその構造

第 19 章

高齢者の緊急時への対応と
支援の促進・阻害要因分析

要旨

　緊急時対応に焦点を当てた単身高齢者等の見守りネットワーク促進・阻害要因分析を行うため、松江市地域包括支援センター職員に協力を得て、個別事例及びフォーカス・グループ・インタビューを実施した。調査で語られた内容は、次の4点に整理できた。(1)本人のペースで関わり続けることで、関係を構築していた。本人からサービスの利用の要望が表明されにくい場合には契約に結びつきにくいが、地域包括支援センターだからこそ継続的な関わりが可能となっていた。(2)本人の心身や生活の状態の変化に時機を逃さず対応することで、その後の支援が円滑に進められていた。他機関からの連携要請に適時に応じたことで、その後の見守り体制の整備、構築につながっていた。(3)本人の同意なしに見守り支援体制を構築することに難しさがあった。なかでも精神科領域は個人情報の取り扱いが慎重で、連携協働を図るうえで難しさがあった。(4)地域によって住民の見守りに対する意識差があった。

🔑 キーワード

　緊急時対応　単身高齢者　見守りネットワーク　促進要因　阻害要因

1 ｜ 本章の目的と意義

　地域の支え合いについては、日常（平常時）、緊急時、災害時の3種類に区分することができる[1]。見守りとは、住民やさまざまな関係機関等が、日常生活に支障がある虚弱な人や世帯に対し、その状況に配慮しつつ安否確認、対象把握を行うことであり、異変・変化を発見した時に専門機関等に相談・通報して対応や支援を行うことも、見守り

に含まれる[2) 3)]。日常の対応・支援がないところでは緊急時や災害時の対応・支援は困難である。急病・異変などを発見して緊急時対応を行う際には医療機関との連携は不可欠になる。急病などの緊急時に、迅速かつ的確に状況を判断し、医療機関につなぐことができるかは、日常の対応・支援がどのように行われてきたかが反映されやすいといえる。

　本研究では、緊急時対応に焦点を当てた単身高齢者等への見守りネットワーク促進・阻害要因分析を行う。本研究の目的は、緊急時だけでなく、日常（平時）に見守りネットワークを機能させ、促進させるための要因を明らかにすることである。見守りネットワークは、地域包括ケアシステムの核の1つとして注目されている。前述した目的に沿って見守りネットワークの促進・阻害要因を明らかにすることは、現在推進されている地域包括ケアシステム構築に寄与できる。この点が、本研究の意義といえる。

2 ｜ 本研究における用語の定義

1 「緊急時対応」

　本研究において、「緊急時対応」とは、「他の業務に優先して、予定になかった初動対応を当日中に行うこと」と定義した。

2 「緊急時対応を行った事例」

　本研究の対象者は、2015（平成27）年4月から2016（平成28）年8月までの間に、自宅またはその周辺で発生した傷病（交通事故は除く）により緊急時対応（前述の定義に基づく）を行い、当日中もしくは数日内に医療機関を受診した松江市内在住の50歳以上の単身者とした。

3 ｜ 研究の方法等

1 研究の方法

　地域における見守りネットワーク事業に2004（平成16）年から取り組んでいる島根県松江市[4)]において、単身高齢者等への緊急時対応経験のある地域包括支援センター職員を対象に、インタビュー調査（個別インタビュー及びフォーカス・グループ・インタビュー）を実施した。

2 調査対象者

　調査対象者は、松江市地域包括支援センター職員であった。個別インタビュー調査に

は、4人の職員の協力を得た。フォーカス・グループ・インタビューには、6人の職員の協力を得た。

③ 調査実施日及び実施場所

2016（平成28）年9月16日に、松江市社会福祉協議会会議室を借用して実施した。

④ 調査の内容

個別インタビューでは、本人の承諾が得られている緊急時対応を行った事例に関して、⑴該当事例の年齢、性別、要介護度、⑵該当事例の緊急時対応前から対応中、対応後までの経過、⑶該当事例への関わりの状況（地域包括支援センターに加え、病院や診療所、民生委員、福祉推進員（見守り活動を行う地域ボランティア）、地域住民、家族・親族などの関わりも含めて）、⑷該当事例への緊急時対応を行った際に留意したこと、⑸該当事例に緊急時対応が必要な状況となった要因として考えられること、⑹該当事例に緊急時対応が必要となる状況を回避するために必要だと考えること、を尋ねる質問項目を設定した。

フォーカス・グループ・インタビューにおける質問項目は、緊急時対応に関する質問と、見守りネットワークに関する質問で構成した。

⑤ 倫理的配慮

調査開始前に、調査の趣旨、調査協力の自由意思の保障、調査により得られた情報は研究以外に使用しないことなどを説明し、本人及び職員から書面により同意を得た。なお、本調査は、公立大学法人県立広島大学研究倫理委員会（三原キャンパス）の承認（第16MH019、研究代表者・越智あゆみ）を得たうえで実施した。

4 研究結果

① 個別インタビュー調査の結果

①事例1：本人の変化に合わせて介入した事例

事例1は、他地域で暮らす娘が心配し、地域包括支援センターへ依頼してきた単身男性の事例である。この事例の概要を、**表1**に示した。

この事例に関しては、次の2つの特徴的な点に注目して、調査協力者の語りも紹介しながら、緊急時対応に焦点を当てた見守りネットワークの促進・阻害要因について考察したい。

第一の注目点は、周囲の関わりに対する本人の受け入れである。本人が周囲からの関

表1　事例1の概要

概要	子どもや親族がいたが、過去の金銭トラブルなどで関わりを拒否。しかし、何かあれば娘に連絡が行くため娘も苦慮し、地域包括支援センターへ対応を求めてきた事例。
入院前の状況（本人、周囲の関わり）	・他地域で暮らす娘から、本人（娘からみた父親）は一人暮らしで、車の運転にふらつきがあり心配と、地域包括支援センターへ電話。 ・地域包括支援センターから「娘からの紹介」と電話するも、本人は「関わってもらう必要なし」との応答。 ・本人から地域包括支援センターの関わりに対する要望はなかったため、当分の間、電話での安否確認を継続（ほぼ1年間）。 ・その後、本人の心身機能が徐々に低下。それに伴い、地域包括支援センターに対して拒否的ではなくなり、受け入れが進んでくる。 ・近所の人との関係は比較的良好。自分でそれなりにしていた人なので、民生委員も、福祉推進員も把握していなかった。
発見から緊急時対応の経過	・ある日、行きつけの弁当屋が、弁当購入後の車の運転が心配と、警察へ110番通報。警察からの連絡に、娘は関わりを拒否。警察から地域包括支援センターへ連絡があるも、その時には地域包括支援センターも別件があり対応できず。民生委員が警察官とともに自宅へ連れて帰る。 ・当日午後、地域包括支援センター職員2人と民生委員で自宅を訪問。初めて自宅に入る。本人は横たわっていて動けず、立てない。車に乗せて病院に向かい、入院。退院後は、有料老人ホームへ入所。
考察	☆本人から受け入れてもらうには時間と労力が必要。 ☆本人の心身機能の変化やトラブル発生時に、タイミングを逃さずに介入できたことで、その後の支援に結びついた事例。

わりを受け入れていれば見守りの促進要因となるが、本人が拒否すれば阻害要因となる。見守っている関係者の存在を本人に受け入れてもらうには、時間と労力が必要である。

　事例1では、地域包括支援センター職員が電話での安否確認を継続していた当時の関わりについて、

　"お電話する度に、お食事のことだとか聞いたりはしているんですけど。「困ったことがあればお手伝いしますよ」と言うけど、「その時がきたらお願いします」ということで、なかなか接触できない"

と語られた。そして、娘からの最初の電話連絡から約1年間、電話での連絡を継続している。その後、本人から電話があり、初めての面会が実現する。

　"本人さんから、お電話があってですね。「お会いしに行きましょうか」と言ったら、「是非会いたい」ということで。この時に初めて、ちょっとご本人さんにお会いできた"

　自宅ではなく、本人の外出先となった。初めての面会時に、生活の困りごとが話されるが、

　"「ゴミ捨て、お掃除、洗濯で、実はちょっと困っていたんだ」というようなことを話されてたんで。……その時も、「いや、まだ今は大丈夫だ」と、「また連絡するよ」とい

うことで、そこでお話をして別れて"

のように対応している。

第二の注目点は、本人の受け入れを尊重した継続的な関わりを続けるなかで、本人の心身機能の変化やトラブル発生時に、タイミングを逃さずに介入していることである。事例1では、約1年間の関わりを継続したところで、弁当屋から警察への110番通報がある。この通報を契機に、初めて自宅に入った地域包括支援センター職員は、

"「大丈夫ですか」……「いや、ちょっとね、動けないんだ」……「病院に行きましょうか」みたいにご本人さんにお話ししたら「行く」と言って"

のように本人と関わり、医療機関につなぐことができている。

事例1を振り返って、地域包括支援センター職員は、

"自分の本音と言うか、生活のこともしゃべられないし、かと言って、おそらくこれで強引に入っていくと、おそらくなかなか、つなぎは切れてしまっていたんだろうなという、ちょっと心配もあって。細くつながっていくっていうのを長く続けてきた"

と語っている。本人の他者との関わり方の特徴に十分配慮しながら、「細いつながりを長く続ける」ことが、この事例における支援の促進要因となったといえる。

②事例2：比較的円滑に関係を構築できた事例

事例2は、配偶者の死亡後、意欲が低下し生活状況が悪化した単身男性の事例である。この事例の概要を、**表2**に示した。

この事例の特徴として、次の2点に注目できる。

表2　事例2の概要

概要	こだわりが強く、家族の意見もなかなか受け入れ難いところがあるが、配偶者にも長期にわたって関わってきた訪問看護のスタッフには信頼を寄せている事例。
入院前の状況（本人、周囲の関わり）	・配偶者死亡後、閉じこもり状態となり、転倒するたびに医療機関へつながっていた事例。 ・訪問介護の利用を数回で中断。その後は、訪問看護と地域包括支援センターの関わり。話好きであったことから、訪問看護の受け入れは良好。支援内容は、体調管理・安否確認に加え、傾聴を中心とした会話が60分。 ・民生委員、福祉推進員も訪問し、見守り体制を整備。 ・何かあれば、かかりつけ病院から連絡があり、それぞれが対応する。
発見から緊急時対応の経過	・転倒時、本人が訪問看護ステーションに連絡。訪問看護師の指示を受けて本人がタクシーを呼び、病院へ。 ・その後の体調急変時にも、本人がタクシーを呼び、病院へ。
考察	☆かかりつけ病院があったことで、特に医療面での見守り体制を比較的円滑につくることができている事例。 ☆本人のペースで、比較的受け入れが良好な人や機関が関わることで、関係構築を進められた事例。

1点目は、かかりつけ病院があったことで、特に医療面での見守り体制が比較的円滑につくることができていることである。医療面に関しては、定期的な通院を継続しているほか、体調急変時にも本人がタクシーを呼んで病院へ行くことができている。とりわけ、配偶者にも長期にわたって関わってきた訪問看護スタッフへの信頼は厚い。

　"訪問看護さんの貼り紙がありますので、何かの時にはご自分でそこに連絡をして。訪問看護師さんの指示で、ご自分で受診を進められたり……自分でタクシーを呼んで入院になっています"

　何かあればすぐに本人が訪問看護ステーションに電話をし、指示を受けて本人が行動できるというのは、医療面での見守り体制という点では理想的ともいえる。

　2点目は、本人のペースで、比較的受け入れが良好な人や機関が関わることで、関係構築を進められていることである。

　"他者を受け入れるっていうところに、ちょっと拒否感がありまして。途中でヘルパーの方の利用は中止に"

というエピソードがある一方で、前述のとおり訪問看護スタッフへの信頼は厚く、

　"大概何か困りごとがあると……信頼している訪看さんの方に連絡をされますので。その訪看さんから（地域包括支援センターに）連絡が入ります"

と、訪問看護ステーションを中心とした連携体制が構築されている。また、地域包括支援センター職員も、

　"入院の時は、大概その日のうちに、顔を見に行ってますね"

　"要支援の方は（訪問は）3か月に1回……間は電話で様子確認ということなんですけども。この方の場合は、ちょっと、訪問がいいかなと思って。月に1回は（訪問）するようにしてます"

と、直接会って話す機会を意識的に増やし、

　"お話、大好きですので"

という本人の他者との関わり方の特徴に十分配慮した関わりを継続している点は、事例1とも共通した支援の促進要因といえるだろう。

③事例3：本人のペースに合わせて少しずつ関係を構築した事例

　事例3は、長年、病気をすることもなく比較的元気だったため、かかりつけ医をもっていなかった単身女性の事例である。この事例の概要を、**表3**に示した。

　この事例の特徴として、次の2点に注目できる。

　1点目は、「自分にはそんな疾患がないから病院に行く必要はない」と考えている本人の自宅に、地域包括支援センター職員が訪問した際に、体が動かなくなる状態が度々起きていることである。地域包括支援センター職員が訪問した際に、起き上がれなく

表3 事例3の概要

概要	長年、病気をすることもなく比較的元気だったため、かかりつけ医をもっていなかった単身の女性の事例。
入院前の状況（本人、周囲の関わり）	・数十年間、医療機関への通院なし。一度、地域包括支援センターが関わり、高齢者健診として内科医院に通院したが、その時にも、内科的な異常はまったくなかった。 ・本人は猫を6〜7匹飼い、自分なりに生活を送っていたが、徐々に生活状態が悪化し、周囲の人々も心配し始めた。
発見から緊急時対応の経過	・6月に地域包括支援センター職員が定期的な自宅訪問をしていた時に、本人が起き上がり困難などの不調を訴えた。翌日、地域包括支援センター職員が付き添って内科医院を受診したが、異常なし。 ・数日後、再度、地域包括支援センター職員が自宅を訪問した際、倒れて起き上がれなくなっている本人を発見。意識ははっきりあり、意思疎通も可能だが、体だけが動かない状態。徐々に動きが回復し、立ち上がって歩けるように。そのまま、内科医院へ受診。 ・本人は、「体の動きが悪くなることがある」と言っている。 ・その後も、動けなくなって緊急対応を要することが度々ある。
考察	☆「自分にはそんな疾患がないから病院に行く必要はない」と考えている本人の自宅訪問時に、体が動かなくなる状態が度々起きた事例。 ☆地域包括支援センター以外に、関わる人や機関、サービスを増やし、見守り体制を構築したいが、本人のペースで進めざるをえないため、時間と労力を要した事例。

なっている本人を発見した時にも、冷静さを失わず、内科医院に報告相談をしながら、次のような対応をとっている。

　"トイレに行こうとされていたみたいで、トイレの付近で仰向けの状態で起き上がれなくなっているところを発見して。まったくちょっと身動きが取れなかったので、すぐにまた医院の方に報告相談をしたんですけども。……ご本人さんとやり取りをしているなかで、徐々に本人さんの動きが回復されてきて、起き上がれることもできて、立ち上がって、歩かれることもできる状態になって……"

　起き上がれなくなっている本人を発見するという状況下においても、病院に対する本人の気持ちに十分に配慮した対応をとったことが語られた。

　"救急搬送はしなかったんですけども。元々ずっと病院に通っていないっていうこともあったし。……「自分はそんな疾患がないから病院に行く必要はない」って……気持ちとしてはあったので。その病院自体の受け入れっていうのもどうなのかなっていうとこだったので。救急搬送のときには、「このまま救急車呼んでもいいですか」って本人の気持ちを結構確認をしていました"

　2点目は、地域包括支援センター以外に、関わる人や機関、サービスを増やし、見守り体制を構築したいが、本人のペースで進めざるをえないため、時間と労力を要していることである。1点目に挙げた、本人の気持ちに配慮した関わりを継続してきた結果、

　"やっぱり体調にも波があったりして、本人さんも少し不安な気持ちになってきてい

るところもあって。いろんな人に来てもらえれば、自分が何か、もし倒れた時に助け出してもらえるっていう思いをもっておられる"

というところにまで、本人の気持ちが変化してきていることが語られた。本人の特徴に十分配慮した関わりを継続している点は、事例1や事例2とも共通した支援の促進要因といえるだろう。

④事例4：他領域との連携に困難が生じた事例

　事例4は、精神疾患があり近所への迷惑行為があるため、公営住宅の管理団体から紹介のあった単身男性の事例である。この事例の概要を、**表4**に示した。

　この事例の特徴として、次の2点に注目できる。

　1点目は、情報が精神保健福祉の関係者・関係機関で完結し、地域包括支援センター等との連携がなかったことである。この事例では、公営住宅の管理者からの連絡を受けて、地域包括支援センターが初回訪問を行っている。その当時の様子は、

　"民生委員さんはおられるんですけども、近所との関係性を考えて、意図的に面談はしていないということで、民生委員さんは、近所の方からの相談があれば、包括だったり、交番につなげてくださるというところの関わりです。交番については、迷惑行為などがあると、近所の方が通報される場合もあるので、そのときに駆けつけるという状

表4　事例4の概要

概要	精神疾患があり近所への迷惑行為があるため、公営住宅の管理団体から紹介のあった単身男性の事例。
入院前の状況（本人、周囲の関わり）	・迷惑行為があった場合、近隣住民は民生委員に連絡する。民生委員からの報告という形で、地域包括支援センターに連絡が入っていた。 ・公営住宅の管理者からの連絡を受けて、地域包括支援センターが初回訪問を実施。金銭面での支援制度を活用しながら、関わりを継続。 ・精神疾患についてはかかりつけ医があり、定期受診等していた。
発見から緊急時対応の経過	・宅配弁当を利用するようになった。弁当の配達業者から、「お弁当を配達したんだけども応答がない」と、地域包括支援センターに連絡あり。 ・地域包括支援センター職員が自宅を訪問したところ、玄関の奥から返答はあるが、鍵を締めていたため扉を開けることができず。その場で公営住宅の管理団体に連絡をとり、解錠してもらった。 ・玄関先で、身動きができない状態で倒れていた。頭部を打ち、本人もいつから倒れていたのか分からない状態。地域包括支援センター職員が救急車を呼び、救急搬送。 ・弁当の宅配がなければ、倒れていても発見できなかった可能性あり。
考察	☆情報が精神保健福祉の関係者・関係機関で完結し、地域包括支援センター等との連携がなかった事例。 ☆地域包括支援センターとしては、精神疾患の人への関わり方が専門外でわからず、不安が強くなる。それでも試行錯誤しながら関わった。 ☆精神科領域の専門職、専門機関との連携の図り方に難しさを感じた事例。⇒精神障害の人にも対応した見守りネットワーク、地域包括ケアシステム構築の必要性。

況"

と語られ、精神科に定期的な通院をして服薬をしているということ以外の情報は得られていなかった。

　2点目は、地域包括支援センター職員は、精神疾患の人への関わり方が専門外でわからず、不安が強くなっていたことである。それでも、

　"ご自分の意思がしっかりしておられるっていう部分と、精神的な障害によって、なかなか本人さんの判断能力だったりとか、意思決定をどういうふうにとらえて支援していったらいいかってところは、よくこちらも迷うところがあります"

と語られているように、試行錯誤しながら関わりを続けてきた。そして、

　"今、まったくサービスが入っておられないので、時々民生委員さんであったり、あるいは【公営住宅の管理団体】の方であったりという関係者で支援者会議をもたせていただいていまして。そのときに、情報交換であったりとか、今の本人さんの様子っていうところでの確認をさせてもらっています"（注：【　】は固有名詞のため、筆者が置き換えた）

　"支援者会議の時とかも、複数で。訪問の時とかもなるべく複数で対応するように"

　"今年度、地域ケア会議をさせてもらいました"

と、精神科領域の専門職、専門機関との連携の図り方に難しさを感じながらも、地域包括支援センター職員の立場でできることを積み重ねてきている。

　この事例は、精神障害の人にも対応した見守りネットワーク、地域包括ケアシステム構築の必要性について多くの示唆が得られる事例といえる。

２ フォーカス・グループ・インタビュー調査の結果

　フォーカス・グループ・インタビューでは、緊急時対応と見守りネットワークに関して、地域包括支援センター職員としての実際の経験が語られた。そこで語られた内容について、特徴的な内容を紹介したい。

①日頃からのつながりづくりが緊急時対応に活かされる

　1点目は、緊急時対応には、日頃からのつながりをどれくらいつくってきているかが反映されることである。退院して地域に戻ってきた事例では、

　"お弁当の配達屋さんや新聞の業者さんにも、「こういう状況の人ですので、何かがあったら、包括に連絡をください」というふうにお願い……警察にも連絡をして。「もしものときには、開けて入ってもらいますよ」ということを、本人さんにも了解をさせてもらって……病院はいつ何かがあったら、「いつでも救急車で入りますけんね」っていうこともお願いをして"

見守りを半年間継続していた。この事例では、県外に住む子どもから、

　"こうやって最期見ていただけた……1人で孤独死をさせなかったっていうのは、すごい自分たちにとってはよかった"

と感謝されたことが紹介された。

　また、公営住宅の鍵を管理する公営住宅管理団体とは、特に公営住宅が多い地域で互いに協力してきており、緊急時の対応を一緒に行うことが多くあることが語られた。単身の女性が公営住宅の自宅内で動けなくなった事例では、本人が

　"鍵を締めているんだけど、動けなくて、救急車も呼べない。呼べないっていうか、呼んでも開けれないし、鍵を開けに来てくれんだろうか"

と、弱々しい、やっと聞けるような感じの声で公営住宅管理団体に電話があった。その担当者から、「どうしたらいいだろうか」と地域包括支援センターに相談があったので、

　"その方のことなら、ケアマネさんとか訪問看護が医療で入っているので、まずそこに連絡をとってみて"

と対応した。そのうえで、介護支援専門員と訪問看護に連絡をとったが、すぐには駆けつけられない状況だったため、緊急性があると判断し、公営住宅管理団体に連絡。本人のかかりつけの病院に搬送してもらい、その間に、地域包括支援センターも含めた関係者が病院に集合するように調整をとった。この事例が紹介されると、他のグループインタビュー参加者からも、特に公営住宅がある地域では同様の事例が複数あるとの意見が出された。

②緊急時対応の判断の難しさ

　2点目は、緊急時対応の判断の難しさである。

　"救急車を呼ぶか呼ばないかでも、ほっとけない、受診が必要という場合も。ここのちょっと手前ぐらいの。これでも緊急時対応ですもんね……その判断も非常に難しいところがあって……そこがちょっと、一番苦しい"

と、緊急時の判断に苦慮する心情が語られた。この判断に関しては、

　"私たちのご新規……と、もう起こりうるだろうっていう、この2つちょっと分けんといけんと思う"

と、普段から関わっている人であるか否かで異なるとの意見が出された。普段から関わっている人であれば、

　"綿密に準備を重ねて、あといつ起こっても大丈夫っていう、やっぱりすごく準備をしていると。そこは上手く……何かん時があっても、みんなが分かっている"

のだが、初めての人の場合は情報もないなかで判断が求められる。

　"知らない人なんですけどね。息子さんが電話をしてこられて、「あの、昨日から全然

動けなくなったんです。食事も摂らないんです。どうしたらいいでしょう」っていうの
を、包括に電話をされるんですよね。「いや、そう言われても。昨日までどうでした？」
みたいな感じで"
と、家族自身で救急車を呼ぶなどの判断ができない状況がみられることが紹介される
と、他の参加者も同様の経験をしていることが共有された。
　また、救急車を呼ぶべきか、こちらで搬送すべきかなどの判断も迷うことが語られ
た。地域包括支援センター内での協力体制として、緊急時には必ず２人で出向くことに
していたり、担当者が不在でも対応できるように普段から情報共有をしたりしているこ
とも語られた。

③医療機関との普段からの付き合いの重要性と、受診拒否事例の難しさ

　３点目は、医療機関との普段からの付き合いの重要性である。
　"医療機関との、普段からのおつきあいがやっぱり大事……困ったときに……相談が
できる……関係づくりがすごく大事だなと思って。やっぱり判断がつきにくいので。往
診を快くしてくださったりとか、「こんな患者さんなんだけど」って相談がかけれる搬
送先の病院っていうのは、心強い"
と、判断が難しい時に相談できる存在の心強さが共有された。その関係を維持するため
に、
　"多少向こうの言うこともききながら、こっちも頼みやすい状況をつくっておく"
　"あちらが困られたときにも、すぐに手を貸して……それはもう、みんなたぶんすご
い努力をしてる"
と、普段から努力を重ねていることが語られた。
　一方、医療機関につなごうとしても、かかりつけ医のいない人の場合には、
　"初診、受けてもらえんって言うか、「自分のところはカルテがないけんダメだ」と
か、そんなこと言われるとちょっと大変"
と、支援に苦労することが語られた。
　また、事例によっては、
　"病院を勧めても、本人さんが拒否されるってことがあって"
と、受診を拒否される場合があることが語られた。その背景には、
　"やっぱり病院に行けば入院させられるって頭があって"
　"入院を契機に次は施設だみたいな。自宅は無理だから次は施設だみたいな流れにな
るんじゃないかという不安ですかね……ここを一歩出たらもう帰れないって"
という本人の心情があることを理解したうえで、
　"何回も訪問して、なんとかその本人に了解をもらってというのを今やってます"

と、本人の心情に寄り添いながら支援していることが語られた。

④地域内での情報共有の大切さ

　4点目は、地域内での情報共有の大切さである。

"「ここにこの人がいるんだよ」っていうことを、まず周りの人に、その存在を知ってもらわんと"

と、本人の存在を知ってもらうことから大切にして取り組んでいることが語られた。その際、

"「お願いします」だけじゃ、何見ちょっていいか分からんので。何を見とくかっていうのを、頼んで"

と、何を依頼したいかを明確にするように工夫しているとのことだった。このような周囲への協力を依頼する際に重要になるのが、本人の了解である。

"本人さんが「周りの人に伝えてもいいよ」って言ってくださったのが、まず大きかったと思う……言われた側は、「この人の緊急事態ってどんなとき」っていうのは、もう、想定をされるんですよね。じゃあ、自分ができることって言ったら、台所に電気が点かんだったらとか、鍵が開かんかったらとか、前を通って新聞が溜まっちょったらとか、いろんなことを住民さんなりに考えてもらってたので。「分かってる」ことっていうのは、これほど皆さんが動くんだなって"

と、本人の了解が得られた場合には、地域内での見守りが促進されることが共有された。

　一方、本人の了解が得られない場合にも、工夫しながら見守りに取り組むことが語られた。ある事例では、

"包括が訪問してても、なかなか入らせてもらえんような家庭だったけど、その状況は遠巻きでも分かってた……魚屋さんからいろんな情報はもらって……ご本人とはつながれんでも、周りの人とつながって情報を入れてもらいながら見守っていくと。それでなんかがあったときにはすぐ入れるようにする"

"「毎日きなって、うちが商売になりませんわ」って言われたのが一番の発端……なかなか本人との接触ができない……じゃあ唯一魚屋さんに行かれるけん、魚屋さんから情報をいただいて、変わったことがあったらっていうことは日頃からしてますね"

と、地域のあらゆる社会資源に目を向けて見守りを継続していることが紹介された。

　このような継続的な見守りに関しては、

"やはり継続して関わっていくことがとても大事……福祉推進員さんが、委嘱交付式とかあるときには必ず行かせてもらって……何かを打ち上げてそれで終わりではなくて、それがつながるように継続していくところが、本当、それをしていくとやっぱり地

域の力ってすごく育ってこられるし。地域ケア会議で……1人の人を支え合えれると、また2回目3回目が生まれてくる……それが地域の方の自信になって、「次いこうか」って気持ちになってくださるように、私たちも支援していかんと"

と、地域づくりにもつながることが共有された。

　見守りの方法については、実態に応じて幅広く検討し、工夫していく必要性も語られた。

　"本来、人による見守りが大事なんだけども。これからの時代……オートロックのお宅がとても増えているので……安否確認とかに困っとって。……いろいろ潰しとくけど、新聞とってる、ヤクルトとってるとか、お弁当はダメとか、いろいろ潰して、「ああ、なんにもない。この人どうしよう」っていう時が"

あることが語られた。ある事例では、

　"日曜日には【商店】に卵を買いに行かれる人がいるので、それはもう【商店】に毎週電話……何もない人が本当に困る。生きておられるかどうか、どうだろうって……「IT」……最新の情報はキャッチせんといけん"（注：【　】は固有名詞のため、筆者が置き換えた）

と、見守りに活用可能な新しいIT技術も活用できるように勉強中とのことだった。

⑤定期的な取り組みの継続による関係づくりの重要性

　5点目は、定期的な取り組みの継続による関係づくりである。地域包括支援センター、介護支援専門員、民生委員の合同研修会を、年1回開催していることが紹介された。グループワークのなかで、気になるケースについて話し合い、次につなげるようにしているとのことだった。また、交番とも、年に1回は連絡会を開催していることが語られた。その他にも、

　"民生委員さんと、福祉推進員さんが、年に1回見守りマップを作成……地区社協が主催で……65以上の一人暮らしの高齢者と……85歳以上の高齢者世帯を対象に、地図に落として。気になる方、例えば引きこもりだったり……も対象にして……包括と公民館と、保健師さんと、それと地区担さんも参加"

という地域があることが紹介された。また、

　"小さな単組^{注1}で情報交換会を毎年……消防団や自治会長さんや、もちろん民生委員さん、推進員さん、それから老人会長さん……とにかくその地域で、みんなを見守れる体制……気になる人をちゃんとそこで情報の共有……それも高齢者に限らないので。「勤め出したけん、帰りが遅くなる」とか、「最近畑に出ならん」とか……ちょっとしたことが、そこの情報の共有のところに出る……包括と、保健師さん……社協の地区の担当が行って"

"見守りネットワークの地図落としの方、同じかたちで、民生委員さんと福祉推進員
さんとしてて。どういう方がおられるかっていうパートのところと、支援者の方の、
「ご近所のこの方が支援しますよ」っていうのも、地図落としで毎年やっておられて。
それを継続して"
いる地域が紹介された。この取り組みの中心は、地区社会福祉協議会とのことだった。
　　ただし、このような取り組みがすべての地域で行われているのではなく、
　　"それ以外になると、差があります。同じことを……私のとこの地区でやろうかと
思っても、全然それはできない"
と、地域差があることが語られた。
　　また、地域で重要な役割を果たしている民生委員や福祉推進員についても、
　　"民生委員さんとか福祉推進員さんは……その活動にも限界がある……高齢者だけ
じゃない、いろんなご相談が、生活困窮のことであったり、われわれよりももっと大変
な相談を抱えておられる方もいる、疲れておられるということもあり。やっぱり、もっ
とさらに自治会含めて、民生委員、福祉推進員じゃない、町内の方とかいろんな方と連
携をとって、やっぱり「みんなでやっていけんといけんよ」っていう流れは、これから
さらにつくらないといけないという……機運は出てきてまして"
と、これからの地域づくりに向けた課題も語られた。

❸ 本調査研究結果にもとづく考察
①個別事例及びフォーカス・グループ・インタビューで語られた内容から
　　個別事例及びフォーカス・グループ・インタビューで語られた内容の要点を、高齢者
の緊急時への対応と支援の促進・阻害要因という観点からまとめると、次の4点に集約
できる。
　　1点目は、本人のペースで関わり続けることで、関係を構築していることである。そ
のために必要となる時間と労力を十分にかけて関わりを継続していることが語られた。
本人と関係が構築できていない状況は支援の阻害要因となる一方で、本人との関係が構
築できてくるとそれが支援の促進要因となる。特に、本人から利用の要望が表明されな
い場合には契約に結びつきにくく、契約を原則とする介護サービスの利用につなげにく
いが、地域包括支援センターだからこそ継続的な関わりに基づく関係の構築が可能と
なっていた。
　　2点目は、関係構築を進めながら、本人の心身や生活の状態の変化にタイミングよく
介入していることである。本人からの訴えや要望があった時に、時機を逃さず対応する
ことで、その後の支援が円滑に進められていた。また、緊急入院や警察などから連携要
請があった際に、適時に適切に応じたことで、その後の見守り体制の整備、構築につな

がっていた。本人が特に困っていない状況では支援につながりにくくても、状況が変化した時にタイミングよく関わることで、必要な支援につなげることができる。

3点目は、本人の同意なしに見守り支援体制を構築することの難しさである。本人の同意が得られないことは、支援の最大の阻害要因となっていた。本人のペースで関わりを継続し、状況が変化した時にタイミングよく関わった場合に、本人の同意が得られた事例も語られた。誰が、どこが関わるにしても、本人の同意がなければ積極的な関わりを進めることはできない。なかでも精神科領域は、高齢者領域以上に個人情報の取り扱いが慎重で、連携協働を図るうえで難しさがあることも明らかとなった。

4点目は、本人が居住する地域の住民特性の影響である。地域によって住民の見守りに対する意識差（比較的寛容な地域と、そうではない地域）がある。住民の意識が、支援の阻害要因にも促進要因にもなる。松江市では、公民館を中心とした住民による社会教育活動の盛んな地域は、見守りネットワークの構築が進んでいるが、新たに開発された団地や比較的新しいマンション等が立ち並ぶエリアでは、"我が事"の意識が低い状況がある。

②まとめと考察

本調査研究の結果から、緊急時だけでなく、日常的（平時）に見守りネットワークを機能させ、促進させることが重要であることが確認できた。見守りネットワーク構築において阻害要因として最も大きなものが個人情報の取り扱いに関する本人の同意である。要介護者等ではない単身高齢者については、その存在の把握自体が本人の同意に基づくものでなければ困難である。家族・親族、あるいは周囲の人たちからの情報提供や依頼があっても、本人の同意が得られなければ支援を開始することが難しい。また、専門職側の判断として介入が必要と判断されても、本人が援助や支援を求めて来なければ介入することは難しい。介入や支援に対する本人の同意を得るためには、日常的な関わりを丁寧に時間をかけ継続的に行うこと、そしてそこには専門的な知識や技術が必要となる。そのうえで、適切な介入や関わりが行われていることを確認したり、担当者が困難事例を1人で抱え込まないようにするためには、組織的に取り組む仕組みの整備やスーパービジョンの実施体制の確保が不可欠である。本調査研究で協力を得た松江市地域包括支援センターは、当該事業の受託法人（社会福祉協議会）の特性、強みを活かした取り組みを行うことで、これらのことを可能としていた。地域の見守りネットワーク、さらには地域包括ケアを構築するうえで要ともいえる地域包括支援センターの事業を社会福祉協議会が一手に引き受けていることの意義は大きい。例えば、他の自治体では、異なる法人がそれぞれ受託することで事業の実績や取り組み方にバラつきが生じている。

なお、本調査結果の分析と考察においては、精神科領域のケアマネジメントに関する先行研究の知見が参考になった。今後、精神障害の人にも対応できる地域包括ケアシステムの構築が求められていることから、理論的にも実践的に相互乗り入れしながら取り組むことが求められる。

注

注1　地域にあるさまざまな組織のことを意味する。

文献

1) 山口麻衣・森川美絵・山井理恵「災害時，緊急時，日常における地域の支えあいの可能性と課題——大都市の団地居住高齢者の支えあい意識の分析」『日本の地域福祉』第 26 巻，53 ～ 63 頁，2013.

2) 小林良二「見守りネットワーク」藤村正之編『シリーズ福祉社会学 3　協働性の福祉社会学——個人化社会の連帯』159 ～ 181 頁，2013.

3) 神崎由紀「地域で暮らす高齢者の見守りの概念分析」『日本看護科学会誌』第 33 巻第 1 号，34 ～ 41 頁，2013.

4) 上野谷加代子・斉藤弥生・松端克文『「対話と学び合い」の地域福祉のすすめ——松江市のコミュニティソーシャルワーク実践』中央法規出版，2014.

謝辞

　本調査に当たっては、ご多忙な中、松江市健康部、松江市地域包括支援センター、松江市社会福祉協議会の皆様に、多大なご協力をいただきました。心よりお礼申し上げます。

第20章

地域がんサロンにおけるがん患者同士の見守りに関する研究

要旨

　日本ではがんに罹患する人は増加しており、がん患者と家族が地域社会のなかでどのように自立した生活をすごすかが課題となっており、また、それを支えるための、地域での支援体制の構築は急務である。本章では、がんになっても安心して地域で暮らせる環境づくりに資する基礎的研究として、地域でがん患者が集まるがんサロンの実態を明らかにし、がん患者同士の見守りの可能性について分析する。はじめに一般的ながんサロンの概観を説明し、島根県と奈良県の地域にあるがんサロンの実態を明らかにし、その結果から、島根県の地域がんサロンの見守りと緊急時対応の事例を考察し、がん患者同士の見守りに重要な要素 6 点を挙げた。また、両県で地域がんサロンに保健所が関わる利点を 5 点にまとめ、さらに、がん患者が地域包括ケアシステムに円滑に接続するための地域がんサロンと保健師の役割について知見を得た。

🔑 **キーワード**

　　地域がんサロン　　がん患者同士　　地域包括ケア　　見守り　　保健師

1 ｜ 研究の背景

　日本では、生涯においてがんに罹患する確率は、およそ 2 人に 1 人（男性 63%、女性 47%）といわれ、今後、高齢化に伴い増加すると推測されている。1 年間で新たにがんに罹る人は約 87 万人以上と推計され、1981（昭和 56）年から現在まで死因の第 1 位[1] を占めている。がんによる国民医療費の割合も高く、1995（平成 7）年には傷病分類（ICD-10）のなかでトップの 1 兆 8637 億円となり、2014（平成 26）年には 3 兆

4488億円[2)] になった。すなわち、がんは国民の生命や健康とともに、社会保障費においても重大な課題になっている。

　一方、がん医療等の進歩から生存率は上がり、地域がん登録における5年相対生存率は、1997（平成9）〜1999（平成11）年診断例では54％であった[3)] が、2006（平成18）〜2008（平成20）年には62.1％[4)] と上昇している。また、平均在院日数は2014（平成26）年には19.9日[5)] までに短縮しており、2005（平成17）年を境に入院より外来通院による治療者が増え[6)]、地域で生活するがん患者や体験者が増加していることがわかる。従来、治療期間中は入院により、同病者や医療関係者等と長期にわたり関わることができたが、今では地域社会でつながる時間が多くなった。このことは家族、職場・学校、近隣住民等の多くの人々ががん患者と関わることにつながった。そのなかで、がん患者は自らのライフステージに合わせ地域でどのように自立していくのか、また、それを支えるための地域での包括的な支援が重要になっている。

　がん患者は在宅へ移行するタイミングが難しい場合も多く、また急変することも多いため、退院支援を含めた地域包括ケアシステムを考えることと同時に、地域におけるがん患者同士の支え合いを可能にするシステムを構築し、それを社会資源として活用する方法を考える必要性がある。

　2017（平成29）年10月に発表された「がん対策推進基本計画（第3期）」において、がん拠点病院等の整備とともに、在宅療養支援診療所・病院や緩和ケア病棟等と協働するがん医療体制が整いつつあるが、一方、がん患者の地域包括支援センターの利用率の低さや、同センターと医療機関との連携が進展していない等の課題が挙げられた。現在、相互の連携を図りつつ国と地方公共団体、がん患者を含めた国・住民等の関係者が一体となったがん対策の推進が大切といわれているものの、その実践例はまだ多くはない。今後、この課題に対し都道府県市町村は具体的な仕組みづくりを講じることになるであろう。

　そこで、本研究では、がん医療機関と地域包括ケアシステム等との中間にある保健所と関わり、活動している地域にあるがんサロン（以下、地域がんサロンと略）から国・住民等の関係者による地域でのがん患者の見守りについて考える。地域がんサロンを調査対象とする理由は、地域でがん患者が集う場であることと、参加者は地域包括ケアシステムにつながりづらいこと等がある。

　先行研究であるが、病院内にあるがんサロンについては、医療関係者からの報告は多くある。しかし、地域で暮らすがん患者が集まる地域がんサロンの実態についての調査はあまりなく、これからの研究である。また、見守りについても、児童や高齢者、障害者の見守りについては研究が進んでいるものの、がん患者同士の地域での見守りについての研究も管見の限り見当たらない。

2 | 研究目的

　がんになっても安心して地域で暮らせる環境づくりに資する基礎的研究として、地域においてがん患者が集う地域がんサロンの実態を明らかにし、参加者同士の見守りの可能性について考察することを本研究の目的とする。また、地域で暮らすがん患者が地域包括ケアシステムへ円滑に接続するための地域がんサロンと保健所・保健師の役割について知見を得ることを本研究の目的とする。

3 | がんサロンの定義と概要

　「がんサロン」とは、先行文献[7][8]から「がん患者とその家族などが集まり交流や情報交換する場」である。地域ごとの実情にあわせた取り組みを行っており、その呼称もさまざまである。奈良県では「がん患者サロン」の用語が使用されているが、本章ではがんサロンとする。

　がんサロンの概観であるが、運営形態には、拠点病院を中心に病院内に開設されている「院内がんサロン」と、病院外の地域にある「地域がんサロン」がある[9]。院内がんサロンの開設場所には、都道府県がん診療連携拠点病院、地域がん診療連携拠点病院、地域がん診療病院、診療所等がある。院内に専用室がある病院もあるが、多くは多目的室や会議室で実施されている。一方、地域がんサロンの開設場所は、保健所等公的施設の多目的室や会議室を利用していることが多いが、自宅で開催されているところもある。

　活動内容は、交流や語り合い、情報交換、講演会や学習会、イベント、がん予防・検診普及啓発活動、医療職や行政との連携等である。企画運営者は、がん患者、保健師、看護師、ソーシャルワーカー、市町村職員等である[10]。

　がんサロンの活動や運営等は地域の特性にあわせ多様に実施されているが、その実態やがん患者同士が話す話題からの課題分析、効果や評価に関する研究はこれからの段階である。

4 | 研究方法

　2018（平成30）年9月から2019（令和元）年6月の期間中に、島根県内の各がんサロン開催時間（情報交換・交流会など）に参与観察を17回実施し、そのなかで地域がんサロンのみを本調査の対象とした。なお、今回は奈良県では地域がんサロン参与観察調査は実施できなかった。

研究対象者は、島根県と奈良県の地域がんサロンの企画運営に携わるがん患者5人、県保健師7人、市町村保健師2人、県行政職員5人であった。地域がんサロン企画運営に携わる者には参与観察前後に研究責任者自らが半構造化面接によるインタビュー調査を行った。県・市町村がん対策関係者等にも同様に行い、それらの記録を研究データとした。データの分析は、質的記述的研究法を用いた。島根県と奈良県を選定した理由は、県内に複数の地域がんサロンがあり、8年以上の継続運営をしており、また保健所で開設し保健師が関わっている実績があるからである。

5 ｜ 倫理的配慮

　聞き取り調査対象であるがん患者に対し、研究主旨について、別に定めた説明書に基づいて説明した。本調査への参加については、自由意志による同意を文章で得た。保健師、県行政職等には、研究主旨について別に定めた同意書、もしくは口頭による理解を得た。また、参加者が個人情報保護の観点から、対象者が特定されないよう連結不可能匿名化した。本研究は、武庫川女子大学「人を対象とする研究に関する倫理審査委員会」の承認を得て実施した。

6 ｜ 結果

1 地域においてがん患者が集う地域がんサロンの実態

島根県の地域がんサロン活動の実態

> 　人口は約70万人、がん死亡者数は約2500人、緩和ケア病棟で死亡したがん患者割合は約13.7%、自宅死亡割合（全死因）10.1%、がん患者の自宅死亡割合は6.8%である。
> 出典：厚生労働省「人口動態統計」、日本ホスピス・緩和ケア研究振興財団『ホスピス緩和ケア白書2017』105頁

　調査期間中に開催されている島根県内の地域がんサロンで、かつ保健所・保健師が関わっているのは4か所あった。その4か所で企画運営に携わるがん患者の世話役（以下、世話役という）は6人（女性4人、男性2人）であった。調査時には世話役はすべてがん患者であった。その病状であるが、治療中、定期受診中、治療はしていない等、さまざまな段階であった。

　島根県には7医療圏があり、そのなかに複数のがんサロンが開設している[注1]。

　がんサロンは、『島根のがんサポートブック』によると県内には25か所ある。筆者の現地調査によると、院内がんサロンは15か所（拠点病院内5か所、他病院10か所）あ

り、地域がんサロンは7か所、情報提供や電話対応だけは2か所あった。現在休設中が1か所、活動しているが現在がん患者が参加していない所が1か所あった。また、新たな活動を行っているがんサロンやがんサロンの呼称は用いず、がん患者の交流や勉強会を実施している地域のがん患者グループもあり、島根県では地域でがん患者の同病者支援の活動が広がっていた。

　島根県のがんサロンのはじまりは、2005（平成17）年12月島根県西部の益田医療圏域の福祉センターの「がん患者交流サロン（現ほっとサロン益田）」である。がん患者が闘病に対する苦しさや不安を自由に話せる地域での交流の場がほしいという考えにより開設された[14]。2006（平成18）年1月には松江市民病院内に「くつろぎサロン」が開設、同年4月には出雲市内の個人事務所に県内初の常設の地域がんサロン「がん情報サロンちょっと寄ってみませんか」、同年7月に島根大学医学部附属病院内サロン「ほっとサロン」が開設された[15]。2006（平成18）年9月の島根県がん対策推進条例が可決するまでに、9か所のがんサロンが設立した。条例制定後も県全域にがんサロン開設の動きが広がっていった。

　このように島根県では、時代の変化に合わせながら、患者と家族等が主体となった自主運営の形態を維持し、常に25か所ほどの院内・地域がんサロンが運営されてきたという特徴がある。

　保健所もしくは保健師が関わっている地域がんサロンは4か所あり、雲南市「雲南サロン陽だまり」月2回開催、邑南町「おおなん元気サロン」月1回開催、吉賀町「吉賀町「ゆめサロン」」月1回開催、西ノ島町「西ノ島町がんサロンすまいる」随時がある。島根県では拠点病院は県東部にあり、地域がんサロンのある雲南・太田・隠岐・益田医療圏域（特に南部）のがん患者は隣接する医療圏の拠点病院や他県のがん連携拠点病院へ通院する患者も多く、患者の大きな負担になっているとともに、がん情報や生活圏内の療養生活相談につながりづらい状況になっていると考えられる。

　立ち上げは、患者が保健所等に地域におけるがん患者の交流を要望し、保健師が関わり、設立することが多かった。なかには、がん患者が副作用（脱毛）のために帽子屋を訪れ、帽子屋が地域でがん患者が交流する場の必要性を保健所に訴えて設立した地域もある。

　サロンの活動は交流会、勉強会や研修会、行事等がある。対象者はがん患者と家族、遺族等制限はない。事前申込制ではなく当日自由参加である。参加者のがんの病状は治療中や中断・終了後、寛解期、在宅療養中等である。参加者の参加頻度は、継続的に参加する人が多い。参加者には、自らの病状にあわせ地域がんサロンと拠点病院の院内がんサロンと複数に参加している人もいた。地域がんサロンでは参加者の帰属意識が高く、地域での同病者同士の情報交換や交流の場であると同時にがん啓発活動の場として

も、地域内で活動が根づいていた。

　開催について、場所は保健所や保健センター内の多目的室、会議室、健康増進センターや図書館の多目的室等であった。開催時間は約2時間〜5時間程度で、平日や土曜日に開催している。交流会では、一定のルールがあり、患者が活動を進めている。話される話題は、がんの進行・再発、治療への不安、人間関係、心理面、日常生活、将来の生活、同病者との出会い、同病者への配慮等があった。会話では同病者同士ならではの情緒的な共感がみられた。

　交流会やイベント等の進行役は参加者のなかの世話役が行っている。本調査において、世話役はがんサロン運営の中心的な役割を担い参加者の意見をまとめるリーダー的な存在であり、運営企画、行政職との交渉等をも行っていた。世話役には、ピアサポーター研修修了者や何らかの研修を受講している人も多く、参加者をはじめ保健・医療等の行政職からの人望も厚かった。

　保健所の保健師等は参加者の輪に入っているが、参加者同士の語らいが中心になるように傾聴に努めていた。必要時には情報提供や他機関を紹介、個別支援等を行い、制度の切れ目をつなぐ役割を担っていた。ほかにも保健師は、当日の会場設営、チラシ作成等の広報活動等、後方から参加者を支える役割も担っていた。調査中、地域がんサロンにがん相談員の参加はなかった。

奈良県の地域がんサロン活動の実態

　人口約138万人、がん死亡者数は約4000人、緩和ケア病棟で死亡したがん患者割合は約10%、自宅死亡割合（全死因）16.5%のうちがん患者の自宅死亡割合は14.2%である。奈良県はがんの自宅死亡割合が高く、全国で3位である（1位は東京都14.5%、2位は兵庫県14.3%、3位は奈良県・宮城県14.2%である）。
　出典：厚生労働省「人口動態統計」、日本ホスピス・緩和ケア研究振興財団『ホスピス緩和ケア白書2017』105頁

　『奈良県がん患者さんのための療養ガイド第3版』によると、奈良県は5医療圏[注2]のなかにサロンがある。がんサロンは13か所あり、院内がんサロンは10か所（拠点病院等9か所、他病院1か所）ある。地域がんサロンは3か所あり、そのすべてが県保健所内で、ピアサポーターの協力を得て開催されていた。県で研修を修了したサポーターの活動の場として地域がんサロンをとらえていることは、奈良県の特徴である。

　奈良県でのがんサロンのはじまりは、2009（平成21）年3月、県内唯一の緩和ケア病棟のある国保中央病院にて、がん患者の願いにこたえるかたちで院内がんサロンが開設された[16]。同年4月には奈良県立奈良病院（現奈良県総合医療センター）[17]、2010

（平成 22）年には奈良県立医科大学附属病院内に開設された[18]。この頃には南和医療圏以外の 4 医療圏に拠点病院のがん相談支援センターにて、院内がんサロンが開設され、がん相談体制が整っていく。

　2011（平成 23）年、南和医療圏の吉野保健所に「がん患者サロンよしの」が開設されたのが地域がんサロンのはじまりで、その目的は「がん診療連携拠点病院の設置されていない相談対応の空白医療圏でのがん相談の充実」であった。これに伴い同保健所では、広域住民を対象にがん相談支援も始めた。2016（平成 28）年には、がん拠点病院の南和広域医療企業団南奈良総合医療センターが開設され、院内にがん相談支援センターと院内がんサロンも開設された。そのため同病院と同じ地区にある吉野保健所の地域がんサロンは年 3 〜 4 回開催から年 2 回と減少した。

　その後、地域がんサロンは、2013（平成 25）年には郡山保健所「がん患者サロンとまと」、中和保健所「がん患者サロンすずらん」においても県内の広域にわたる保健所管轄区域内のがん患者を対象に開設された。

　現在 3 か所ある地域がんサロンは、がん患者と家族を対象とし、年間 2 回の講演会と交流会を行っている。参加者の病状は治療中、寛解期、退院後、在宅療養中など、さまざまである。参加者は初めて参加する人が多く、その後、院内がんサロンに参加する人もいる。また、院内がんサロンは病院に通院していないと参加しにくいと抵抗感がある人にとって、地域がんサロンは同病者との交流ができる大切な場となっている。

　開催について、場所は保健所内の多目的室、会議室で、時間は約 2 時間〜 2 時間半程度で平日に開催している。交流会には、ルールがあり、全員で確認してから始まる。進行役は保健所によりさまざまであるが、ピアサポーターが行うことが多く、時には、保健師や別に依頼している拠点病院等のがん相談員がフォローに入ることもある。交流会は、患者同士の交流を中心に進められ、話題は体験談や相談等がある。がん相談員の参加は毎回ではないが、参加時には交流会に参加している。保健師等は交流会の輪には参加せず、患者や家族同士の語らいが中心になるように配慮されている。ただし、情報提供や個別相談等で保健師が必要な時は関わる。

　地域がんサロンでの保健師の役割は、企画と運営（企画書作成、講演者の依頼、日程調整、ピアサポーターやがん相談員への参加依頼と調整、当日の会場設営、計画・予算案、報告書作成）、情報提供、広報活動、がんサロン運営者会議へ参加し、拠点病院等の院内がんサロンとの情報共有や連携等がある。現在、保健所では電話対応や保健所に来所した時には、必要な情報提供を行い、患者や家族自身が、医療機関や地域包括支援センターへアクセスできるようにつないでいた。3 つの地域がんサロンの相談内容をまとめると、①症状や治療、②緩和ケア、③介護、④がんサロンや患者団体等の紹介であった。

地域がんサロンを開催している保健所は、広域的に関係機関と調整を図りながら管内市町村と重層的な連携体制を構築し、住民の健康課題を把握し、その解決に取り組むことが目的であるが、その業務の1つとして、がんサロン開催の役割も担っていた。

　県行政で地域がんサロンに関する担当部署は、奈良県福祉医療部医療政策局疾病対策課がん対策係である。院内のサロンをも含み県のがん対策係が担っている役割は、①がん対策推進計画策定、②がん対策推進協議会やがん診療連携協議会部会の開催、③県と各がん相談支援センターとの連携、④患者の意見をまとめ医療機関等に伝達・提案・指導等、⑤「がんネットなら」等の情報サイト等広報活動、⑥情報冊子の作成、⑦がんピアサポーター養成とフォローアップ研修（2009（平成21）～2014（平成26）年度、2019（令和元）年現在）、⑧ピアサポーター意見交換会（2014（平成26）～2015（平成27）年度）、⑨がん患者サロン運営者会議（2016（平成28）年～現在）、⑩ならのがん対策県民提案事業（2013（平成25）～2015（平成27）年度）等である[19]。

　奈良県では、がんサロンはピアサポーターの活躍の場であるととらえていたことは、地域サロンのあり方を考えるうえで印象深かった。地域がんサロンを開設する場合には、一からその体制をつくることから始めなければならないが、奈良県では地域ですでに存在する社会資源（保健所や保健師等）を活用して、地域でのがん相談窓口の1つとして地域がんサロンを開設し、県内のがん相談支援の均てん化を推進していた。また、奈良県疾病対策課は「がん患者サロン運営者会議」を開催し、がんサロン運営に関する情報共有や課題に関して検討を行い、今後のがん患者を中心にしたがん対策の実現に活かしている。このように県行政の主導のもと、県全域の保健所、医療機関、がんサロンや患者団体とともに、PDCAサイクルを活用し、地域で安心して利用できるがん相談支援の構築を行っていた。

② 地域がんサロンでの患者同士の見守り事例

　参加頻度の高い参加者が地域がんサロンを欠席した場合、サロン内ではその参加者の安否についての話題が上がることがある。参加者が欠席する理由はさまざまである。しかし、「次にまたお会いしましょうね」と退室した参加者が次回に欠席した場合や、その症状によっては、参加者らは欠席者の安否に関する情報をもち寄り、見守りや安否確認の連絡等を行う等、参加者（同病者）同士の配慮がみられた。

　次に具体例を紹介する。参加者が「（欠席者を）スーパーでまったく見かけなくなった。どうしたのだろう」と地域がんサロンで話題がでると、他の参加者らも、「この前のサロンでは検査結果を聞くのが不安だと話していた」等の直接的な話や、「最近救急車で運ばれたと聞いた」等の間接的な話などがあがる。その話を聞いていた世話役が、「（欠席者から）電話番号を聞いている。何かあったら電話下さいと言われていた。心配

だからちょっと電話してみましょうかね」と言った。参加者全員がうなずき、「それがいい」などと声が上がった。1人の参加者が「私が言ったと言わないでね」と言うと、世話役は「わかっていますよ」と言い電話をする。電話連絡を受けた欠席者は、「ありがとう。久しぶりに人の声を聞いた。うれしい。電話してくれてありがとう」と話した。参加者らは全員が大事に至らなくて良かったと安堵し、別の話題を話しはじめた。この欠席者は次回の地域がんサロンには参加している。このように一次的にひきこもり状態になった参加者に対し、他の参加者が見守りを行っていたことがわかった。

　安否がわからない等の緊急時対応としては、参加者同士が相談し（特に世話役が）、保健師、民生委員等の相談者1人に速やかに通報・連絡、相談し適切な機関につないでいた。その後の対応はつないだ先の専門職などに任せていた。島根県では、看取りを終えた遺族への見守りも同じようになされている場合もあった[注3]。

7 ｜ 考察

1 地域がんサロンにおけるがん同病者同士の見守りの分析と考察

①見守り対象としての共通点

　参加者が欠席したことで安否の話題が上がるのは、参加期間が長い、参加回数が多い、最近頻回に通っている、最近の様子がおかしいと思われる参加者についてであった。地域がんサロンに来なくなったというだけで、すべての欠席者の話題が上がるわけではなかった。

　今回の調査では、参加できなくなる事例として、再発や転移等のショックや心身の不良や痛み等から、一時的に自宅から出られない状態になる独居のがん患者が複数人いた。その共通点は、(a)身辺自立しており、生活圏を自力で移動できる状態である、(b)点滴や酸素療法など常時の医療処置がない、(c)要介護認定や公的支援を利用していないか、対象になっていない、(d)日頃から近隣者や周囲の人との交流はあまりない、(e)本人が病名や体調不良を、地域がんサロン参加者以外に話していない等があることがわかった。これらの共通点のあるがん患者は、再発等の診断時や急な心身の不調時等には、地域でも孤立しやすくなることも推測され、緊急時の発見もおくれやすいと考えられる。この共通点は、今後、調査する必要性があるが、(c)〜(e)は見守り対象者としての要素と考えられる。

　がんの要介護認定は、末期がん、がん末期、がん（医師が一般的に認められている医学的知見に基づき回復の見込みがない状態に至ったと判断したもの）が対象となるが、その認定にはさまざまなハードルがある。また、がん患者は比較的長く身辺自立でき自宅で過ごせることも多いため、急な心身の変化時には、既存のサービスがすぐに利用し

にくい。このことは、がん患者の見守りを含む地域での支援を考えるうえで重要となる。そこで、がん患者が集まる地域がんサロンが重要な社会資源であると位置づけ、奈良県のように県が中心となって県内のがん相談支援体制を構築することが必要である。

②重要な気づきと早期発見

「様子がおかしいな」と気づくことは最初の変化の発見となっている。地域がんサロンに参加し、参加者同士の交流を図ることで、がん患者同士の気づきがあると考えられる。

特に、見守りにつながる気づきとして、(a)地域がんサロン交流時の会話から、「検査結果を医師から聞くので憂鬱」「再発、転移等の恐れ」等の不安を本人が話している、(b)普段と様子が違う、(c)定期的に見かけた場所で見かけなくなった、(d)自宅外に出た形跡がない等の情報も重要な見守りの情報である。また、「いつもとなんとなく違う」という気づきはとても重要である。参加者は同病者ならではのその気づきを保健師等に連絡、相談できる関係があることが見守りには重要である。どこが違うか、なにがおかしいのかについては専門的知識や技術があってこそ観察できるものであるので、地域がんサロンで患者同士が参加者の見守りの重要さを確認するとともに、気づき（観察）を学習する機会があれば、見守り活動の推進につながるであろう。また、この気づきの学習は緊急時の早期発見の判断の1つにもなる。

本調査で、地域がんサロンでは参加者同士の仲間関係が育まれており、治療終了や仕事が始まる等の、参加できなくなる理由を事前に話していることが多かった。このことは、参加者同士のあいさつの類いであるとともに、よけいな心配をかけないための配慮とも思われる。しかし、近況の報告は異変の早期発見とともに、参加者同士の気負いや負担のない自然発生的な見守り活動につながるとも考えられた。

③通報・連絡・相談

地域がんサロンや地域で顔を合わす機会が減少すると、参加者は配慮している様子がみられ、心配時には互いに連絡を取っていた。独居のがん患者は、「1人なので、なにかあったら連絡してほしい」と、世話役や親しい参加者に電話番号を伝えていた。このことは緊急時対応をする時に、すでに本人の同意を得ていると考え、敏速な行動につながったと考えられる。

安否がわからない等の異変時や緊急対応時は、参加者同士が相談し、1人の参加者（特に世話役）が保健師等の1つの窓口に速やかに通報・連絡、相談することで適切な各機関につながっていた。地域で暮らす高齢者や障害者等の通報や相談は地域包括支援センターや福祉機関へ連絡が入ることが多いが、本調査において、がん患者がそれらへ

つながることはなかった。がん患者への地域での見守りは、同病者も参加したうえで、病院や在宅医療・介護・保健所・福祉機関等と連携する包括的な支援を考える必要がある。

④自分の気持ちを安心して語れる場としての地域がんサロン

　参加時に自分の病気等を話すことは見守りには重要なことであった。具体的には「結果を聞くのが怖い」とか、一見他愛もない日常の会話をしている時にふっと出ることばは同病者には敏感に察知するものがあるようで、会話に発展しなくても、次回のサロン開催時に参加しなければ、誰かが「今日は参加されないね」「見かけない」等の話題になり、参加者達が自然にその人に関心を向けるようになる。また、参加者の交流を通して、がん患者や家族等にあいさつや話をする、少し気にかける、ちょっとした手助けをすることが、顔の見える安心した関係になり、自然発生的な見守りにつながったと考えられる。さらに、地域がんサロンでは一定のルールがあり、世話役が最初にその話をする。その内容の一部として、地域がんサロンで見聞きしたことは外で話さないことや、参加者を否定しないこと、話したくないことは話さないこと等がルール化されて守られていたことから参加者同士が安心して話し、信頼関係を築き、連帯が育まれていたと考える。このことは、見守りには重要であった。

　地域がんサロンはただ単に話をするなどの情報交換や交流の場だけでなく、参加者が状況や状態を話すことによって、参加者同士の相互関係による見守り活動にもつながっていると考えられた。また、自分の病気や気持ちを語ることは、情緒的なサポート等にとどまらず、同病者同士だからこそわかる変化や異変の気づきが適切な見守りタイミング、緊急時対応、予防となると考えられる。さらにサロンで自らの病気について話すことは、医療関係者や職場等の人に説明しやすくなることにもつながる。

⑤参加者と保健師等との顔の見える関係づくり

　参加者が地域の見守りシステムの機能や保健・医療・福祉等の相談機関等を把握しており、実際に利用していた。また、参加者には地域の民生委員や町内会・地区活動等の経験者もいた。さらに、世話役は地域の各機関とネットワークを培っており、各機関の職員とも顔の見える関係を構築していた。つまり、見守りや緊急時対応としては、地域で参加者と保健・医療・福祉職、行政職等が日頃から互いに顔が見え、気軽に話せる関係性が重要であった。これらのことにより、保健師が地域がんサロンに参加することでより正確な地域の情報を発信できると考える。

⑥がん患者を含む家族への見守り

　遺族への支援は医療や福祉、行政機関ではほとんど行っていなかった。これらからの地域におけるがんの見守りに関しては、医療と福祉関係者だけでなく地域の状況をよく理解している寺院等の宗教者、商業者、配達員、ボランティア等も近隣の住民とともに見守りの重要な人材と期待できるであろう。また、がんの特性からも告知からグリーフケアの段階を、患者と家族も含めた地域で見守ることが必要である。特にがんで家族や親しい人をなくした子どもへの配慮や支援は、機関を超えた喫緊の課題である。

②　地域がんサロンに保健所が関わる利点

　地域がんサロンに保健所や保健師が関わることで、拠点病院等のがん相談員も派遣しやすくなり、地域のがん患者と顔の見える関係を構築できる可能性がある。患者にとっても相談者の顔が見えることで、病院等での相談を利用しやすくするという利点もある。両県の保健所が地域がんサロンを開催する利点を患者・家族側から考えると、次の5点にまとめることができる。

①安心して話せる。
　　相談体制の基本的な整備ができている（個人情報の取り扱いやその場で対応しきれない事柄や緊急時の相談の対応の取り扱い、相談員の質が高い等）。
②地域で身近に必要時にすぐ相談する場ができる。
　　希望する県民が居住区で同病者に出会い、同病者からアドバイスをもらえる。
　　患者や家族が主治医に知られたくない相談ごとや病院に対して直接いいにくい内容を話せる。
　　病院以外の第三者的な立場で総合的な相談ができる。
　　病院に通いたくない等の住民が相談ができる。
　　保健・医療・福祉専門職の相談を無料で受けられる。
③県内の広域範囲の正しい情報が直接入手できる。
　　ICTが利用できない人でも情報入手とアクセスの方法がわかる。
　　退院後、治療終了後、在宅療養、治療をしない等のどの段階においても、がん患者が地域での相談窓口等を知り、正しい情報を得ることができる。
④保健師やがん相談員等との顔が見える関係になる。
　　相談や予防啓発等の保健活動に関心が広がり参加しやすくなる可能性がある。
　　病院等やがん相談支援センター等の相談につながりやすくなる。
⑤患者・家族の意見を県行政に届けることができる。
　　がんになっても安心して地域で暮らせる環境づくりにがん患者や家族自身が参画し

やすくなる。

国・住民等の関係者が一体となったがん対策の具体策を提案しやすくなる。

❸ がん患者が地域包括ケアシステムに円滑に接続するための地域がんサロンと保健師の役割

がんに関する情報を収集しようとすると、医療機関や民間団体等の多くの情報があふれており、患者にとって自分の日常生活を見据えた正確で必要な情報にたどりつくことは難しい。したがって、退院後の生活は、患者・家族の自力での再建を果たすことが多い。そのなかで、地域がんサロンは地域での身近な同病者同士が行う相談窓口となり、さらにがんとともに生きている同病者同士の重要な出会いの場になるだけでなく、患者同士の見守り活動や緊急時対応の機能も果たしていることが明らかになった。

両県では、保健師は地域がんサロンを住民間の相互作用注4のある社会資源として考えていた。このことは、①がん医療である医療機関、②在宅医療連携拠点の医師会等の在宅医療・介護連携機関、③地域包括支援センター等の介護・福祉機関、④社会福祉協議会等の福祉機関、⑤患者・家族団体やボランティア団体等の地域民間機関の5つの間に地域がんサロンをも取り入れて、保健師が地域連携を調整できる可能性を示唆した。また、今後、地域がんサロンに携わる保健師は、地域で暮らすがん患者の地域での生活の課題を社会にフィードバックし、地域包括ケアシステムへ円滑に接続するための具体的な仕組みづくりとしての役割をも担うことが期待できるであろう。

8 │ 本研究の限界と今後の課題

地域がんサロンに焦点を当て調査報告を行ったが、分析方法の客観性を保つことに限界が残る。また、奈良県では参与観察やがん患者への聞き取りは行っていないために、地域性を考慮できなかった。本研究には、疾患の特性から追跡調査への限界があり、見守りの重要な要素、同病者同士だからこそ気がつく異変や見守りのタイミングの検証等は今後の課題である。

9 │ 結論

がん情報があふれるなか、在宅で患者・家族が自分の日常生活を見据えた正確で必要な情報にたどりつくことは難しく、退院後の生活は、患者・家族の自力での再建を果たすことが多い。そのなかで、地域がんサロンは地域に身近にいる同病者同士の重要な出会いの場であるだけにとどまらず、患者同士の支え合いの場であり、見守り活動の機能

もあることが本調査で明らかになった。

　島根県の地域がんサロンは、患者や住民が、地域で信頼できる保健師とともに運営しており保健師は参加者のニーズにあわせ後方的な支援を行っていた。一方、奈良県は、県行政ががん相談支援体制をつくり、県保健所で地域がんサロンを開設し、ピアサポーターの協力を得て開催していた。両県ともその立ち上げや運営は異なっても、がん患者同士の集団力量を発揮できるように地域がんサロン活動が行われていた。そこには、インフォームドコンセントを中心にした個別の医療相談や、ピアサポーターの個別性があらわれやすいピアサポートによる相談、病院の患者が集まる院内がんサロンとは異なる地域がんサロンの特徴があった。その特徴とは、自らの生活圏で地域に密着した生活情報の入手や患者同士の助け合い等ができることであった。また、両県とも地域がんサロンに関わる保健師は、地域で暮らすがん患者が医療・介護・福祉機関へ円滑に接続するための重要な役割を果たせるとともに、国・住民等の関係者への一体となったがん対策において重要な役割を担えることが示唆できた。

　保健所で地域がんサロンを開設することは、がん患者だけでなく多くの住民のがんに対する偏見の払拭や県民全体に対する健康の啓発、正しいがん予防知識等の情報発信につながると考えられる。島根県と奈良県の取り組みは、今後地域でのがん患者支援とともに患者同士の見守り、緊急時対応に関する重要な参考例となろう。

注

注1　都道府県がん診療連携拠点病院（1か所）、地域がん診療連携拠点病院（4か所）、がん診療連携推進病院（1か所）、がん情報提供促進病院（22か所）が設置されている。がん相談体制としては、島根県内の拠点病院と連携推進病院内6か所にがん相談支援センター（以下、支援センター）を開設している。また、2014（平成26）年には島根大学医学部附属病院内の支援センターと同じ室内にがん患者・家族サポートセンターが設立された[11]。患者・家族サポートセンターの相談員はがん研修を受けた社会福祉士である。相談員等は支援センターと患者・家族サポートセンターとの役割とを兼務することで、病院内スタッフや院外の関連機関との連携をとりやすい環境づくりを行い、支援の効率化を図っている。
　支援センターとがん患者・家族サポートセンターの役割は、①がん相談支援、②ピアサポーター研修とフォローアップ研修、③相談支援センターの統括的役割（ピアサポーターやサロン関係者の相談と活動の支援等も含む）、④県がん対策に基づいた企画・運営・実践（新規事業と行事、ピアサポーター相談会、就労相談会、研修会、市民公開講座等）、⑤教育・研究の支援等がある。県行政では、がん患者が立ち上げたがんサロン発足時から県行政が後方支援を行っていた[12]が、現在は推進計画のなかで、「がんサロン」は患者が自由に訪れ、悩み・不安を話し、情報交換をすることを基本に独自の活動をしている[13]とし、支援はホームページの広報活動程度である。現在はピアサポーター養成やAYA世代など更なる支援に力を注いでいる。

注2　都道府県がん診療連携拠点病院（1か所）、地域がん診療連携拠点病院（4か所）、地域がん診療病院（1か所）、奈良県地域がん診療連携支援病院（3か所）があり、そのすべてにがん相談支援センターが併設されている。

注3　奈良県では、遺族への見守り及びがん患者同士の見守りについて調査できなかった。

注4　本章での相互作用とは、①住民同士、②住民と保健師、③住民と他行政・民間機関の人々など、保健師が関わることで、住民が他者との関係形成が図れることをいう。

文献

1) 厚生労働省「平成 29 年 人口動態統計（確定数)」
2) 厚生労働省「国民医療費の概況」
3) がんの統計編集委員会「がんの統計〈2009 年版〉」公益財団法人がん研究振興財団，2010.
4) がんの統計編集委員会「がんの統計〈2016 年版〉」公益財団法人がん研究振興財団，2017.
5) 「がん登録・統計」国立がん研究センターがん情報サービス
6) 国立研究開発法人国立がん研究センターがん対策情報センター「がんになったら手にとるガイド」2011.
7) 厚生労働省政策統括官付政策評価官室アフターサービス推進室「がん患者と家族に対する緩和ケア提供の現況に関する調査（2017)」
8) がん総合相談に関わる者に対する研修プログラム策定事業『研修テキストがんサロン編よりよいグループ・サポートを進めるために』
9) 正野良幸「島根県における『がんサロン』の取り組み」『京都女子大学生活福祉学科紀要』第 10 号，21 ～ 25 頁，2014.
10) 中村明美「島根県におけるがんサロンの実践研究」『武庫川女子大学大学院教育学研究論集』第 14 号，48 ～ 55 頁，2018.
11) 日本対がん協会「全国 47 都道府県を対象とした『がん相談支援体制』に関するアンケートの集計結果」178 ～ 203 頁，2015.
12) 中谷俊彦・小豆澤伸司・斉藤洋司「各地域におけるがん対策基本法の前と後の取り組み――がん医療と緩和ケアに対する島根県と島根大学の取り組み」『ホスピス緩和ケア白書』72 ～ 76 頁，2011.
13) 「島根県がん対策推進計画（2018 年～ 2023 年)」2 章
14) 納賀良一「島根の 'がんサロン' ――そのパワーと秘訣」『医学のあゆみ』第 1234 巻第 12 号，1120 ～ 1121 頁，2010.
15) 小林貴美子「患者の立場からがん検診の重要性を伝える」『保健師ジャーナル』第 168 巻第 12 号，1068 ～ 1074 頁，2012.
16) 国保中央病院ホームページ
17) 『奈良県立奈良病院年報 2012』167 頁，2012.
18) 川本たか子「奈良県がん相談支援分科会の取り組み」がん専門相談員のための学習支援プログラムサイト，2011.
19) 奈良県福祉医療部医療政策局疾病対策課がん対策聞き取り調査時の参考資料等による

謝辞

　本調査にあたり、ご協力を賜りましたがんサロン参加者の皆様をはじめ、島根県のがんサロン、奈良県の地域がん患者サロン関係者の皆様方に心から感謝申し上げます。

救急医療から見た地域包括ケア、見守りネットワークの評価

要旨

　本章では、松江市内に設置された6か所の地域包括支援センターにおける緊急時対応（支援）のなかで、救急医療に関わる状況を分析し、見守りネットワークや地域包括ケアシステムと救急医療との関連における課題を検討する。

🔑 **キーワード**

　救急医療　見守りネットワーク　地域包括ケアシステム　地域包括支援センター　高齢者

1 ｜ 対象と方法

1 対象

　2017（平成29）年4月1日から2018（平成30）年2月末日までの11か月間に、松江市内の6か所の地域包括支援センター職員が緊急時対応をした全ケース（114例）を調査対象とした。

2 方法

　職員に調査票フォーマットへの入力を依頼した。「その他」が多かった項目では、新たな選択肢を設定して回答を振り分け、アフターコーディングして分析した。

　方法、倫理的配慮の詳細は、第18章を参照されたい。

2 緊急時対応の基本情報の概要

1 調査対象者の基本属性

① 性別：女性は男性の 1.5 倍であった。

② 年齢：60 歳以上が 90％以上、70 歳以上が 80％以上を占めていた。

③ 世帯構成：独居が約 40％、子どもと同居が約 30％、夫婦のみが 20％強であった。

④ 要介護度・障害支援区分：全体の半数は要支援・要介護に該当せず、要介護は約 30％であった。障害支援を必要とする者はほとんどいなかった。

⑤ 医療介護サービス：定期利用者は半数以下であった。

⑥ 生活保護：受給者は約 5％であった。

⑦ 別居の家族など：約 70％に別居の家族・親族がおり、その約 60％が松江市内に在住していた。残りの約 40％の居住地は松江市外や島根県外であった。

⑧ 友人・知人など：あいさつを含めた交流があるのは約 1/3、ないものも約 1/3、残りの約 1/3 は不明であった。

図 1　調査対象者の基本属性

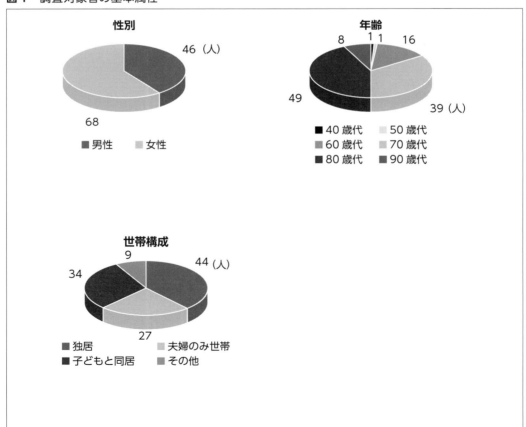

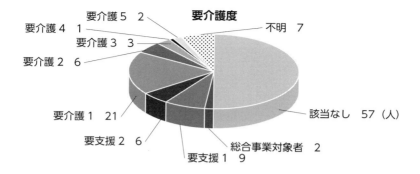

要介護度

要介護5　2
要介護4　1
要介護3　3
要介護2　6
要介護1　21
要支援2　6
要支援1　9
総合事業対象者　2
該当なし　57（人）
不明　7

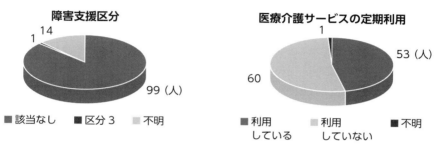

障害支援区分

1
14
99（人）

■該当なし　■区分3　□不明

医療介護サービスの定期利用

1
53（人）
60

■利用
　している　　□利用
　　　　　　　していない　■不明

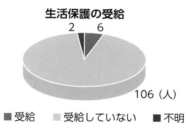

生活保護の受給

2　6
106（人）

■受給　□受給していない　■不明

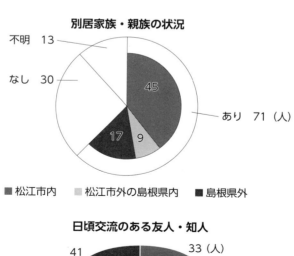

別居家族・親族の状況

不明　13
なし　30
45
あり　71（人）
17　9

■松江市内　□松江市外の島根県内　■島根県外

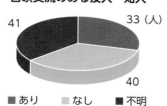

日頃交流のある友人・知人

41
33（人）
40

■あり　□なし　■不明

2 緊急時対応の基本属性

① 第一発見者：医療・介護などの専門職とともに家族・親族が各々約30％を占めていた。次いで隣人による発見が約15％であった。

② 連絡者：医療・介護などの専門職が約30％、家族・親族が約20％を占め、その他民生委員、行政職員、警察官に加えて、（地域包括支援センターの）利用者本人も少なからず連絡していた。

③ 対応者：医療・介護などの専門職とともに地域包括支援センター職員が各々約20％以上を占めていた。次いで家族・親族、警察官、隣人、民生委員などの対応が多くみられた。

図2　緊急時支援者の基本属性

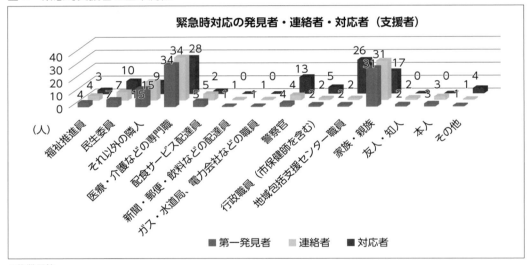

※複数回答

④ 対応事案発生の日時：9月を除き、おおむね10例／月の対応事案があり、日中、特に午前中の発生が多い。夕方以後発生事案がほとんどないにもかかわらず、午前0時に少し増加していることや、午前9時の発生例が多いことから、連絡した家族・親族の就寝時間や、対応者の就業時間によるバイアスなどが推定され、実際には深夜帯で少なからず発生しているものと思われる。

⑤ 事案発生・連絡・対応の日時：前述のバイアスを考慮しても、平日日中の発生件数が約70％を占めているのが現状である。平日早朝の発生事案や、平日深夜の発生事案の半数は、平日日中に連絡しているものと推定される。休日日中の発生事案は、そのほとんどが日中の間に連絡していると思われるが、対応（支援）が平日日中となっている例も見受けられた。

図3　対応事案発生日時

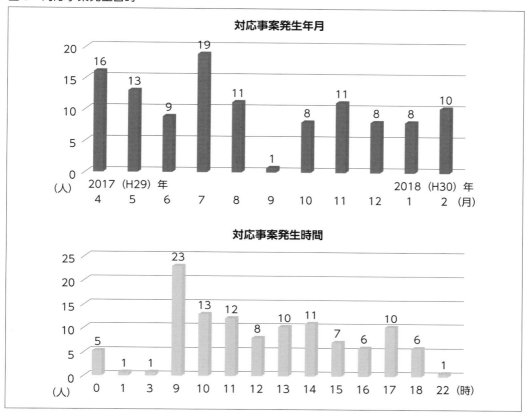

対応事案発生年月

対応事案発生時間

図4　事案発生・連絡・対応（支援）の日時

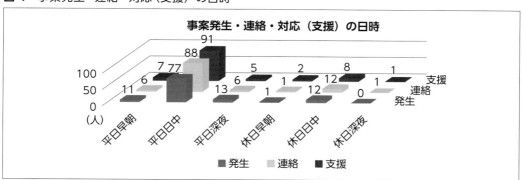

事案発生・連絡・対応（支援）の日時

⑥　対応場所（地域包括支援センター職員が最初に臨場した場所）：センター利用者本人の自宅や隣人宅などが約80％を占めていたが、医療機関や路上での対応例もみられた。

図 5 対応（臨場）場所

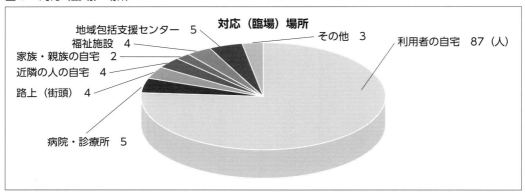

3 ｜ 緊急時対応の結果

1 緊急事態の状況

　精神疾患の疑いを含む傷病が約 40％、次いで虐待（疑いを含む）が約 30％と続き、不安や混乱（せん妄）状態も 10％以上を占めていた。対応時、傾聴するだけで特別な介入を必要としないケースも 10 人に 1 人程度みられた。その他徘徊や死亡が 2 〜 3％（3 例）あった。

図 6 緊急事態の種類

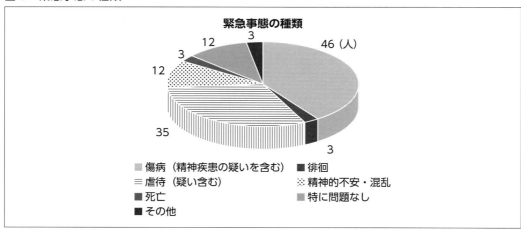

2 緊急時対応

　家族や親族、民生委員、介護支援専門員、救急車や医療機関、市役所や警察署への連絡業務が7割を超えていた。医療機関への搬送や付き添い業務は2割近くあった。捜索を要したケースもあった（2〜3%）。

図7　緊急時対応の実際

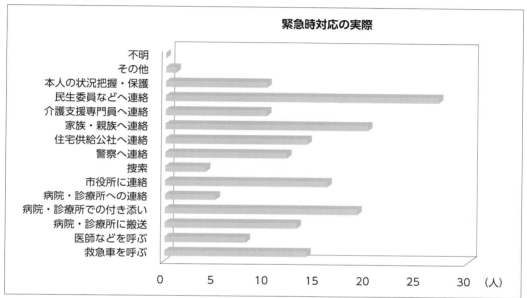

※複数回答

3 その後の支援

　その後の支援も、引き続いて家族や親族、医療機関、介護支援専門員や民生委員、市役所や警察署に連絡し、さらなる相談や助言を求めていた。また、通報者への折り返し連絡や、その後のサービス調整、医療機関訪問も行っており、その後の支援のほとんどが連絡調整業務であった（**図8**）。

4 緊急時対応の転帰

　緊急時対応を受けた利用者の約60%が自宅生活を継続していた。約25%が緊急入院となり、10%弱が高齢者介護施設へ入所（または帰所）となっていた。家族や親族宅への転居はわずか2例であった。死亡の3例に特別な要因はみられなかった（**図9**）。

図 8 その後の支援

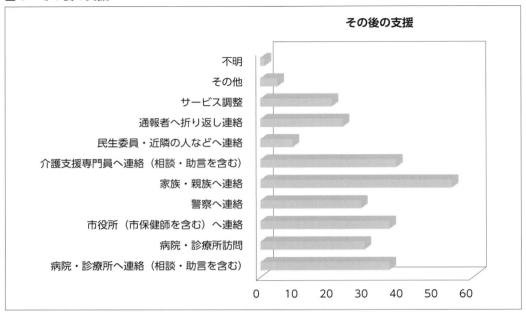

※複数回答

図 9 緊急時対応の転帰

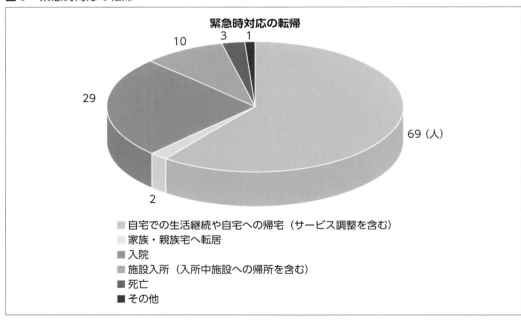

4 | 見守りネットワークと救急医療に関する課題と考察

　地域包括ケアシステム[1)]において日常生活に関わる連携を水平連携、急性期病院など高度医療との連携を垂直連携[2)]と定義すると、地域包括支援センター職員をはじめ生活支援や介護予防などに携わるスタッフ、さらには在宅医療を担うかかりつけ医や看護師との連携が水平連携、救急医療を含む病院スタッフとの連携が垂直連携ともいえる。

　各々の連携において、リーダーを中心に指揮系統が確立された組織体系の確立が肝要であり、このシステムこそが災害時など危機的状況下においても機能する。かかりつけ医や医師会に各サービスを連携するコンダクター（指揮者）となってもらうのも一法であろう。

　ここではこれらを意識して、見守りネットワークの課題と改善案を考察する。

図10　地域包括ケアシステム

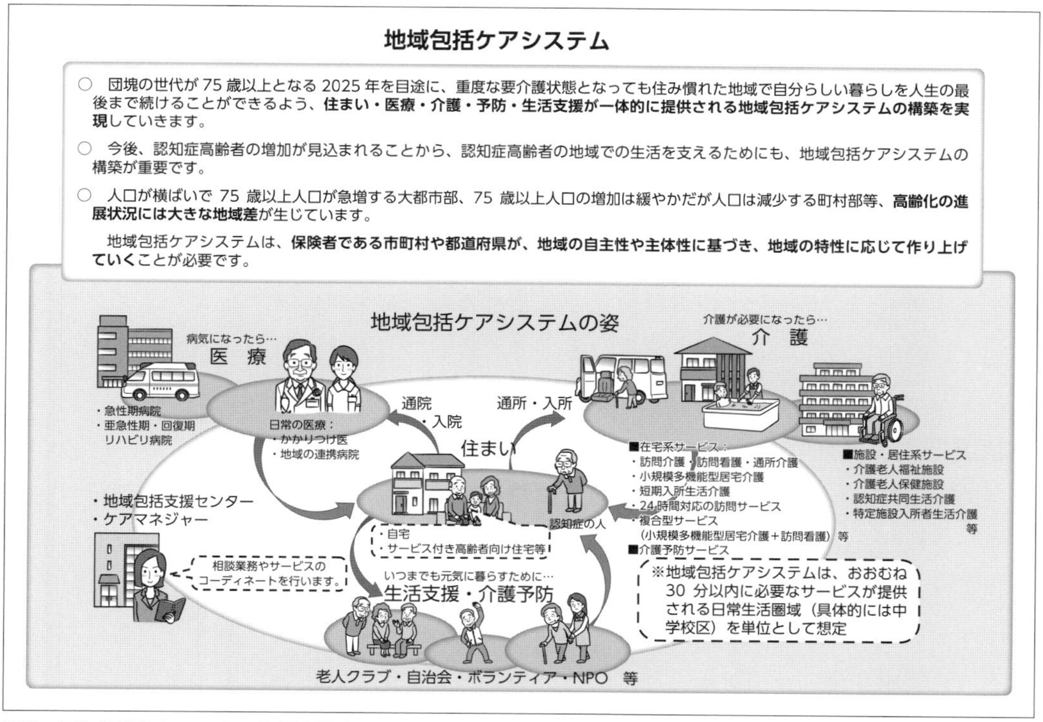

出典：厚生労働省ホームページ「地域包括ケアシステム」

図11　垂直連携中心から水平連携中心へ

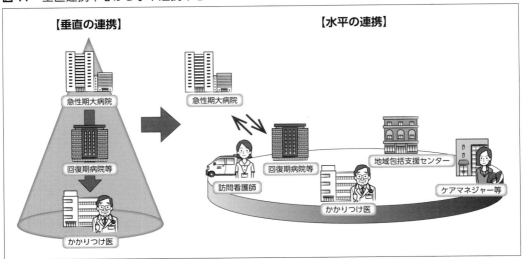

出典：チーム医療推進協議会「平成28年度第2回研修会　地域包括ケアシステムでのチームアプローチ——医師（かかりつけ医）の立場から」

■ 連絡／通報と状況把握（覚知）

①見守り気づき基準

　緊急時対応の転帰は、利用者の1/4（29/114例）が入院となったが、これは通常の緊急入院と同程度であり、また3例の死亡も通常の緊急搬送と同程度の比率と考えられた。

　地域包括支援センターへの連絡や通報を推奨している見守りの気づき基準（**図12**）[3]は、見守りネットワークのリーフレットのご近所見守りチェックリスト（**図13**）[4]に反映されており、他地域でも採用されている見守り基準である。安否や虐待、認知症や身体症状などを疑う質問が列記されている。今回の調査で、利用者本人に連絡がつかないため、センターに通報したところ、山菜採りに行っていたことが判明したなどオーバートリアージであったケースは散見されたものの、結果に影響するようなアンダートリアージ例はなく、当該見守り基準は妥当であるものと考えられた。

②状況把握（覚知）

　高齢者の見守りは、高齢者虐待の防止や孤立死の回避だけでなく、老人福祉法の理念に通じる地域社会のセーフティネットの1つであり、各地域においてさまざまな形の見守りネットワークが構築されている。

　松江市の本ネットワーク[5]においては、高齢者の異変の把握は、医療介護職員や民生児童委員・福祉推進員・家族・隣人、電力会社や新聞配達店など、利用者宅を訪れる事業者のうち協定を締結した協力事業者の気づきに依存しているのが現状である（**図**

図12　見守りの気づきポイント

〜こんなときに地域包括支援センターに連絡をください〜

- ☐ 新聞や郵便物を確認した形跡がない。
- ☐ 長い間、姿を見かけない。
- ☐ 家の明かりがついたまま、または消えたまま。
- ☐ 何日も洗濯物が干しっぱなしになっている。
  布団が翌日まで干しっぱなし。
- ☐ 日中でも雨戸やカーテンが閉まったまま。
- ☐ 前回配達した届け物（弁当など）がそのまま。
- ☐ 庭や家屋の手入れがされていない、ゴミだらけ。
- ☐ 最近、痩せてきた、顔色が悪く、具合が悪そう。
- ☐ 今まで挨拶をしていたのにしなくなった。
  最近、電話や訪問に応答がない。
- ☐ 髪や服装が乱れている。
  季節に合わない不自然な服装をしている。
- ☐ 話がかみあわない、同じことを何度も言う。
- ☐ 暴言を吐くなど、性格が変わった。
- ☐ お店などで勘定ができない。
  繰り返し同じものをたくさん買う。
- ☐ 深夜に出歩いている、道に迷っている。
- ☐ 異臭がする。
- ☐ 家の中から怒鳴り声や泣き声、大きな物音。
- ☐ 身体（顔や腕など）に不自然なアザが目につく。
- ☐ 最近、見慣れない人や車の出入りが多くなった。

出典：松江市「松江市地域における高齢者の見守りネットワークのてびき――地域でともに支えあいいきいき暮らせるまちづくり」より抜粋

図13　松江市見守りチェックリスト

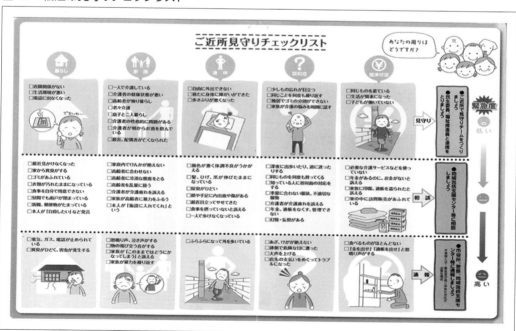

出典：松江市社会福祉協議会「ご近所見守りチェックリスト」

図 14　松江市見守りネットワークのイメージ図

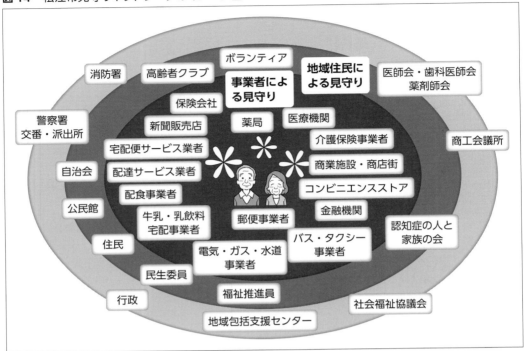

消防署
高齢者クラブ
ボランティア
事業者による見守り
地域住民による見守り
医師会・歯科医師会薬剤師会
保険会社
新聞販売店
薬局
医療機関
警察署交番・派出所
宅配便サービス業者
介護保険事業者
商工会議所
自治会
配達サービス業者
商業施設・商店街
公民館
配食事業者
コンビニエンスストア
牛乳・乳飲料宅配事業者
郵便事業者
金融機関
住民
バス・タクシー事業者
認知症の人と家族の会
民生委員
電気・ガス・水道事業者
行政
福祉推進員
社会福祉協議会
地域包括支援センター

出典：松江市「松江市地域における高齢者の見守りネットワークのてびき──地域でともに支えあいいきいき暮らせるまちづくり」

14）。

　前述のごとくその見守り基準は的確であるものの、覚知に関してタイム・ラグが生じていると考えられ、救急医療における最大の予後規定因子である時間を犠牲にしていることは否めない。

③ ICT・IoT を活用した見守りサービス

　そこで近年注目されているのが、ICT（Information and Communication Technology）やIoT（Internet of Things）を活用して支援者の負担を最小限に、支援の幅が最大となるようなシステム構築である。

　ICTを活用した見守りサービスは、岩手県立大学を中心に産官学によるアクションリサーチによって開発され、通称「おげんき発信」[6]と呼称されている（**図 15**）。電話機からサーバーに発信し、音声ガイド下に「1. げんき」「2. 少しげんき」「3. わるい」「4. 話したい」「5. 頼みたい」のボタンを押して安否を知らせる仕組みである。即ち、見守られる側から異変や訴えを能動的に発信してもらい、見守る側が自動的に異変を把握することにより、人的見守りとICTを活用した見守りを重層化し、見守りの質を高めるシステムである。

図 15　おげんき発信システムの概要

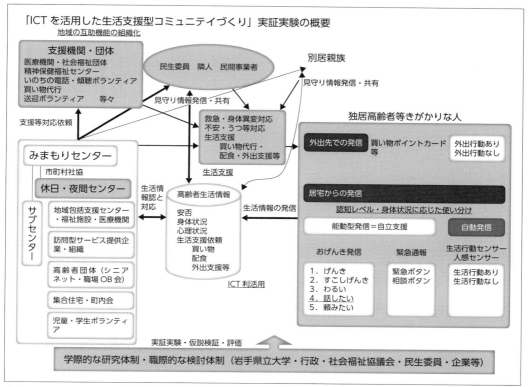

出典：社会技術研究開発センター「コミュニティで創る新しい高齢社会のデザイン研究開発プロジェクト『ICT を活用した生活支援コミュニティづくり』研究開発終了報告書」

　IoT を活用した見守りサービスはすでにコマーシャルベースに乗っており、安否発信端末は、形が洋菓子のマカロン類似のもの（**写真 1**）[7] やホイッスル・タイプ、防犯ブザーが付いたものや電灯センサー・タイプ、仏具のおりんタイプなどアイデアも豊富である。

写真 1　BLE 防犯ブザー端末

　ICT・IoT 導入コストなどの課題はあるものの、市民の見守りは今や避けて通れない行政課題となっており、慢性的な人的資源不足の現実にあっては、今後、利用者だけでなく支援者も支援できるような ICT や IoT は検討に値するものと思われる。

　会話で異変を察知する AI ロボットが実用化されるのも、そう遠くはないようである。

② 救急搬送における病院選定

　近年、救急搬送される傷病者の約 60％を高齢者（65 歳以上）が占め、そのうち 60％が入院となっているのが現状である。

本調査では、約25%が入院となっているが、利用者が入院を拒否したり、家族の理解が得られなかった例もあり、入院適応となる患者がもっと多いものと推定される。

医療機関への搬送に関するトラブルはみられなかったが、精神疾患、時に認知症や要介護者が受け入れ困難理由となることが報告されていることから、今後、搬送困難事案が出てくることは想像に難くない。

重篤な状態でなければ、高齢者は地域密着型病院（日常的にかかる頻度が高い疾患、いわゆるコモン・ディジーズを診る近隣型病院）で初療を受けることが望ましく、連携する高次医療機関を含めて医療・介護・リハビリテーションなどを地域のなかで完結させるという地域包括ケアシステムのコンセプトが提唱されて久しいが、都市部での取り組みを含む先進事例を紹介する。

3 救急搬送に関連した連携事例

①事例1：八高連の救急医療情報用紙[8)]

2011（平成23）年5月、八王子市が中心となり、消防署・医療機関・高齢者施設とともに八王子市高齢者救急医療体制広域連絡会（八高連）という連絡会を設立し、利用

図16　八高連救急医療情報用紙

裏

救急隊への申し送り事項
（救急隊要請時に施設職員等が記入して下さい）

◇発生状況

要請概要	発生時間	
	場　所	
	概　要	
応急手当		

◇連絡医療機関

医療機関名		担当者名	（Dr・Ns・事務員）
医療機関名		担当者名	（Dr・Ns・事務員）
医療機関名		担当者名	（Dr・Ns・事務員）
医療機関名		担当者名	（Dr・Ns・事務員）

◇家族連絡

未・済	名前（続柄）	（　）	電話番号	
未・済	名前（続柄）	（　）	電話番号	
未・済	名前（続柄）	（　）	電話番号	

注意事項

1　救急医療情報について
(1)　救急医療情報は、事前の意思表示に基づき、ご自身の救急情報を駆け付けた救急隊に、迅速的確に提供することを目的としています。
(2)　救急医療情報を、救急隊等へ提供することについて同意できる場合に、ご自身もしくはご家族で記載願います。
(3)　記載内容に変更があった場合には、その都度、新しい情報を記載してください。
(4)　救急医療情報は個人情報ですので、ご自身の判断と責任において管理し、紛失に注意してください。
2　緊急連絡先について
救急隊等が、緊急連絡先に記載されている方に対し電話連絡をする場合がありますので、ご自身もしくはご家族で事前に説明し、同意を得ておいてください。

問合せ先
◎八王子消防署　警防課　救急係
電話番号　042-625-0119　内線380
又はお近くの　由木分署、楢原出張所、元八王子出張所、小宮出張所、浅川出張所、北野出張所、みなみ野出張所
◎八王子市役所　医療保険部　地域医療政策課
電話番号　042-626-3111　内線3013

表

救急医療情報

※　本用紙はおおむね65歳以上の方を対象としています。（八王子市高齢者救急医療体制広域連絡会）

住　所	八王子市　町　丁目　番　号	
ふりがな		年齢　歳 （平成　年　月　日現在）
氏　名		
生年月日	明治・大正・昭和　年　月　日	
性　別	男　・　女	
連絡先 電話番号	042―　― ―　―	

◇医療情報

現在治療中の病気	高血圧・糖尿病・心臓病・脳卒中・その他（　）
過去に医師から言われた病気	
服用している薬	
かかりつけの病院	病院名：　※おおむね1年以内に受診歴のある病院 住　所：　市・区 電話番号：

もしもの時に医師に伝えたい事があれば「□」の中にチェックして下さい

□　できるだけ救命、延命をしてほしい
□　苦痛をやわらげる処置なら希望する
□　なるべく自然な状態で見守ってほしい
□　その他（　）

◇緊急連絡先

氏　名	続柄	住所	電話番号

作成日	平成　年　月　日	更新日①	平成　年　月　日
更新日②	平成　年　月　日	更新日③	平成　年　月　日
更新日④	平成　年　月　日	更新日⑤	平成　年　月　日

◇高齢者あんしん相談センター（地域包括支援センター）

名　称		電話番号	

出典：八王子市「八高連　救急医療情報用紙」

者の氏名、生年月日、治療中の傷病、服用中の薬、かかりつけの医療機関などを記入した救急医療情報用紙をあらかじめ作成しておくことを住民に呼びかけた。救急隊はこの記載に加え、かかりつけ医と連携して入院適応の決定を含めた現場活動をすることから、地域包括支援センター職員も、現場判断や連絡業務に有用であると思われる。

　また通常の医療情報に加えて、急変時の意思表示として、「もしもの時に医師に伝えたいこと」（**図16**の矢印内）をチェックするようになっており、「できるだけ救命・延命をしてほしい」「苦痛をやわらげる処置なら希望する」「なるべく自然な状態で見守ってほしい」「その他」という独自項目を設け、救急搬送に活用している[9]。

②事例2：葛飾区医師会の在宅医療サポート搬送入院システム[10]

　かかりつけ医が患者・家族に説明して同意を得た後、利用登録をすると、患者の急変時にコールセンターを通じて病院救急車が手配され、事前に希望した地域（区内）の病院に収容される。その後の連携体制により在宅へ戻ることを支援しているが、地域包括支援センター職員の調整業務に活用できるかもしれない。

4 緊急時の状況

　精神疾患を含む傷病のなかでは、腰痛や膝関節痛、転倒などで動けないという訴えや、食事摂取困難を含めた全身状態の悪化が多くみられた。また、認知症の周辺症状（徘徊、不安・焦燥、暴言・暴力、うつ症状など）も少なくなかった。これらは高齢者の一般的な症状であり、通常診療において腰痛治療、転倒回避の工夫、認知症治療などの慢性疾患に対する医療介入を継続することが必要である。

5 高齢者虐待

　虐待（疑いを含む）が約30％にみられ、養護者に対する指導や、地域包括支援センターでの保護処置[11][12]がとられたが、調査期間内での再発例は報告されていない。

6 入院後の転帰

　今回の調査で入院後の転帰は明らかにできなかったため、今後、再発や悪化の実態を明らかにする必要がある。

　高齢者が急性期治療を終了した後は、通常、廃用症候群のリハビリテーションを要し、直接自宅へ戻ることも困難なことが多く、転院先施設を探すことに難渋する。地域包括ケア病棟の運用が期待される。

７ 救急医療の阻害要因

　高齢単身者の救急医療に限ったことではないが、病院への搬送や診療を拒む患者や同調する家族が存在することが、福祉支援体制を行き詰まらせる要因となり、これらのアウトリーチを委縮させ、ひいては利用者本人の転帰に影響する。高齢者の認知症の問題はあるものの、利用者に根気よく説明してその心を開き、見守られる意識と喜びが生まれるように努めることが重要である。認知症がひどく、理解困難な場合は、かかりつけ医とともに精神科医や心療内科医などに積極的に相談するのが現実的であろう。

　見守りネットワークによる覚知は、救急医療の入口といえ、効率的に入口問題を解決していくためのキーワードが「情報共有」であることは、災害医療で証明済みである。利用者及びその生活・医療情報の登録と活用が重要であることは言を俟たない。

5 ｜ 地域包括ケアシステムと救急医療

１ 慢性期・要介護の高齢者の救急医療

　総務省消防庁による救急業務のあり方に関する検討会の報告[13]によると、慢性期・要介護の高齢者の救急医療においては、地域包括支援センター、ケアマネジャー、民生委員など地域の福祉や在宅医療の関係機関と情報共有に取り組み、救急車の利用に関する理解を深めてもらいながら、可及的に地域のかかりつけ医で完結させることを勧めている。

　これは、急性期・元気な高齢者の救急医療においては、搬送実施基準に基づいて迅速

図17　地域包括ケアシステムと救急（慢性期・要介護の高齢者用）

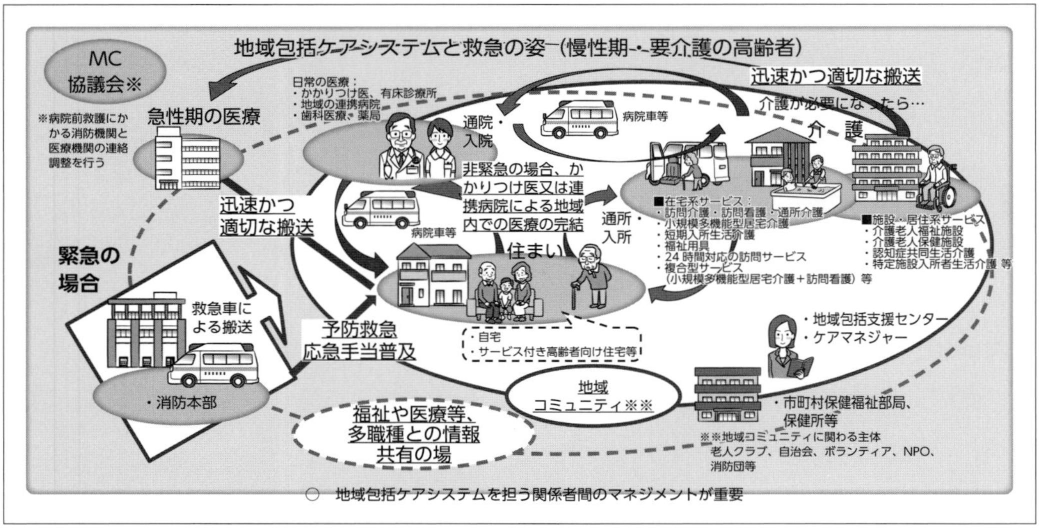

出典：総務省消防庁「平成26年度　救急業務のあり方に関する報告書」

に適切な医療機関に搬送することが、長期入院や要介護状態の防止につながることに対して、在宅医療に戻りやすくすることに主眼を置いているためである。

　高齢者は基礎疾患をもち、病態が複雑であることが多く、さらに独居、老老介護、認知症など自宅（住まい）に戻るために障害となる社会的問題を抱えていることも珍しくない。

　このため、地域包括支援センターをはじめとする福祉支援チームや在宅医療チームと水平連携し、入院が必要となった場合は、急性期病院スタッフ、この場合も多職種医療チームと垂直連携していくことが求められる。

　可能ならば、想定外の救急医療を余儀なくされる状況を回避し、想定内の時間的余裕のある待機的治療で慢性疾患の急性増悪に対処することが、患者及び家族、そして支援者に治療やケア、終末期の迎え方などの選択肢を増やすことになりうる。

　令和の時代となって予想どおり急速に高齢化が進み、超高齢社会、多死社会、肩車型社会の到来を目前とした今、医学も医療システムも急速な変化を遂げており、特に救急医療にトリアージをはじめとする災害医療の概念が導入されている。災害医療の目的の1つは、最大多数の最大幸福であり、そのためには平時の準備が重要で、有事＝緊急時を含めたケアプランを立てておくことが重要である。

　地域包括ケアシステムにおいても同様で、在宅トリアージや避難所アセスメントに相当する見守り活動などとともに、有事（急変時）の際には救急医療の恩恵を迅速かつ最大限に享受するためにも、見守りネットワークによる覚知、かかりつけ医による搬送判断と入院治療、地域包括ケアシステムによるリハビリテーションや在宅医療の流れを市民（特に高齢単身者）だけでなく、支援者もともに理解し、協力していくことが不可欠である。

文献

1) 厚生労働省「地域包括ケアシステム」
2) チーム医療推進協議会「平成28年度第2回研修会　地域包括ケアシステムでのチームアプローチ——医師（かかりつけ医）の立場から」
3) 松江市「松江市地域における高齢者の見守りネットワークのてびき——地域でともに支えあいいきいき暮らせるまちづくり」
4) 松江市社会福祉協議会「ご近所見守りチェックリスト」
5) 前掲3）
6) 社会技術研究開発センター「コミュニティで創る新しい高齢社会のデザイン研究開発プロジェクト『ICTを活用した生活支援型コミュニティづくり』研究開発実施終了報告書」
7) Renesas Electronics「IoT技術を活用した見守りサービス『otta』を進化させたBLEソリューション」
8) 八王子市「八高連　救急医療情報用紙」
9) 横山隆捷「八王子市における急性期医療と慢性期医療との連携——実際の取り組みとその成果」『救急医学』第38巻，1047～1052頁，2014.

10) 葛飾区医師会「在宅医療サポート搬送入院システム」

11) 松江市「松江市高齢者虐待の防止と早期発見の手引き」

12) 松江市「高齢者虐待対応マニュアル」

13) 総務省消防庁「平成 26 年度 救急業務のあり方に関する検討会報告書」

第22章

住民見守りが緊急時対応にも効果を生み出すために

要旨

　本章では、住民による見守りが生命の危険や入院など医療的な緊急時の対応に効果を発揮するにはどのようにすればよいかを考察した。医療緊急時に関する住民による見守りには2つの課題がある。1つは、医療緊急時に効果を生み出す見守りを考えることであり、もう1つは、見守る側にせよ、見守られる側にせよ住民が対象化・客体化されない見守りを実現することである。これまでの先行研究や各種資料を検討して、住民による見守りとして医療に特化した新たな見守りを立ち上げるのではなく、既存の見守りを医療を含む包括的なものにしていくこと、医療機関、専門職との連携を確立することの重要性を指摘した。

🔑 キーワード

　　住民見守り　　包括的　　医療緊急時　　連携

1 | 住民見守りによる緊急時対応は可能なのか

1 基本的問い

　住民による見守りが緊急時、特に生命の危険がある場合や入院が必要と予想される場合など医療的な緊急時（以下、医療緊急時とする）の対応に効果を発揮するにはどのようにすればよいのであろうか。これが、本章の基本的な問いである。

　地域で取り組まれているさまざまな見守りのなかで、住民による見守りは主要な1つの柱である。しかし、住民による見守りと他の主体による見守り活動の違いを理解しておかないと効果的な見守りは困難であるどころか、住民にとってマイナスの結果を生み

287

出す懸念がある。そのために本章では、住民による見守りを取り上げ、その特徴を生活世界とシステムや対話的行為という点から考察する。そのうえで、医療緊急時に効果的に対応できる方向性について検討する。

　医療緊急時に関する住民による見守りの際には2つの課題があることをあらかじめ指摘しておきたい。1つは、当然のことながら医療緊急時に効果を生み出す見守りを考えることであり、もう1つは、見守る側にせよ、見守られる側にせよ住民がいかに対象化・客体化されない見守りを実現するかということである[注1]。

2 見守りの語義的確認

　見守りの語義を確認すると「①見て番をする。事が起こらないように注意してみる。②じっと見つめる。熟視する。」（広辞苑）とある。②は、見るということ自体を取り上げているが、①は、その目的をより意識している。何かに備えるために見るということである。共通するのはどちらも、見る側の立場が明確であり、当然のことながら、見られる側が存在するということである[1]。見守りを考える場合、見守る側はどのような姿勢を取るのだろうか。そして見守られる側は、どのような存在なのであろうか。

　例えば、英語でmonitorは、監視や観察の意味合いになる。一方が、他方を客観化する。自然環境や工業製品など非生物を対象とすることもあれば、生物を対象とすることもある。ただし人間を対象とした監視となれば、そこに見る側と見られる側のある種の力関係が想定できる。これに対してwatchは、無事でいるようにとか、温かく見守るという意味合いになる。これも見る側と見られる側が前提ではあるが、その関係は支援的な響きを帯びる。

　以下では、人に関わることを対象にした見守りを取り上げていくが、地域での見守りの意味合いをどのように理解し、共有していくかはその活動の性格に影響する。

2 ｜ 見守りは多様さをもっている

1 地域での見守りの現状

　では、現状の地域では誰が何について、どのような見守りを行っているのだろうか。誰が、については、住民はもちろんのこと、行政や専門機関・専門職、民間事業者のほか、ICTなど機器を活用したものも生まれてきており[2]、多様な主体がある。一般事業者による業務を活かした見守りも加えることができる。郵便配達、新聞、電気・ガス事業者、銀行や商店などの取り組みである。

　見守る「対象」としては、高齢者をはじめとして子ども・子育て、防犯、防災、虐待、生活困窮、生活不安を抱える人びと、引きこもり、物理的な生活環境、交通安全、

まちづくりなど多岐にわたっている。サロン活動・喫茶活動や気がかりな高齢者への訪問、子ども食堂などは多くの地域で取り組まれている見守りである。地震や豪雨等の緊急時での避難等の際の見守りにも関心が高まってきている。「ゴミ屋敷」や引きこもり、悪徳商法、ダブルケアなどに関わる地域で気になる人への見守りも課題とされている。

　住民による見守りに焦点を絞っても、住民を一括りにすることはできない。友人や知人という親密でインフォーマルな関係もあれば、自治会、民生委員、福祉委員等のほか、地区社会福祉協議会、老人クラブなど地域団体の場合もある。ボランティアグループやNPOという自発的な組織もあり、また、見守りという目的のために地域の住民が組織化されることもある。

　この時注意しておくべきことは、その見守りを企画主導しているのは誰か、どのような主体かという点である。見守りを企画し主導することと実際の活動の担い手は、同一である場合もあれば、分離している場合もある。住民が自ら立ち上げたものか、行政や社会福祉協議会など他の主体の関与によって生み出されたものか。分離している場合は、住民が単なる労力的な担い手にならないように留意が必要となる。

　住民による見守りには、それぞれの地域性が反映される[3]。もともとつながりが強い地域もあれば、弱い地域もある。地域の人口構成、高齢化率、就業状況、地域活動への参加意欲、行政サービス、専門職の支援、地域にどのような問題があるのかも違ってくる。こうした地域の性格に応じて活動が組み立てられることになる。

　地域での住民による見守りには大きな期待がかけられているが、同時に課題も抱えている。多く聞かれるのは活動の担い手の不足、疲弊、固定化である。見守り活動への動機づけや意味づけが充分でない場合は担い手への支援が必要となる。また、住民活動は基本的には、一般的な人びとによって担われるものであり、専門性が高いものではない。そうした点から専門職との連携が求められている[4]。医療緊急時の対応にも、こうした課題は付きまとう。

２ 見守りをめぐる生活世界とシステム

　住民による見守りはどのような特徴をもつのであろうか。この点を考えるために、生活世界とシステムという概念を導入する。生活世界とシステムという用語はドイツのユルゲン・ハーバーマスによるものである[5]。システムは政府機関や市場が典型であり、特定の目的をもち、その目的実現のための合理的な手段を用いる。政府や市場だけでなく、警察や消防、そして介護や医療もシステムということができる。これに対して生活世界は、人と人のコミュニケーションを媒体とするつながりであり、家族、友人、地域社会、コミュニティなどを挙げることができる。

　これを見守りの活動の主体と関わらせてみると、行政、専門機関、民間事業者などは

システムであるが、住民による見守りは、それとは異なり生活世界の活動と分類することができる。システムが主導する見守りはシステムの目的を実現する手段として設定され、担い手はその目的のために活動を進める。介護や医療もそのシステムの目的実現のために見守りを進める。これに対して、生活世界による場合は、見守りの目的があらかじめ決められているのではない。生活世界にあるさまざまな課題に対して住民同士がどのように向き合うのかを考えて進めていく。あらかじめ見守りを行うという結論が決まっているのでもない。

そうした性格をもつ住民の見守りが、システムに取り込まれて、その目的実現のためのみの活動となってしまうと、「システムによる生活世界の植民地化」を招くことになる。住民による見守りが主体性を発揮できずにシステムに従属することになる。住民の活動がシステムの手段となってしまう。

ただし、生活世界にあっても住民の間で、対象化、手段化が起こりうる。声の小さな人たち、声を出しにくい人たちは、住民同士のなかでも自らの要求を主張しにくい。その結果、見守りにおいてもこうした人たちは活動において主体性を発揮できずに、客体化されてしまうことが生じる。

さらにいえば、住民による見守りの担い手も受け手も、その地域の住民である。生活世界とシステムという考え方からすれば、見守る側だけでなく見守られる側にも生活世界がある。ともに地域で生活する主体として存在している。岡村重夫は、人間の援助関係に関して、単にどちらかがどちらかを観察するのではない、見る見られる関係を強調した。対象者を一方的に客体化するのではなく、見る見られるという関係、そういうことで人間を扱っていくことが福祉だとしている[6]。住民による見守りを考えるには、こうした生活世界とシステムとの関係を考慮することが重要となる。

③ 住民活動のトライアングル

図1にあるように担い手である住民が地域活動を展開していくうえで自発性、能力性、必要性という3つの要素が絡んでいる。自発性は、その活動を自ら進んで行う意識・姿勢である。住民のなかに備わっているボランタリズムである。能力性は、その活動に求められている内容の実行可能性に関わっている。担い手にとって能力的によい加減の取り組みが求められ、高い専門性や多くの資源を必要とするような活動を担うことは難しい。そして必要性は、活動が客観的、社会的に求められているかどうかという点である。行政や専門職からの要請や依頼によることも多い。専門分化されたそれぞれの立場から地域で生じているさまざまな問題に対して対応の必要性が示される。

この3つの要素の組み合わせにより、地域活動の性格も色づけられる。どんなにやりたいことであっても、そこに必要性が伴わなければ、単なる恣意的な活動となってしま

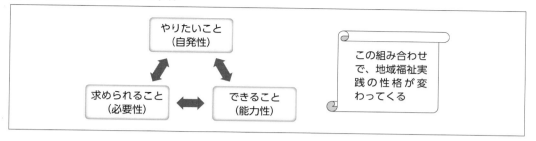

図 1　住民活動のトライアングル

やりたいこと
（自発性）

求められること
（必要性）

できること
（能力性）

この組み合わせ
で、地域福祉実
践の性格が変
わってくる

う。また高すぎる能力を求められれば、活動が進まない。現状では、地域活動に関して、やりたいこと（自発性）やできること（能力性）よりも求められること（必要性）の割合が大きくなってきている。求められることを一方的に拒否することは難しく、住民が引き受けざるをえないことが増えていく。そうなると担い手の地域活動の負担感も増していく。このバランスをよりよいものとしていくには、やりたいことやできることとのバランスを回復していくことが肝要となる。

3 ｜ 生活世界からの見守りをつくる

■1 住民見守りと医療で求められる見守り

　現状の住民による見守りは次のように概観できる。

　現在、地域に対しては介護や医療、災害、防犯、教育、環境など多方面から見守りの期待が集まっている。そうした期待に対して活動の担い手はインフォーマルな友人知人から、自治会、民生委員などの公式の地域組織・役職、ボランティアなど自発的な組織・実践者、そして見守り専門職などさまざまである。しかし、特定の住民が担い手になることも多く、負担も大きい。

　見守り活動の対象は、子どもや生活に困っている人など多様であるが全体としては高齢者への関心が高い。見守りの方法としては、日常レベルでさりげなく見守る不定期なものもあれば、ネットワークを組んで定期的な訪問活動などによる見守りも行われている。その頻度や対象範囲は、住民が担うだけに、常時、網羅的には難しく、活動上の限界がある。見守りの際に住民による見守りでは高度な専門性は期待できない。専門的対応を伴う見守りについては、専門職との連携が課題となる。活動の性格は地域性による影響が大きい。対象化、手段化という課題があるために活動に対する問題意識の醸成や動機づけが重要となる。

　これに対して、医療緊急時に対応する見守りは医療システムの目的を実現するためのものであり、次のような事項が求められる。①見守りの対象として、まず医療リスクを抱える人たちを挙げることができるが、緊急事態は誰にでも起こりうることであり、そ

うなると究極的にはすべての人が対象となる。②見守りはできるだけ頻回であるに越したことはなく、これも緊急事態を考えれば、理想としては常時、24時間体制の見守りが理想となる。③医療緊急時にはできるだけ早い「発見」が求められ、対応も迅速さが求められる。④医療緊急時の対応の際には、専門性が求められることも多い。

2 見守りの再設定が求められる

　現状でも住民の見守りによる医療緊急時の対応事例は存在する[7]。しかし、上述の比較を考慮すると、現状の住民による見守りで医療緊急時に対応することは限度がある。住民による見守りで広範な人びとを対象にして、的確な発見や専門性の高い迅速な対応をすることは困難である。だからといって医療緊急時のための特別の見守りに新たに取り組むことは、住民にとっては新たな負担であり、現実的にも難しい。生活世界とシステムの関係でみたように、住民による見守りという生活世界の活動をシステムの手段にすることは避けるべきである。住民による見守りに医療システムの過重な期待をかけることはできない。

　医療では、住民は見守りシステムの中心ではなく、補助的な位置づけにしたほうがよいと考えられる。医療としては補助的な位置づけではあるが、効果的な見守りを展開できるようにしていく。住民による見守りの「できること」（能力性）と医療システムからの「求められること」（必要性）の最良の釣り合い点を探していくことが重要となる。住民と医療の双方にとってよりよい見守りのあり方を生み出すことが求められる。住民側からすれば、医療システムの下請け、従属としての見守り活動になってしまうのではない。住民の主体性が発揮できる見守り（自発性）を展開するなかで、医療緊急時対応の要求に応えられる確率を上げていくこと、そして専門機関や専門職にできない見守りを医療緊急時対応で発揮することである。

　それは医療システムでは補助的な役割でも、住民の健康意識を醸成し、地域の持続性を生み出すことになる。

3 生活世界からの見守りの構築

　見守りの効果を上げて、同時に住民が対象化、手段化されないためには、どうすればよいのか。そこには発想の転換が必要である。「見守り」の立ち位置を医療システム側からではなく住民の生活世界側へ転回させることである。医療のために住民見守りがあるという順序ではなく、住民生活をよりよくするために医療見守りが含まれていると位置づけるのである。

　医療緊急時の専用の新たな住民見守りをつくるのではなく、見守りをより包括的にしていくことである。例えば、すでに地域で高齢者見守りに取り組んでいるのであれば、

その対象や参加者、分野、方法を広げて、医療緊急時を含む包括的な見守りとしていく。

　このように医療を含む緊急対応の見守りを進めていくには、生活世界とシステムのつなぎ方にポイントがある。見守りの効果を高めることと同時に、見守られる側も担い手側も客体化しない方法として、対話的行為を参照することができる[8]。

４　見守り活動に対話的行為を組み込む

　システムによる見守り活動が地域で展開される時に、活動の担い手である住民や見守られる人がシステムの目的のために対象化されたり手段化されたりする「実践での客体化」が起きる危惧がある。さらに住民同士による活動でも対等な関係でない場合にも「実践での客体化」は生まれる。一方が、いかによかれと思って、あるいは合理性があると考えて、その活動をしても、それが担い手や受け手に了解されず、合意されない状態では客体化が生じてしまう。これに陥らないためには、担い手にとっても、受け手にとっても了解や合意が求められる。

　このような「実践での客体化」による「主体―客体」関係は、対話的行為を用いることで「主体―主体」関係へと変えていくことができる。対話的行為は、日常の単なる話し合いではない。あいさつや情報の交換、指示、親しさの共有に終わるものではない。対話的行為は、地域福祉に関わる人たちが「何らかの事項について正しさを求めて話し合い、了解することで合意形成し、その合意によってお互いの活動を調整していくこと」である。つまり、何が起きているのか、何が問題なのかについての確認や何をするのかという意思決定を対話によって進めるのである。そこで生まれた合意に従って地域福祉の実践を進めるというものである。これによって「主体―主体」関係を構築できる。同時に対話的行為は話し合いの過程で真理性、社会性、誠実性についての「正しさ」を含みこんで合意形成する。この「正しさ」に立脚して実践を進めることで実践の成果の向上が期待できる。

　対話が困難な人、苦手な人、拒否する人に対しては対話を実現するための支援である「対話的行為の支援」を行う。「対話的行為の支援」とは、話し合いができるまでの関係づくりや話し合いのための意思表示・理解の援助、意思決定の促し、合意した行為のサポートなどである。地域には、コミュニケーションをとることが難しい人もいれば住民による見守りを拒否する人たちもいる[9]。こうした場合に、対話行為の支援は欠かすことができない。

　図２は対話的行為の基本的な枠組みを示したものである。対話的行為では、話し合う者同士はともに主体となっている。それは、私とあなたの関係である。見守りに即していえば、見守りについて、見守られる人を含む関係者が話し合い、互いが話の内容を

図2　対話的行為の基本展開

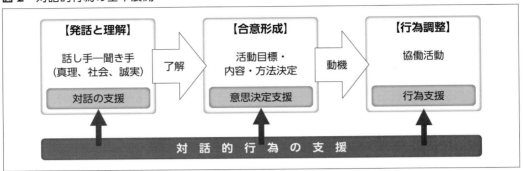

了解して、合意を形成する。その合意に基づいて互いの行為を調整しながら見守り活動を行うことである。これが対話的行為に基づく見守りである。

5 専門部分の支援としての専門職との連携

　この対話的行為を組み込んだ見守りは包括性があるために、発見機能だけでなく予防的機能も期待できる。ただし、専門性という点では課題をもつ。そこで必要なのは専門職との連携である。医療的な異変を発見した時に専門機関や専門職につなぐことが求められる。医療緊急時を考えれば住民による見守りはそれだけでは完結せず、こうした連携が前提となる。住民による見守りという生活世界の活動と医療専門機関・専門職というシステムをつないでいく。

　以上のことから、現状の住民による見守りからの医療を含む緊急時対応の見守りへ展開する枠組みは次のようになる。まず、現状の見守りを特定の対象から多分野にわたる包括型に転換、拡張する。その時、その見守りの準備や実践に対話的行為を組み込む。見守られる当事者や担い手となる住民が対象化・客体化されないよう、了解と合意に基づく活動を生み出す。この対話的行為は、自発性を促し、新たな参加を呼び込む可能性を増すと同時に実践の正しさを高めて、見守りの効果を上げることに資する。同時に、専門機関・専門職との連携をつくる。この方法で形成される見守りは住民の声を含みこんだよりよい地域社会づくりにもつながる。こうした枠組みを実際のマニュアルに落とし込んで検討してみよう。

4 ｜ 包括型・緊急時対応への仕組みづくり試案 ——福岡市のマニュアルをもとに

　具体的な見守りの仕組みづくりを考えるために、1つの取り組みを示す。取り上げるのは福岡市社会福祉協議会が作成した福岡市の見守りマニュアルである[10]。このマニュ

図3　見守りの仕組みづくり〜4つのステップ〜

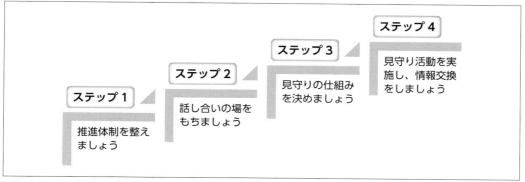

出典：福岡市社会福祉協議会「平成25年度地域福祉ソーシャルワーカー・モデル事業報告『見守りの仕組みづくりマニュアル』」をもとに筆者修正

アルは住民向けであるために、全体としてわかりやすく丁寧につくられている。**図3**のとおり4つのステップが示されている。見守りを行う前段階の準備にしっかり取り組んでいることが特徴である。また、問題解決だけではなく、地域がどうなればよいかも話し合っていることや見守られる側への配慮、活動の情報交換も意識されている。ただし、このマニュアルは一般的な見守りを前提としたものである。そこで以下では、これを概観したうえで、医療緊急時に対応するための検討を行う。どうすれば医療緊急時対応の見守りの効果を上げられるのか、活動に関わる住民や見守られる当事者を対象化、客体化しないか、地域づくりにつながるような見守りになるか、といった諸点を意識する。

①ステップ1　推進体制を整える

　ステップ1は、見守り活動の基盤となる推進体制をつくることである。地域が一体となり、つながりづくりに協力できることを目指す。これは、見守り推進の担い手を組織化することである。地域の状況に応じて、見守りの仕組みづくりのための新しい組織を立ち上げたり、既存の団体をもとにしたりしてつくる。その単位は町内会や小学校区レベルである。見守りに対して理解を得られない場合には、その必要性を知ってもらうための説明会や先進地区の事例発表などの研修会を実施する。

【ステップ1の検討】

　最初は推進体制の立ち上げであるが、この時、重要なのはそれがどのように、誰が主導して始まるのかである。住民の自発的な動きで始まるのか、行政や専門職などの働きかけで始まるのか。それに応じて、推進体制の参加者の動機を形成することが求められる。動機づけのための対話的行為が不足なく行われなければならない。

　説明会や事例発表では医療を含めた包括的な方法を提示して、問題意識を共有できる

ようにする。そこで必要性を示すだけでなく、自発性や能力性の喚起も行う。

　地域の事情に応じて、新たな組織を立ち上げるか既存の組織を活用するかは違ってよいが、常に新たな人が加われるよう開かれたものにする。

②ステップ2　話し合いの場をもつ

　第2のステップは話し合いの場をもつことである。課題の共有や方向性の設定、見守られる側への配慮などがテーマとなる。各種団体や住民がともに参加して地域の課題を話し合う。地域での不安や困りごとを出し合い、共有化する。そのうえで、地域の目指す姿を考えて、地域の目標として明確化していく。また、見守られる人の不安や支援への希望を把握するよう努めていく。こうした話し合いが実践を生み出す源となる。ワークショップを校区で開催し、課題の供給、目標の設定を行う。

【ステップ2の検討】

　ステップ2は、地域の現状や課題の調査、把握を行い、それに対する目標を話し合いによって設定する段階である。対話的行為を行う勘所となるステップである。活動に関わる人びとが客体化されることなく取り組むことができるようにする。見守る側も見守られる側もともに地域では主体であるという考えがポイントとなる。

　また、地域の課題のなかには医療緊急時に対する事項も位置づけておくことが大切となる。課題を特定のものに限定せず包括的なものへと転換する。

　単なる見守りのみの活動として終わらせずに、「地域をどうしたいのか」という地域づくりの方向性を生み出す基礎にもなる段階である。見守りを課題解決という性格で終わらせずに、見守りを通して自分たちの望む地域をつくることにつなげる。

　ワークショップでは参加者が充分なコミュニケーションを取れること、多角的な視点をもてること、医療を含む課題についても意識化できることという支援が求められる。

③ステップ3　見守りの仕組みを決める

　ステップ3は見守りの仕組みを決めることである。この場合の仕組みは、「どのような人を」「誰が」「どのように」見守るのかということになる。「どのような人を」見守るのかは、気になる人を出し合ったり、住民に見守りの希望調査をしたりする。「誰が」見守りをするのかは、見守られる当事者と関係をもつ人や近隣住民への協力依頼、また自治会や各団体による役割分担、新たなボランティアの養成という方法がある。「どのように」には、訪問活動や声かけ・安否確認、また目配り・気配りというさりげない見守りなどがある。さりげない見守りには、「新聞や郵便物がたまっていないか」「室内電灯がついているか（消えているか）」「カーテンが開いているか（閉まっているか）」「洗濯物が干しっぱなしでないか」「ゴミが決まった日に出されているか」「散歩・買い物等

の日課が行われているか」などの確認方法がある。異変に気づいた時に、誰に連絡をするのかを決めておくことも活動上の安心につながる。

【ステップ3の検討】

3番目のステップは、具体的な見守りの進め方の決定である。ここでの関心は、医療緊急時対応を含む包括型の見守りをいかに具体化できるかである。

「どのような人を」では、高齢、子ども、生活困窮など見守りのアクセントはそれぞれあっても、縦割りの発想にとどまらないこと、つまり潜在的にはすべての住民となる。

「誰が」では、依頼された住民が、内発的な動機がもてるようにコミュニケーションをとることが重要となる。これはボランティアの養成の場合にも同様である。

「どのように」に関しては、注目することのなかに医療的観点を位置づけておかなければならない。異変に気づいた時の対応方法はとりわけ重要であり、医療専門職へのつなぎ方を明確にして、特定の担い手に重荷にならないような仕組みとする。

④ステップ4 見守り活動を実施し、情報交換をする

ステップ4が見守り活動の実施と情報交換である。実践の前には、見守られる側の住民に活動を説明して見守りの同意を得る。同意してもらえない場合には、外からのさりげない見守りからはじめ、信頼関係がある人による状況の確認を行う。見守りに参加していない人にも活動について周知することで、協力者となる可能性もある。訪問する時には、チラシ等をもっていくと話のきっかけになる。困りごとの相談を受けたら、決めていた方法で関係者に連絡を取る。

活動者同士での情報交換を行うことは重要であり、専門職に相談したほうがよいことなどの情報を共有する。活動上の問題点は抱え込まずに、みんなで解決策を考える。情報交換の場は、新たに設けたり、すでにある定例会議を活用したりする。相談への対応や対象者への接し方などについて学ぶ機会をつくる。対象者のちょっとした変化に留意する。例えば、いつもと比べて「顔色が悪い」「元気がない」などの体調の変化、同じことを何度も言ったり聞いたり、会ったばかりの人の名前を忘れるなどの物忘れ、衣類や身体が清潔に保てていない、体にあざや傷があるなどの身体の変化などである。そうした際には適切な相談機関につなぐ。

【ステップ4の検討】

ステップ4では、はじめに当事者の同意の問題が示されている。これは活動の困難さに頻繁に出てくる問題である。同意を得られない場合にいかに対応するかが、実践的な見守りができるかどうかを左右する。ただし、その際の基本は「対話的行為の支援」である。

見守りでの緊急対応については、専門職との連携が肝要となる。情報交換では成果を共有し、それを専門職が評価するなかで、効力感が醸成される。これは活動の意味を形成していくことにもなり、活動の発展や継続につながる。また、活動の正しさも高め、よりよい成果を生み出すための基礎となる。

医療緊急時以外でも専門職からのサポートは重要であり、困難ケースへの対応や活動上の失敗についてのフォローも求められる。

住民による見守りと医療緊急時対応の見守りをつなげていくことは、簡単ではなく、いくつかの配慮が必要となる。しかしそれによって、医療側は、生活世界の意味合いを了解する機会を得ることができ、住民側は、医療面での安心はもちろん、よりよい地域づくりにつながる展望をもてる可能性がある。

ただし、これまでの検討はまだ仮説段階であり、実際の取り組みのなかで医療緊急時対応も含めた包括的な見守りを住民の立場から構築していくことが求められている。

注

注1　岡部卓は社会福祉と個人情報をめぐる課題のなかに「本人同意が得られない場合、どのレベルであれば同意がなくても良いのかわからない」「発見から相談につなぐアウトリーチの方法がわからない」という項目を挙げている。岡部卓「社会福祉と個人情報」『人文学報』第514巻第3号, 1〜13頁, 2018.

文献

1) 神埼由紀「地域で暮らす高齢者の見守りの概念分析」『日本看護科学会誌』第33巻第1号, 34〜41頁, 2013.

2) 加山弾・門美由紀・渡辺祐一・渡邉浩文「ICTを活用した高齢者への見守りに関する研究」『福祉社会開発研究』第10号, 5〜18頁, 2018.
渡邉慎哉、武山政志「ポータブル心電計を用いた地域医療ネットワークモデル」『札幌学院大学総合研究所紀要』第5号, 23〜29頁, 2018.

3) 枡田聖子・金谷志子・大井美紀・津村智恵子「都市部と農村部における高齢者の地域見守りネットワーク活動の実態」『甲南女子大学研究紀要』3 看護学・リハビリテーション学編, 33〜44頁, 2009.

4) 金谷志子・津村智恵子「地域高齢者が安全に生活できるための地域住民による高齢者見まもり活動の特徴」『大阪市立大学看護学雑誌』第8号, 17〜23頁, 2012.

5) ユルゲン・ハーバーマス, 丸山高司訳『コミュニケイション的行為の理論　下』未来社, 1987.

6) 岡村重夫「地域福祉の思想」『福祉研究かながわ』3, 1993.

7) 斉藤千鶴「高齢者を『支えあう』地域見守り活動の課題——地域見守り活動調査から」『関西福祉科学大学紀要』第13号, 175〜188頁, 2009.

8) 小野達也『対話的行為を基礎とした地域福祉の実践——「主体−主体」関係をきずく』ミネルヴァ書房, 2014.

9) 田中博子・森實誌乃「団地自治会による高齢者の孤独死予防の取り組みに関する一考察」『日本地域看護学会誌』第19巻第1号, 48〜54頁, 2016.

10) 福岡市社会福祉協議会「平成25年度 地域福祉ソーシャルワーカー・モデル事業報告『見守りの仕組みづくりマニュアル』」2014.

あとがき

　編者らは、十数年前より、社会福祉学の立場から、地域医療、地域福祉の共同研究を行ってきた。そこでの大きな関心の1つは、医療と福祉をつなげ、切れ目のない支援ができるようにすることであった。研究のキーワードは、地域連携、退院支援、地域移行支援であり、先進事例であるイギリスに着目し、不必要な入院回避や早期退院、そして中間ケアの現地調査も行ってきた。

　編者らが日本国内の研究のフィールドの1つにしてきた島根県松江市は、住民参加の地域福祉実践の先進地域として知られている。そこでの定点観察を通して、地域住民による実践と医療とをつなげる取り組みの実態把握を行ってきた。しかし、これにより、その活動は緒についたばかりであり、2つの間にある「隙間」を小さくするには、課題が多くあることを学んだ。全国的にも同様の状態にあり、そうした実践の指針になる研究もほとんどないと思われた。

　こうしたなかで、編者らが着手したのが見守りの研究であった。なぜなら、「日常の見守り」「緊急時の見守り・対応」という概念が、住民による地域福祉実践と医療とのつながりを分析する際の有効な切り口になり得ると考えたからである。

　本書は、以上のような問題意識に基づき取り組んだ、日本学術振興会科学研究費助成事業　基盤研究（C）「見守りネットワークによる単身者等への緊急時対応に関する研究」（課題番号 15K03917）（研究代表者：杉崎千洋、2015 ～ 2018 年度）の成果をもとに企画立案し、具体化したものである。同研究は、本書の編者3名を含む6名の大学教員で実施してきた。編者らだけでは不十分なところ、特に現場の実践にかかる部分については、本書作成に当たって新たに現場の実践者、そして大学の研究者にも加わっていただき補うことができた。執筆にご協力をいただいたみなさまには深く感謝を申し上げたい。また、京都女子大学教授・太田貞司氏には、本出版企画への助言をいただくなど、大変お世話になった。この場をかりて厚くお礼申し上げる。

　本書、第Ⅴ部・第18章「見守りネットワークによる緊急時対応をした人とその構造」、第19章「高齢者の緊急時への対応と支援の促進・阻害要因分析」、第20章「地域がんサロンにおけるがん患者同士の見守りに関する研究」、第21章「救急医療から見た地域包括ケア、見守りネットワークの評価」については、先述の科学研究費助成事業の一環で実施した調査結果を分析したものである。調査に当たっては、松江市、松江市社会福祉協議会、そして島根県のがんサロン、奈良県の地域がん患者サロンの全面的な理解と協力を得て実施することができた。改めて感謝とお礼を申し上げる。

　また、本書の企画立案段階から率直な意見・提案をくださり、編者たちを支えてくださった中央法規出版の飯田研介氏、同広島営業所の平本岳史氏、そして、竹内洋一氏に

もお礼を申し上げる。

　本書は、現行制度のセーフティネットから漏れてしまいがちな人、なかでも単身者に焦点を当て、日常の見守り、緊急時の対応の連携・協働について、地域包括ケア構築と絡めながらその理論的背景と具体の事例をもとに分析、検討したものである。

　その目的３点、①地域包括ケア、見守りの現状把握・評価、②地域包括ケア、見守りを促進させるための考え方の提示、③福祉主導、保健・医療主導の見守りの特徴の記述・整理については、不十分な点も多々あるが、単身者を中心に、一定程度示すことができたと考えている。

　近年、戦後の日本の社会保障・社会福祉制度の枠組みでは、対応できない新たな問題、例えば「8050問題」などが生じてきている。法制度を含む制度的枠組みの見直し、現場の具体の支援方法の見直しがいままさに迫られている状況だ。

　2019年7月19日、厚生労働省「地域共生社会に向けた包括的支援と多様な参加・協働の推進に関する検討会」中間とりまとめ（以下、「中間とりまとめ」とする）が公表された。この「中間とりまとめ」では、「個人や世帯を取り巻く環境の変化により、生きづらさやリスクが多様化・複雑化している」としたうえで、社会とつながり続けながら自律的に生きることを支える仕組みとその具体的な取り組みを求めている。そうした対応は、現行の法制度の枠組みでは限界があるとしたうえで、①専門職の伴走型支援により地域や社会とのつながりが希薄な個人をつなぎ戻していくことで包摂を実現していく視点、②地域社会に多様なつながりを生まれやすくするための環境整備を進める視点、の双方が重要であるとしている。

　このように「中間とりまとめ」では、個別事例の「具体的な課題解決を目的とするアプローチ」と地域社会のなかで「つながり続けることを目的とするアプローチ」を組み合わせながら、クライエントに対して伴走型の支援を行うことを提案している。

　本書で述べてきた単身者の日常の見守りと緊急時の対応を連結・協働する取り組み、換言すれば福祉サイドの見守りや支援と医療とのつながりを構築していくことは、まさに「中間とりまとめ」が求めている取り組みそのものであるといえよう。

　今後、国レベルでその取り組みを可能とする法的な環境の整備が進むことを期待するものである。本書で述べたことが、各地の取り組みを進めるうえで一助になれば、筆者一同望外の喜びである。

2019年11月

編者

編集・執筆者一覧

編集（五十音順）

小野達也（おのたつや）
　桃山学院大学社会学部社会福祉学科

金子　努（かねこつとむ）
　県立広島大学保健福祉学部人間福祉学科

杉崎千洋（すぎさきちひろ）
　島根大学人間科学部

執筆者（五十音順）

谷　義幸（たによしゆき）──────────────── 第 6 章
　公立神崎総合病院地域連携室

富井友子（とみいともこ）──────────── 第 10 章、第 11 章
　十文字学園女子大学人間生活学部人間福祉学科

中村明美（なかむらあけみ）──────────────── 第 20 章
　武庫川女子大学教育学部教育学科

樋渡貴晴（ひわたしたかはる）──────────────── 第 4 章
　刈谷豊田総合病院総合相談室医療福祉相談グループ

本田　香（ほんだかおり）──────────────── 第 16 章
　松江赤十字病院看護部

松江市福祉部福祉総務課（まつえしふくしぶふくしそうむか）──── 第 14 章

松﨑吉之助（まつざききちのすけ）──────── 第 3 章、第 5 章
　相模女子大学人間社会学部社会マネジメント学科

森　純一（もりじゅんいち）──────────────── 第 7 章
　東京都社会福祉協議会

山田顕士（やまだけんじ）──────────────── 第 17 章
　松江市国民健康保険来待診療所

単身高齢者の見守りと医療をつなぐ地域包括ケア
先進事例からみる支援とネットワーク

2020 年 1 月 20 日　発行

編　　集　　杉崎千洋・小野達也・金子　努

発行者　　荘村明彦

発行所　　中央法規出版株式会社
　　　　　〒110-0016 東京都台東区台東 3-29-1　中央法規ビル
　　　　　営　　業　TEL 03-3834-5817　FAX 03-3837-8037
　　　　　書店窓口　TEL 03-3834-5815　FAX 03-3837-8035
　　　　　編　　集　TEL 03-3834-5812　FAX 03-3837-8032
　　　　　URL　https://www.chuohoki.co.jp/

印刷・製本　　長野印刷商工株式会社
ISBN978-4-8058-5978-0